"十三五"应用型本科旅游管理专业精品规划教材

休闲活动策划与管理实务

主　编　牟　红

副主编　李春燕　成　建　杨　华

中国财富出版社

图书在版编目（CIP）数据

休闲活动策划与管理实务 / 牟红主编 . —北京：中国财富出版社，2015.8（2023.9 重印）

（"十三五"应用型本科旅游管理专业精品规划教材）

ISBN 978 - 7 - 5047 - 5802 - 6

Ⅰ. ①休… Ⅱ. ①牟… Ⅲ. ①闲暇社会学—高等学校—教材 Ⅳ. ①C913.3

中国版本图书馆 CIP 数据核字（2015）第 162794 号

策划编辑 郑欣怡		**责任编辑** 郑欣怡		
责任印制 梁　凡		**责任校对** 梁　凡		**责任发行** 敬　东

出版发行	中国财富出版社		
社　　址	北京市丰台区南四环西路 188 号 5 区 20 楼	**邮政编码**	100070
电　　话	010 - 52227588 转 2908（发行部）	010 - 52227588 转 321（总编室）	
	010 - 52227566（24 小时读者服务）	010 - 52227588 转 305（质检部）	
网　　址	http://www.cfpress.com.cn		
经　　销	新华书店		
印　　刷	北京九州迅驰传媒文化有限公司		
书　　号	ISBN 978 - 7 - 5047 - 5802 - 6/C · 0194		
开　　本	787mm × 1092mm　1/16	**版　次**	2015 年 8 月第 1 版
印　　张	16.25	**印　次**	2023 年 9 月第 3 次印刷
字　　数	337 千字	**定　价**	42.80 元

"十三五"应用型本科旅游管理专业
精品规划教材编审委员会

内容介绍

《休闲活动策划与管理实务》一书对休闲活动策划与管理作了全面论述，系统地阐述了休闲活动在策划和管理过程中所涉及的每一个重要方面。本书内容丰富，取材广泛，论述有力，分析透彻。

本书主要面向休闲管理、会展管理和旅游管理专业学生，同时也可作为休闲行业、会展行业和旅游行业从业人员、研究人员了解及研究休闲活动策划与管理的参考用书。

本书应用最新休闲活动研究理论成果，分析休闲活动发展因素。从多维视角中，审视休闲活动发展。审视休闲活动的文化价值内涵，对休闲活动进行再包装。强调休闲活动形象设计和定位。突出案例教学，大量采用案例教学，学生通过对案例的学习，掌握系统分析与设计的思想和方法，在实际应用中借鉴相关的案例内容，根据休闲活动的差异性和独特性，赋予有计谋的活动方案和创意。

本书的特点：

（1）针对专业所覆盖的岗位，按照休闲活动专业人员应具备的专业能力（策划能力、沟通协调能力、宣传推介能力、组织管理能力、信息管理和服务能力），根据高校休闲活动专业培养目标、专业方向，确定专项职业能力应具备的知识结构、智力技能和核心技能。

（2）突出高等院校课程的定向性，以能力为导向，使学生学到的知识、技能真正满足岗位的实际需要。

（3）教材内容根据市场实际需求和休闲活动的需要，强调操作技能的培养，融入行业新技术、新知识、新理念、新方法，突出教材的实用性、可操作性、先进性和前瞻性。

（4）教材编写按照"任务驱动型"模式，采用模块化，根据岗位需要将专业理论知识和专业技能训练内容按照教学要求划分为多个模块，旨在培养学生综合运用理论知识解决实际问题的能力。全书紧扣实践案例，给出学习的思路和方法，而且提供大量背景材料，丰富读者对休闲活动策划与管理的学习视野，有助于培养和提高读者的学习兴趣。

前　言

随着我国法定假日的增多，人们大约有三分之一的时间是在闲暇中度过，我们正在进入一个"普遍有闲的社会"。著名经济学家于光远先生曾说："人之初，性本玩。"休闲日益成为人类生活中不可或缺的内容，以旅游业、娱乐业、服务业等为代表的休闲产业将在全球经济生活中占主导地位，休闲产业的发展方兴未艾，呼唤大量能策划、会管理的休闲专业技术人才。

我国《国民旅游休闲纲要（2013—2020 年）》提出了国民旅游休闲发展目标：到2020 年，职工带薪休假制度基本得到落实，城乡居民旅游休闲消费水平大幅增长，国民休闲质量显著提高，与小康社会相适应的现代国民旅游休闲体系基本形成。这是中国政府对旅游业发展的又一次战略举措和实质推动，是我国从旅游时代迈向休闲时代的标志，也必然需要相应的专业人才对休闲活动进行策划、指导与组织。如温泉疗养、野外探险、公园及景区游乐活动、青少年文体活动、老年康体活动、高尔夫等活动的组织、策划、管理都需要大量的专业人才。"休闲"行业的发展，必然带来"休闲"相关专业的发展，"休闲"专业人才具有良好的就业前景。

康体、休闲与旅游（Recreation and Tourism）在北美、欧洲许多大学名校中一直以来是一个重要的专业。目前，美国与加拿大共有 213 所大学设有"康体、休闲与旅游专业"，而英国有 80 所大学设有该专业。该专业目前的就业渠道非常广阔，主要分布在国家公园、景区、邮轮、国家森林、高尔夫俱乐部、体育馆、政府及非营利组织中。中国台湾地区共有 47 个院校设康体、休闲与旅游相关系科，名称各异，如休闲事业管理系、休闲与游憩管理系、休闲运动管理系、休闲运动保健系、休闲管理学系、健康与休闲运动学系、运动与休闲系、休闲事业经营系等。其主要就业渠道包括六类：①游憩活动规划人员，旅游活动规划人员，旅游市场营销人员，休闲游憩文字工作者；②游憩资源管理人员，旅行业领队、导游，休闲农场从业人员，民宿业者，旅游业个人工作室经营者；③体能健康管理、休闲俱乐部与健身中心从业人员，有氧运动及体适能指导员，健身教练，健康管理咨询人员；④度假村健身俱乐部从业人员，休闲运动产业从业人员，养身健康从业人员，SPA 芳疗师；⑤潜水游泳教练，水上救生员；⑥文史工作室从业员，导览顾问公司专业人员，生态环境解说员，国家公园解说员，休闲产业人员等。

中国旅游研究院院长戴斌曾说过："我们需要的是一种自觉的、积极的休闲，政府和业界应该携起手来，为了全面休闲时代的到来做好思想、资源、产品、管理各个方面的准备。"本书正是为休闲时代的到来而准备的。

本书编写分工如下：项目一由杨华、蒋云强编写；项目二由潘咪编写；项目三由王赟编写；项目四、项目九由李春燕编写；项目五由李耀编写；项目六由徐宁蔚编写；项目七、项目八由成建编写。牟红负责全书的组织策划、内容安排、大纲要求、修改完善、统稿审稿。

在本书的编写过程中，我们参考、借鉴了国内外许多著作和文献资料，并得到了中国财富出版社的大力支持，在此谨向有关作者、出版社致以诚挚的谢意。同时，由于作者水平有限、时间仓促，书中疏漏和不足之处在所难免，恳请各位专家、广大读者批评指正，使本书不断得以完善。

牟　红

2015 年 2 月 4 日

目 录

项目一　休闲活动概论

 任务导入

龙门阵故事会总体策划案

"故事"是一种古老的艺术形式，文化内蕴极其深厚。千百年来，"故事"上至天神祭祀，下到农耕军旅，渗透社会生活的各个层面，影响广泛而深远。然而，当我们从历史文化传承的视角重新审视"故事"，却发现它正在逐渐演变为一种被人们遗忘的民间艺术。在主流文化层面，它已经被边缘化。

将非物质文化物质化，让"走马故事"成为可想（国家非物质文化遗产品牌）、可观（古镇文物建筑）、可游（驿道、驿站、桃花、庙宇）、可享（听故事、看表演）、可乐（民俗和民间歌舞体验）、可买（民间故事影碟、磁带、杂志、书籍、土特产）、可普及（电视、广播、杂志、报纸）的地方核心吸引资源物。

由此，我们找到了一个"支点"——用正在失落的"故事"，来撬动一种文化现象。让散落的各种形式的优秀"故事高手"，在全国媒体的聚焦下，竞逐"中华故事大王"，重新焕发这一古老艺术的迷人风采。

形式美感的产生需要内涵来扩充。第一，内容扩充：除了民间故事，还包括历史故事、电影故事、童话故事、言情故事、武打故事、创业故事、佛教故事、涂鸦故事等。第二，"五个一"工程：一个全国大奖赛事——中国民间故事大奖赛；一个全国中小学生素质教育基地；一个电视栏目"龙门阵民间故事大赛台"；一个广播栏目"安梦故事园——走马故事篓子"；一本故事书——不定期出版物《走马故事大奖赛专集》。

（资料来源：重庆理工大学课题组）

同学们，你们知道什么是休闲吗？平时喜欢从事哪些跟休闲有关的活动呢？

🔍 学习目标

1. 知识目标

理解休闲、休闲活动的基本概念及功能。

了解国内外休闲活动历史。

熟悉休闲产业的发展情况。

2. 能力目标

能够对休闲活动按照不同的分类方法进行分类。

能够对休闲、游憩、旅游等近似概念进行辨析。

任务一　休闲活动基本概念

一、休闲活动的定义

（一）休闲（Leisure）

随着社会经济的发展，休闲日益成为人们生活中不可缺少的一部分。当人们暂时从繁忙的工作中抽离时，总会选择用各种休闲活动来丰富自己的生活，人们在休闲活动中花费的时间、金钱越多，对休闲的质量要求也越高，并且大多数人都已经意识到休闲活动对缓解压力、促进身心健康有积极作用。

从中文字面上解读，"休"字是由"人"与"木"的组合，其意象是人倚着树木或人坐在树下。因此，"休"有休息、休憩、休养等暂停劳动的意思，如《说文》："休，息止也。"同时，"休"在《康熙字典》和《辞海》中被解释为"吉庆、欢乐"的意思。"闲"是"门"中有"木"，本义为栅栏，可指伦理道德的规范、界限，如《论语·子张》："大德不逾闲，小德出入可也。"也可指闲暇、空闲、闲置，与"忙"相对。如李白《行路难》："闲来垂钓。"现代汉语词典里将休闲定义为余暇时的休息和娱乐。

英文中的"休闲"（Leisure）一词是由拉丁语"licere"转化而来，从词源上看，leisure 可被视作 licence（许可）和 liberty（自由）的合成词，即"被允许"（to be permitted），指的是摆脱生产劳动后的自由时间或自由活动。

1. 国内外的研究

对于休闲的研究，国内外学者有着不同的观点，古希腊哲学家亚里士多德被公认为第一个对休闲进行系统研究的学者，他在《政治学》一书中提出，"休闲是一切事物环绕的中心""只有休闲的人才是幸福的"。斯蒂芬·史密斯（Stephen Smith，1990）编著的《休闲娱乐研究概念词典》中，对于休闲的界定是"没有任何必须承担的责任和义务的自由时间，这包括工作、个人生计、家务、生儿育女和其他不可推卸的责任和义务等"。马克思认为"休闲"一是指"用于娱乐和休息的余暇时间"，二是指"发展智力，在精神上掌握自由的时间"；是"非劳动时间"和"不被生产劳动所吸收的时间"，它包括"个人受教育的时间、发展智力的时间、履行社会职能的时间、进行社交活动的时间、自由运用体力和智力的时间"。美国宾夕法尼亚州立大学戈比（Godbey，1999）教授认为"休闲是从文化环境和物质环境的外在压力中解脱出来的一种相对自由的生活，它使个体能够以自己所喜爱的、本能地感到有价值的方式，在内心之爱的驱动下行动，并为信仰提供一个基础"。约翰·R. 凯利（John R. Kelly，2000）在《21世纪的休闲》教科书中从不同的角度对休闲的概念进行了界定，即作为时间的休闲、作为活动的休闲、作为精神状态的休闲、作为活动质量的休闲和作为一种生活维度的休闲。这一划分基本上涵盖了休闲概念的研究范围。

于光远先生认为，"闲"是生产力发展的根本目的之一，闲暇时间的长短与人类的文明进步是并行发展的。"休闲是人们对可以不劳动的时间的一种利用，它是人的行为，是可以自我做主的。"马惠娣认为休闲是完成社会必要劳动时间之外的活动，是人的生命状态的一种形式，相对于生命的意义来说，它是一种精神态度，是使自己沉浸在"整个创造过程中"的一种机会和能力。张广瑞、宋瑞认为休闲"是人们在自由支配的时间里，可以自由选择从事某些个人偏好性活动，并从这些活动中享受日常生活事务中不能享受到的身心愉悦、精神满足和自我实现与发展"。楼嘉军认为"休闲是个人闲暇时间的总称，也是人们对可自由支配时间的一种科学、合理的利用"。

2. 休闲的内涵

综合以上观点，将休闲做如下理解。

休闲是一种活动。是指在余暇时间个体或团体自愿从事各项与谋生无关的、有益身心的活动的总称。这些活动通常是自己感兴趣的、不计报酬的、有意义的自由选择。

休闲是一种时间。是个人在完成社会必要劳动和其他必要活动之后的自由时间或可自由支配时间的总称。所谓社会必要劳动时间，是指在现有的社会正常的生产条件下，在社会平均的劳动熟练程度和劳动强度下，制造某种使用价值所需要的劳动时间，通常理解为工作时间，其他必要活动包括生存必需的吃饭、睡觉、卫生，以及处理家庭事务、养育子女等。

休闲是一种精神状态。指的是一种轻松的、平和的、舒适的、愉悦的心理状态。休闲是一种闲情逸致所在，是全身心的放松，是获得心理的快感，埋藏在心底的欲望得到释放，积压的郁闷和焦躁情绪得以消解的自在心境。

3. 休闲的实质

对个人而言，休闲是关注和关怀个体生命的存在质量，一种生命的状态、一种精神的态度，是每一个人成为"人"的过程。

对社会而言，休闲是社会公共政策、经济政策、文化政策中重要的一维，是构建和谐社会的基础，是促进人自身的和谐（身心、脑体、忙闲、张弛）、人与自然的和谐、人与人的和谐、人与社会的和谐的重要途径。

对各级政府的管理而言，休闲标志着国家的治理与调控从经济手段、行政手段、科技手段、法制手段，转向用文化引导和人文关怀的力量来推动社会的进步。

对社会生产力而言，休闲是一种人的文化素养的投资和积累，它在文化进程中可以培养人多方面的能力，从而使个体生命获得更强的创造力，且能让人的生命富有尊严和意义。

（二）休闲活动

《现代汉语词典》对"活动"有多种不同的解释："肢体"动弹；运动；动摇；不稳定；灵活；不固定；钻营、说情、行贿；为达到目的而采取的行动。

休闲活动所指的"活动"，显然是指"为达到目的而采取的行动"。我们认为，休闲活动指的是人在相对自由的时间里，所进行的一切放松愉悦身心的行为和关系的总称。通常它们是内容健康、积极、进步、有一定社会意义、能给人带来快乐和幸福感而采取的行动。它可以是以个人行为开展的某一项单一活动，如慢跑、攀岩、听歌等，也可以是一次有组织的大规模的集体行动，如马拉松比赛、攀岩比赛、明星演唱会等。

本书所研究的休闲活动主要是大型的休闲活动，指主办者在一定区域和时间内举办的对特定人群或公众开放的、具有一定规模和鲜明主题，能够产生一定经济社会效益的大型休闲事件。对于消费者而言，它往往是不同于日常生活、不经常发生却又是人们感兴趣、大众广泛参与的休闲体验。

（三）休闲、游憩、旅游的关系

1. 游憩

游憩在汉语词典中被解释为：游览、游玩和休息。如北魏郦道元《水经注·洭水》："渌水平潭，碧林侧浦，可游憩矣。"游憩的英文 recreation 来源于拉丁语 recreatio，意为恢复更新，原意是"to refresh"，含有"休养"和"娱乐"两层意思。

国内外学者从不同的角度对游憩给出了各自的理解。加拿大学者斯蒂芬 L. J. 史密斯在其《游憩地理学》中这样论述："游憩是一个难以定义的概念。在实际应用中，游憩常常意味着一组特别的可观察的土地利用，或者是一套开列的活动节目单。游憩还包括被称为旅游、娱乐、运动、游戏以及某种程度上的文化等现象。"

保继刚（1999）在其所著的《旅游地理学》中提出：游憩一般是指人们在闲暇时间所进行的各种活动；游憩可以恢复人的体力和精力，它包含的范围极其广泛，从在家看电视到外出度假都属于游憩。吴承照（1998）对游憩的现代意义和特征也进行了总结，主要包括：①非强制性；②是生活不可缺少的组成部分；③具有一定的道德标准；④是一种状态、过程和体验；⑤活动形式的多样性；⑥需要借助一定的外在载体进行；⑦多元共融性。张安等人（1999）认为把旅游活动看作游憩活动的一部分，才能使社会学、地理学等学科对人类这种特殊类型的消费活动的研究具有更广泛的意义，并界定"游憩"一词包括了人们所有的休闲活动，从在家里看电视到外出度假一系列活动都属于游憩活动的范畴。黄羊山（2000）把"国内旅游和发生在居住地，没有旅行的过程，只有游玩（主要是观光、游览、户外娱乐、度假等）的过程，所耗时间一般在 12 小时以内，有一定的花费，但不多，且消费地和收入来源地相同的这类活动称为游憩。

本书认为游憩是在闲暇时间内，离开居所而从事的各种放松身心、恢复体力和精力的活动。游憩者可以是本地居民，也可以是外地居民，对出游的距离和时间没有明确规定。可以这样认为，游憩是更广泛意义上的旅游。

2. 旅游

"旅游"从字面上理解，"旅"是旅行，外出，即为了实现某一目的而在空间上从甲地到乙地的行进过程，"游"是游览、游玩、观光，二者合起来为旅行游览之意。如唐王勃《涧底寒松赋》："岁八月壬子旅游于蜀，寻茅溪之涧。"

"旅游"（Tour）来源于拉丁语的"tornare"和希腊语的"tornos"，其含义是"车床或圆圈；围绕一个中心点或轴的运动"。这个含义在现代英语中演变为"顺序"。后缀-ism 被定义为"一个行动或过程；以及特定行为或特性"，而后缀-ist 则意指"从事特定活动的人"。所以"旅游"（Tourism）指一种往复的行程，即指离开后再回到起点的活动，完成这个行程的人也就被称为"旅游者"（Tourist）。

世界旅游组织（WTO）将旅游定义为为了休闲、商务或其他目的离开他/她们惯常环境，到某些地方并停留在那里，但连续不超过一年的活动。旅游目的包括：休闲、娱乐、度假，探亲访友，商务、专业访问，健康医疗，宗教/朝拜，其他。

国际上普遍接受的艾斯特定义认为旅游是非定居者的旅行和暂时居留而引起的一种现象及关系的总和。这些人不会因而永久居留，并且主要不从事赚钱的活动。

3. 异同辨析

（1）在空间上，休闲可以包括在居所内和居所外进行的活动，可同时在室内和户外开展；游憩不包括在居所内进行的活动，活动主要在离开居所一定距离的户外场所开展，可以就在本地附近，也可以是异地；而旅游是指离开熟悉的环境（常住地或工作地）到另一地的活动，可以认为旅游是在异地进行的休闲或游憩活动。

（2）在时间上，休闲和游憩基本上都是指在闲暇时间内开展的各种放松身心的活动；而通常来讲，旅游多是指人们在目的地留宿超过 24 小时的行为。

（3）在目的上，休闲、游憩、旅游活动都是以获得愉悦、益智、消遣为目的，而不是以谋生、获得经济报酬为目的。

综上所述，我们可以这样认为，休闲的范畴涵盖了游憩，而游憩包含了旅游活动。

二、休闲活动的分类

休闲活动种类繁多、形式各异，人类活动的丰富多样性决定了休闲活动的丰富多样性。随着现代科学技术的迅速发展，休闲活动更是实现了许多人类以前无法实现的梦想境界，如空中滑翔、海底观光等。按照不同的分类方法，我们可以对休闲活动做以下分类。

（一）按休闲活动的内容分类

1. 运动类

运动类休闲活动是指人们在自由时间里从事的各种体育活动，是以运动为手段，通过直接参与或观赏，去达到放松身心、娱乐消遣和发展个性的目的。运动休闲满足现代人在余暇时间里对生活质量的追求、对身体健康水平的改善、对新型生活方式的期盼、对精神享乐和自我超越的关注，丰富了人们的文化生活，改善人际关系，促进社会和谐。

运动休闲是休闲活动的主流，活动空间广阔，水陆空均可开展。陆上运动休闲项目包括羽毛球、保龄球、高尔夫（如图1-1所示）、网球、乒乓球、排球、篮球、健美操、游泳、登山、攀岩、滑雪、气功、太极拳等；水上项目包括划船、潜水（如图1-2所示）、浮潜、冲浪、水上摩托车、帆船等；空中项目包括拖曳伞、跳伞、热气球、飞行伞、滑翔伞等。

图1-1　高尔夫运动

图片来源：www.nipic.com

图1-2　潜水

图片来源：www.51qilv.com

2. 游戏类

游戏类休闲活动一般源于古代的民间游戏，历史悠久，在漫长的实践和传承过程中经过人们不断的修改、创新，发展成为现代颇具特色的休闲活动。它具有明显的娱乐性，在活动中尽情玩耍，在玩乐中强身健体、开发智力、培育品格、开拓思维，感受身心愉悦。常见有放风筝、踢毽子（如图1-3所示）、打陀螺、钓鱼、棋牌、七巧板、拼图、魔术、飞镖、电子游戏等。

3. 艺术类

艺术是指通过借助特殊的物质材料与工具，运用一定的审美能力和技巧，在精神与物质材料、心灵与审美对象的相互作用下，进行的充满激情与活力的创造性活动。艺术类休闲活动是人们在闲暇时间出于自愿和兴趣爱好，参与学习创作或欣赏观看各种艺术的活动，如文学、书法、绘画（如图1-4所示）、雕塑、建筑、音乐、舞蹈、戏剧、电影、电视、曲艺等。

图1-3 踢毽子

图片来源：baike.soso.com

图1-4 绘画

图片来源：blog.sina.com.cn

4. 生活类

生活类休闲活动是指人们出于某种喜爱或嗜好、发生在居住空间内或周围附近、在闲暇时间进行的一系列和日常生活关系密切的休闲活动，达到增加生活情趣、提升生活质量、陶冶情操、放松身心的目的。包括集邮、标本、养花、养宠物、古玩、阅读、上网、逛街、品美食、遛狗等。

5. 社交类

社交类休闲活动是指人们在闲暇时间通过一定的方式（工具）实现人与人之间的交往，达到传递信息、增进交流、促进友谊的休闲活动，它往往表现为在某种组织下的集体行动，如社团活动、俱乐部活动、志愿者行动、节庆民俗活动、宗教活动、化装舞会、慈善活动、同学聚会等。

（二）按休闲活动的性质分类

1. 积极性休闲

积极性休闲是有利于人们身心健康发展、有益于自我发展和自我实现、促进精神愉悦和满足、增进社会和谐的物质文化活动。如户外运动、欣赏话剧音乐剧、益智类游戏、学习插花、茶艺等技艺。

2. 消极性休闲

消极性休闲是指不利于身心健康或不加节制的自我放纵、蓄意破坏、危害他人权益、不文明甚至是违法犯罪的物质文化活动。如沉溺赌博、暴饮暴食、睡懒觉、通宵打游戏、游荡风花雪月场所、吸毒等。

早在1918年，美国联邦教育局就将休闲教育列为高中教育的一条"中心原则"：每个人都应该享有时间去培养他个人和社会的兴趣。如果能被合理地使用，那么，这种休闲将会重新扩大他的创造力量，并进一步丰富其生活，从而使他能更好地履行自己的职责。如果相反，滥用闲暇时间将损害健康、扰乱家庭、降低工作效率，并破坏其公民意识。

坝坝舞，你怎么看

坝坝舞，又叫自由舞，是广场舞的一种，是草根百姓锻炼身体、自娱自乐的一种集体舞蹈，包括健身舞、团体操、街舞等舞蹈元素，场地常选在广场或者开阔的地坝，所以俗称坝坝舞。作为一种发源20世纪80年代的活动，坝坝舞曾在很长的时间内担当了人们发展运动，开展交际的重要活动，曾一度被认为是时尚和高素质水准的代表。但是时至今日，关于广场舞噪声引发的扰民问题也随之而来，社区住民为了获得清静的环境，向广场舞的大爷大妈们开战的情况屡见不鲜。

温州某小区住户为了与广场舞大妈展开"高端"对抗，甚至不惜采用了神器，他们一起集资26万元，购买了专业的扩音器设备，和大妈们对轰高分贝。长沙某小区的大妈们，曾先后三次被从天而降的"粪弹"扔中，起因就是小区住户觉得她们"太吵了"。北京曾有人因觉得广场舞噪声过大，朝天鸣枪并将藏獒放出来冲进人群，然后因为无证持有双筒猎枪被警察带走了，后来又有人选择用塑料袋装水扔下楼警告广场舞大妈，可这种警告或者袭击都不能持久，音乐却一直没有停。

中国大妈赫然已经成了神一般的存在。广场舞跳得举世震惊，不仅在国内横行无忌，甚至跑到高速路上载歌载舞，还走向了世界。现在，莫斯科红场也沦陷了，中国大妈把广场舞带到了那里，一度引得莫斯科警察紧急赶到。从照片上看，大妈们依然兴致极高，而且有男士甚至是老外也加入了其中，还有不少人在围观拍照。

（资料来源：http://news.mydrivers.com/1/308/308525.htm）

同学们，你们认为坝坝舞是一种积极性还是消极性的休闲活动呢？为什么？

（三）按休闲活动的参与对象分类

根据休闲活动参与的不同主体，休闲活动还可以细分为各年龄层次休闲活动。
（1）儿童类休闲活动：0~15岁。
（2）青年休闲活动：16~44岁。
（3）中年休闲活动：45~59岁。
（4）老年休闲活动：60岁及以上。

（四）按休闲活动的组织形式分类

（1）政府性休闲活动：由各级政府主办、策划、实施的休闲活动。
（2）企业性休闲活动：由各类企业计划、组织、实施的休闲活动。
（3）民间性休闲活动：由民间团体、非官方协会、社团组织发起的休闲活动。

三、休闲活动的功能

公民拥有参与符合社会规范和价值标准的休闲活动的权利。随着人们生活水平的提高，休闲活动不再只是王公贵族和富有阶层的奢华生活，休闲既是个人层面自由意志的选择，更与社会实践、经济活动不可分离，具有重要且实用的功能。

小贴士

在西方发达国家，人们往往把从事休闲产业的人誉为"亲善大使"，因为他们既运用智慧，又付出爱心，以一种特殊的品质和技巧传递爱的精神，帮助人们找到真正值得参与的活动，使这个世界变得安全、温馨和美好；使人在休闲中既丰富思想，又陶冶情操；使人的生命既丰富多彩，又获得价值的提升。

（一）个体价值

休闲体现了人类全面发展的客观要求，是现代人追求文明、健康生活的一种积极方式，让我们在休闲中体会生命的价值和意义，"以欣然之态，做心爱之事"。

1. 促进身心健康

对个体而言，休闲活动与个体生命的存在质量和生活品质密切相连，是产生幸福感的来源之一。通过休闲活动，特别是运动休闲，能够使人动作敏捷，精神饱满，身体健康，身心放松，提高身体素质。

2. 实现自我价值

当今社会已步入一个具有新的休闲伦理观和娱乐道德观的大众休闲时代，人们正是通过休闲而不是工作来充分展示个性和自我价值。人类正是在休闲活动中，才得以发现自身，了解生活的目标、存在的意义，突破人生的有限性而到达超越之境。例如，益智性游戏、艺术欣赏等休闲活动能够增促进人的心智发展，不断提升自己和自我实现。

3. 增进人际和谐

"独乐乐不如众乐乐"，休闲活动经常是群体性的或人与人之间的活动，休闲活动所带来的交流和互动，有助人际关系的和谐，并借由参与休闲活动拉近人与人的距离，培养团体意识及团结合作的精神。

 小资料

1970年，在联合国的援助下，国际娱乐协会（世界休闲组织的前身）在比利时首都布鲁塞尔召开了国际闲暇会议，并通过了著名的《休闲宪章》。《休闲宪章》指出："消遣时间是指个人在完成工作和满足生活要求之后，完全由自己支配的时间。这段时间的使用是极其重要的，消遣和娱乐为补偿当代生活方式中人们的许多要求创造了条件，更为重要的是它通过身体放松、竞技、欣赏艺术、科学和大自然，为丰富生活提供了可能性。无论在城市或农村，消遣都是重要的，消遣为人们提供了激发基本才能的变化条件，使其意志、知识、责任感和创造能力等得到自由发展。消遣时间是一种自由的时间，在这段时间里，人们能掌握作为人和作为社会有意义的成员的价值。补偿消耗；丰富生活；激发才能；体现人的价值。"

（二）社会价值

社会从某种意义上等同于国家，又超越国家，社会政治、经济、文化等内容不仅针对某个国家，也是全球的共同问题。休闲是一个国家生产力水平高低的标志，是衡量社会文明的标尺。

1. 家庭

家庭是社会的基本单元，是塑造个体人格、精神、气质、道德伦理的最直接和最

基本的成长环境。家庭在教育和传播价值观、信仰及文化传统方面有着不可替代的作用。家庭成员共同参与休闲活动不仅可以增添亲情交流，有助于人们对于家庭的认同、情感和责任，并由此产生对民族和国家的热爱和归属。家庭成员特别是小朋友还可借由休闲活动，学习到许多生活准则、价值判断和社会规范等，有助个人社会化，达到寓教于乐的目的。

2. 学校

身体不合格的学生是残品，学业成绩不合格的学生是次品，思想品质不合格的学生是废品。课外休闲活动及社团的推展，有助于学生健康身心，愉快成长，更有助于学生发展群体关系、培养兴趣、激发潜能及自我实现等学习以外的全面发展。

3. 社会

（1）社会教育的功能。我国休闲学研究专家马惠娣女士指出："休闲本身是一种文化，一种人类文明程度的标尺。"由休闲活动的教化，可以使社会成员学习遵守规定、建立人际关系；正当的休闲活动可提供人们娱乐的多元选择，可减少犯罪倾向；休闲活动还可作为治疗疾病的工具，如音乐、游戏、舞蹈、康复运动。

（2）社会整合的功能。休闲活动使人们因接触而相互了解，无形中提高社会意识，促使社会更加团结，可以消除社会上衍生的许多问题，进而营造一个良好的休闲环境与创造新的社会文化，带动健康风气，是构建和谐社会的基础要素。

（3）社会福利的功能。开发休闲实际就是积累一个人、一个民族、一个国家的文化资本，就是对人的教育与教养的投资。这种资本的投资越早，回报率越高。西方发达国家都很重视在休闲方面给予国民诸多的福利，早在20世纪30年代初国际建筑协会制定的城市规划大纲《雅典宪章》中就明确指出：休闲与居住、工作和交通是城市的四大功能。惠及国民的社会福利是现代国家进步的重要指针，人人享有休闲的权力，完善的休闲活动设施、丰富的休闲活动是国家社会福利的重要内容。

（4）社会经济功能。对社会生产力而言，休闲不再被视为一种纯粹的消遣消费活动，而且在很大程度上把它当作一种生产力（即体力、精力）恢复活动。休闲活动能恢复因长时间工作而积蓄的身心疲惫，舒解工作压力，使劳动者体力的恢复，带来更佳的工作效率。休闲活动是劳动力的生产和再生产活动过程，同时也是人力资本增值过程，即生产要素的再生产和增值过程。休闲活动可以直接或间接地提升人的教养，可以从多方面培养人的能力和兴趣，从而增加个体生命价值和创造价值，有助于社会经济的增长。

"休闲经济"是以追求人生价值最大化为核心的效率经济，是建立在休闲的大众化基础之上，由休闲消费需求和休闲产品供给构筑的经济。人类进入知识经济社会之后，人类创造价值的形式发生了巨大变化，休闲经济不仅是消费活动，本身也包括生产活动。在多数情况之下，休闲经济的生产和消费是同时进行的。如我们观看歌剧、学习插花、体育活动观赏、旅游观光、享受按摩服务等。事实上，休闲经济是一个完整的体系，休闲产业是指与人的休闲生活、休闲行为、休闲需求密切相关的产业领域，包括娱乐业、旅游业、服务业、文化产业、体育产业为龙头的经济形态和产业系统以及由此连带产生的产业群。"社会和经济的发展为人们的休闲活动提供了时间和经济能力，而休闲又反过来推动相关产业的发展。"在日本东洋大学国际地域系教授梁春香看来，休闲与社会和经济的发展就是这样一种相辅相成的关系。以休闲大国西班牙为例，休闲产业是国家四大产业之一，其收入占国内生产总值的45%。

任务二　休闲活动的历史

人类的整个进化史已经使我们养成了为生存而斗争的本能和习惯，这种本能和习惯被定位于解决经济问题的传统目标上。拥有财富和权利成为拥有成功的主要象征。可是，如果经济问题不再成为主要的奋斗目标，甚至有朝一日有希望得到解决，那么，人类自古以来的传统目标将会被逐渐地淡化甚至会消失，这时，人们将会面临着重新调整和定位世世代代承袭下来的习惯和本能，以适应解除经济压力之后的自由的新问题。换言之，人们将必须解决如何休闲，以使自己更明智、更舒适、更充实和更幸福地生活的问题。研究此类问题必须得对休闲活动的历史有一定了解，下面简单地介绍一下中外休闲的发展史。

一、中国休闲活动发展史

华夏文明开启了东方的历史。早在四五十万年前，这块神奇的东亚大陆上便出现了人类活动的遗迹。早在原始社会，打猎、赶集市、边干活边唱歌、讲故事等活动就有包含了娱乐的性质和休闲的功能；正如人类学家斯普顿和考恩斯（1974）在研究毛利文化的报告中说，毛利人任何层面的经济生活之中，都伴随着消遣娱乐的成分。但是，这个时期，人们没有休闲的意识或者概念，更加不可能形成独立的休闲社会形态，但是无意识的休闲活动方式已经逐步的出现，并发挥了它应有的一些功能。所以说，休闲活动的历史在原始社会便开始了。

（一）先秦时期宗教休闲

《礼记·表记》载："殷人重神，率民以事神，先鬼而后礼。"早在中国的殷商时期已经形成了一套严密的宗教祭祀系统，也随之产生了早期的巫祭舞蹈与乐曲。考古发现，殷商祭祀活动频繁而且种类繁多，如伐鼓而祭、舞羽而祭、酒肉而祭等。《诗经》的出现为中国的休闲历史翻开了一页新的篇章。《诗经》是先秦时期真实的生活写照，其中运用了大量的诗句以讴歌生活，表现出当时的休闲思想、休闲文化和休闲方式。《诗经·小雅·六月》中的"比物四骊，闲之维则。维此六月，既成我服"，等等，可以说明，在当时不仅百姓自身在日常生活中体验着休闲，统治阶层也已经看到了让民于闲的重要性。

（二）封建社会的休闲

1. 从秦到魏晋南北朝的休闲

公元前3世纪末，秦王嬴政先后灭韩、赵、魏、楚、燕、齐六国，建立了中国历史上第一个君主专制集权国家，从而为中华文化共同体的形成奠定了基础。秦始皇继承发展了周天子的"巡守制度"，巡游天下成为他在位12年中耗时最多，用力最勤的一件大事。《史记》也翔实地记录了司马迁自己以及他同时代人的一些游历、娱乐等生活体验。

到了魏晋南北朝时期，长期分裂以及时局动荡的格局，使人们更加向往无忧无虑的田园生活。如代表人物陶渊明的诗句"少无适俗韵，性本爱丘山"，游乐田园，醉于山野，"采菊东篱下，悠然见南山"。真实地反映了当时文人的生活写照，田园隐逸化成为了当时的休闲主流。

课外阅读

竹林七贤

"竹林七贤"的名称，最早见于《三国志·王粲传》附《嵇康传》裴松之注引《魏氏春秋》：

（嵇）康寓居河内之山阳县，与之游者未尝见其喜愠之色。与陈留阮籍、河内山涛、河南向秀、籍兄子咸、琅琊王戎、沛人刘伶相与友善，游于竹林，号为七贤。

魏正始年间（240—249年），社会处于动荡时期，司马氏和曹氏争夺政权的斗争异常激烈，民不聊生。文士们，不仅无法施展才华，而且时时担忧性命安全，因此崇尚老庄哲学，从虚无缥缈的神仙境界中去寻找精神寄托，用清谈、饮酒、佯狂等形式来排遣苦闷的心情，"竹林七贤"成了这个时期文人的代表。他们大都"弃经典而尚老庄，蔑礼法而崇放达"。

2. 隋唐的艺术休闲

公元6—13世纪，东方休闲史发展到了最鼎盛的时段。隋唐长治久安，经济繁荣，文化昌盛，声名远播，全国上下处在欣欣向荣的欢快之中。民族的自信心，自豪感，以及人民的创造力都达到了前所未有的高度，社会生活的各个方面无不呈现活跃的姿态。在这种国泰民安、富足升平的背景下，人们获得温饱寻觅视听之娱的需求不断增长，生活视野日益扩大，旅游活动自然而然地迅速发展起来。

当时东方的休闲文化融合了儒道的思想理念，以文学、绘画，游学为主，意在清心寡欲。无论中国、韩国还是日本，士子游学活动频繁，行旅不绝于途。旅游文学如《行程录》《游记》之类兴起，人们对各地风土人情的关心程度空前高涨。众多艺术性的休闲活动也同样丰富多彩。

3. 宋、元、明、清时代的休闲

（1）在唐代的经济与文化积累之下，宋代在各方面得到了极大的发展。宋代重文，两宋是中国古代文化最为繁荣的时代。文化教育已向民间普及，科举和游学是文人的主要生活内容。在宋代，旅游文学的兴起，使人们对各地风土人情的关心程度空前高涨，舞文弄墨、游山玩水之类的休闲书籍因其新颖的体例、丰富的文化资料而一直都是畅销书。如南宋时期林升的《题临安邸》："山外青山楼外楼，西湖歌舞几时休？暖风熏得游人醉，直把杭州作汴州。"也反映了当时社会生活的一个写照。

（2）元朝是区别中国于任何一个朝代，元代国土面积辽阔，陆路北穿东欧，西贯伊朗，直接与大都相通；海路从波斯湾直抵泉州等港口。在这种开放的国际环境下，东西方的交往空前频繁，政府使节、商团行旅、宗教和其他各界人士的往来络绎不绝，受西方国家的感染，追求精致的艺术化生活开始流行，休闲自然也变成了一种艺术。

（3）明末清初戏曲理论家李渔是自唐宋以来有意识的从理论层面探讨并论述休闲活动的第一个文人墨客，其代表作《闲情偶寄》是当时最负盛名的畅销书。清人张潮在《幽梦影》中说："人莫乐于闲，非无所事事之谓也。闲则能读书，闲则能游名胜，闲则能交益友，闲则能饮酒，闲则能著书。天下之乐，孰大于是？"可见，这是明清时代对休闲生活的理解。

（三）近代社会的休闲

鸦片战争是中国近代史的开端，同时也打开了和西方联系的大门，西方的思想和休闲方式开始传入国内。"五四"运动之后，我国产生了一批提倡休闲生活小品文的作家。其中林语堂的休闲思想最负盛名，他是从哲学角度看待和讨论休闲的文人，强调休闲的个人体验。近代东西方文化交融，休闲方式也显现出时代的特征。如表1-1所示。

表 1 - 1　　　　　　　　　　　近代我国休闲活动的变迁

时　期	主要休闲活动
1840—1900 年	赌博、泡茶馆、交谊舞（中上层）、电影（很少）
1901—1911 年	赌博、泡茶馆、体育、旅游、逛公园、交谊舞、电影
1911—1949 年	戏曲及曲艺、逛游艺场、游商业街、看电影、集邮、茶馆聚赌
1949—1976 年	体育运动、交谊舞、集邮、看电影和戏剧、逛公园
1966—1976 年	看样板戏、唱语录歌、跳"忠字舞"

（四）改革开放后的休闲

现代大众意义的中国休闲，属于改革开放的产物。它来自于中国经济近 30 多年的持续增长和社会稳定，以及人民生活质量的提高。改革开放极大地解放和发展了我国的社会生产力，使居民实现了"有钱"和"有闲"的统一。据国家统计局城市调查队的调查结果显示，在 1996 年我国城镇居民的年收入达到 10000 ~ 30000 元（小康型）的比例已经达到 51.5%，收入达到 3 万 ~ 10 万元（富裕型）的比例已经达到 8%，可见早在 1996 年，小康型生活已经成为我国居民生活的主体，富裕的群体已经出现，我国居民的休闲和消费的财力基础已经较强了。

2008 年开始实施的新休假制度，不仅使居民全年的各种休假时间之和约占全年的三分之一，而且形成了具有现阶段中国特色的"1 + 2 + 5 + 4"的休假模式（一个带薪休假，两个黄金周，五个小长假，四个双休日）。因此，新休假制度为居民休闲方式的多元化和自主化，提供了重要的制度保障，并将成为推动我国休闲时代发展的重要动力。

《国民旅游休闲纲要（2013—2020 年）》提出国民旅游休闲发展目标：到 2020 年，职工带薪休假制度基本得到落实，城乡居民旅游休闲消费水平大幅增长，国民休闲质量显著提高，与小康社会相适应的现代国民旅游休闲体系基本形成。随着人民生活水准的日益提高，"休闲"已经成为家喻户晓人尽皆知的一个概念。从随处可见的休闲场所，到男女老少的着装变化，从各种媒体的宣传广告，到大众休闲意识的普遍提高，等等，这一切不仅标志着我国经济发展模型的大转变，而且反映了休闲在当代中国人生活中所占有的比重正在越来越大。

二、西方休闲活动发展史

（一）古希腊、古罗马时代：休闲的大发展

从原始社会到奴隶社会，生产力的发展、社会制度的改变将原有的劳动与休闲相

互融合的状态完全打破，整个社会分为奴隶阶级和奴隶主阶级：一个成为只能劳动的奴隶阶级，一个只拥有休闲的自由阶级。在希腊文明兴盛时期，体育、公共娱乐和竞技活动日趋职业化，这与"休闲道德规范"出现形成鲜明的对比，休闲道德生活的目的就是对闲暇时间的明智的利用。

广义上的古希腊休闲观把基础放在自由人之上，认为休闲是自由人的人生基础。休闲不仅仅是自由时间的意思，更是锻炼自己、提高修养的途径，是从必需的劳动到自由的状态。同时，早期希腊哲学家还把学问与休闲理想联系起来，认为休闲同教育、知识、美德、愉快和幸福是不可分离的，是实现文化理想的一个基本要素：知识引导着复合道德的选择和行为，而这些东西反过来引出真正的愉快和幸福。

古希腊文化中，被认为是休闲活动的是极其有限的。对人的一生有重要影响的休闲活动主要有：政治、哲学、教养活动、学问、美术趣味活动及宗教文化仪式等。而亚里士多德更近乎苛刻地认为只有音乐和冥想才是具有休闲资格的活动，其中，冥想是所有人类活动中最理想的休闲行为。

一直到古罗马时代，休闲活动的方式才逐渐丰富起来，打猎、洗澡、游戏、找乐子——这才是人生，此话虽然不是全部罗马人的生活写照，但在罗马社会中，相当数目的人过着无所事事的"有闲"生活。在各古代文明中，数古罗马人最会玩。古罗马人把休闲理解为劳动的适应状态，更具有一种适应的性质，某些旅行开始具有与近代旅游相似的形态。与学习和创造等休闲活动相比，古罗马更盛行消费型的休闲，而且他们也不重视高尚的，追求幸福的休闲。古罗马人把休闲当作政治的工具加以利用，他们制订休闲计划、开放休闲设施（其中大部分是公共设施）。因此，古罗马的澡堂、室外剧场、运动竞技场、公园等建设比较丰富，作为社交活动场所的大众浴池享有盛名。

 读一读

罗马人的浴池

罗马建立共和国初期（约公元前400年），有钱人家往往有私人浴室，大多像小型室内游泳池而不像现代浴室。共和国拓展成为强大的帝国后，各城镇也相继扩大，公民生活更富足，沐浴的风气盛行于社会各阶层。在建造浴室这方面，罗马人是不惜工本的。众多大规模热澡堂如王宫般豪华，内有大理石柱、穹隆天花板、精美拼花地板、喷水池和塑像。大多数热澡堂除游戏室、热气室和浴池外，还有商店、酒吧和咖啡座，甚至图书馆和剧院等设施。可见，浴场对于罗马人来说并非只是简单的供沐浴之用，而更是一种集社交、娱乐和健身的休闲场所。正如罗马时期某墓志铭所说："浴室、葡

萄酒和性毁了我们的身体，可要是没有了他们，活着又有什么意思呢？"

总之，以奴隶社会为基础的古希腊和古罗马时期是休闲的大发展时期，不仅表现为休闲与工作（劳动）两者初步界限的具体区分，更因为在这一时期绝大多数人有了休闲的意识，并追求休闲活动，为休闲的发展奠定了充分的思想基础。同时，休闲设施的大量兴建及休闲活动类型的多样化，为休闲的发展奠定了坚实的基础。

 **读一读**

古希腊哲学家、作家柏拉图（公元前429—公元前347年）与古希腊哲学家、科学家亚里士多德（公元前384—公元前322年）是师徒关系，但是他们对于休闲却有不同的理解：亚里士多德认为工作和休闲是严格分开的。他把经商与战争归到一类，而把休闲与和平归到另一类；这种观点认为任何职业都不能视为休闲。他说："我们忙碌是为了能够获得休闲，事实和论据都证明执政者应该运用军事手段和其他手段来提供休闲、实现和平。而柏拉图并不赞同这种对工作与休闲进行严格区分的见解。

（二）中世纪的休闲观

古罗马没落后，天主教和封建制度登上了历史舞台，两者共同支配着中世纪时代，在中世纪，天主教会控制着大部分休闲活动。早期的圣·奥古斯汀教思想中，劳动被赋予了新的意义和价值。所有的教徒都必须从事体力劳动，早期天主教的教父和信徒已为此树立了榜样。而亚里士多德休闲哲学则为教徒如何符合教规地打发闲暇时间提供了指导。因此，中世纪初的人认为，休闲的最高境界是祈求拯救的冥想。主宰中世纪社会精神领域的天主教教会教导人们，生活的目的是为来世做准备；无所事事是灵魂修炼的敌人；重视辛勤的劳动和冥想。

中世纪的休闲不同于古希腊和古罗马时代的集体休闲，它维持了"宗教—个人"中心型的休闲形式，认为劳动是神圣的，休闲是世俗的，这导致了人类的本性从玩转变为工作的后果。对于普通民众来说，休闲来自于教堂的"圣日"活动或者集市（中世纪的休闲购物）。在13—14世纪时，《大宪章》界定了大型集市的活动范围，大型集市吸引了来自欧洲和亚洲的众多商人。由于受到天主教思想的制约和以土地关系为基础的封建制度的物质制约，个人的休闲方式相对比较单调。在有节奏的生活中，与天主教的宗教秩序相一致的休闲主要有：宗教仪式、周日活动、在教会的广场及村落的公用广场等地举行的仪式。

但是在一些特定的阶层，也出现了一些新型休闲活动方式的萌芽，例如，骑士鸡兔为封建领主做骑士竞技、剑术、枪术、跑步、投石等身体训练，相当于今天的体育活动。另外，随着中世纪城市的诞生和手工业者逐渐形成早期的城市市民们，因积累了大量财富而生活富足，与关心来世相比，他们更追求现实的安乐生活，于是舞会、歌剧、演戏、艺术等活动也零星地得到开展。总之，中世纪的休闲几乎颠覆了古希腊和古罗马时代的休闲观，人们又将追求的中心放在劳动上，是休闲发展的黑暗期。

（三）文艺复兴：休闲的黄金时代

西方世界摆脱了黑暗的中世纪时代后，迎来了发达文化的黎明——文艺复兴。文艺复兴（在法语中的意思是"再生"）是一场始于意大利的思想与文化运动，后来传到北欧，一直到 16 世纪中期才得以兴盛。在贸易、商业、金融业等领域，人们积累了大量的财富，形成了新中间阶级，他们把充足的财力和时间投入到娱乐和休闲生活中。文艺复兴时期是一个不十分重视严格的道德规范的时期，因此，人们可以直接参与狩猎、宴会、舞会、歌剧、演戏、艺术等活动，以财力援助的形式促进艺术、文学、娱乐部分的发展。增加了剧场，歌剧院等艺术型的休闲设施，许多有巨资的艺术赞助者更多地光顾画廊而不是皇宫、教堂或大城市。

文艺复兴时期，休闲的理想才得到普及，普通大众才有更多的机会享受休闲。文艺复兴还使人们从长期以来宗教式的和超自然的思考方式中解放出来，形成严肃的思考和思想，具体表现为理性主义、实用主义等。在这种新思潮影响下，人们对休闲进行了再评价，这对休闲文化的发展起到了积极的作用。

卢梭（1712—1778 年）是文艺复兴时期法国的哲学家和作家，他的关于教育的小说《埃米尔》详述了他的人性观，主张社会有必要向儿童提供敞开心胸、舒展身体和精神的机会。他的著作激励了后来那些在探险游戏和体育领域中的开拓者。他的写作风格和浪漫观还激励了如雪莱（Shelley）、拜伦（Byron）和华兹华斯（Wordsworth）等一些诗人。

文艺复兴初期的文化和人本主义思想也受到中世纪末的宗教改革的影响。宗教改革向劳动观念灌输了宗教意义，把不劳动和休闲看作罪恶，严肃的清教徒生活观念认为只有勤劳诚实的态度才是美德。因此，尽管文艺复兴促进了平民休闲自由，但宗教改革对西方世界的劳动、生活观念的影响更大，即宗教改革把劳动当作人类生活最神圣的，最高境界，休闲则被看作是罪恶。这一观点随着中产阶级的兴起，渐渐地取得了主导地位。在工业革命以后，更长了工业资本社会的成型，这种工作伦理也一直延续到了 20 世纪。

（四）近代休闲的飞跃

工业革命以后，使得更多人能够参加休闲活动和进行旅行活动。工程学和发明创新带来了工业上的巨变，同时它还将我们带入一个休闲和快乐的新时代。人类进入后工业时代后，世界上一些发达国家逐步缩短劳动时间，从每周工作 6 天、每天工作 12 小时，逐步减少到每周工作 5 天、每天工作 7~8 小时，人们拥有大量的空暇时间，大众休闲时代也来临。伴随着工业文明的到来，社会形态与文化形式都发生了前所未有的变化，休闲第一次作为工业革命的产物，作为增加劳动生产率的结果，作为劳动研究的伴随物，作为增加个人自由和休闲产业兴起的诞生品，在文化发展中占有了明显的位置。近代休闲的价值更多地在于保证生产劳动持续地进行，劳动成为惊呆社会的日常文化，劳动文化的主导地位决定了各种与生产相关行为的相应社会价值。

（五）现代休闲大众化

现代社会是伴随着大批量生产和大批量消费的大众休闲时代。休闲在现代已经成为社会各阶层人们所普遍享有的社会权利，而不再是仅属于少数人、一个等级或一个阶级的社会特权。休闲的意义和重要性对劳动阶层来说在逐渐演变，并最终发生根本性的变化。随着工业化进程的不断加快，劳动文化与休闲文化也在发生着变化，并且，影响着整个社会的变化。传统的制造业从核心走向了边缘，城市的去工业化趋势使社区生活与休闲的联系越来越密切，许多以前人们不留意，不欣赏的活动，现在都激起了人们的兴趣。针对这一现象，杜马哲迪尔指出：今天，休闲已成为数百万、数千万劳动者生活中的重要因素，它直接关系到劳动、家庭、政治，社会等问题，因此必须从新的角度看待与休闲的问题。

西方的休闲学家通常把这个以追求休闲为主要目标的社会称为休闲社会、后工业社会、后劳动社会甚至是普遍受教育的社会。他们认为，这是一个以休闲文化与休闲伦理超越劳动文化与劳动伦理的社会，是一个真正意义上追求以人为本的多元化发展的社会。美国著名的休闲学家凯普兰（Max Kaplan）曾指出："任何一种特殊的活动都有可能成为休闲的基础；把无意识的社会角色所承担的责任最小化；具有自由的心理感觉；通常具有玩的特征，其范围可从不合理的和无意义的活动到重要的活动之间。"因此，休闲是与比人类社会生活的其他氛围更放松的层面相关的实践和空间。而事实上，目前我们已经更多地将在个人生活中占核心地位的兴趣爱好作为休闲，而更少把休闲当作工作后的消遣和恢复。现在我们已经不能仅仅凭一个人爱干什么就确定这个人是在工作还是休闲，休闲之于工作的区别仅仅在于个人对这件事的态度以及这件事对个人的意义。

总之，在现代社会政治、经济、技术、文化的多重力量的共同作用下，休闲时代的各项特征已经悄然渗透到我们生活的各个角落，并逐步地改变着我们人类本身。

任务三 休闲产业与休闲活动的发展

随着科技进步和经济发展，休闲成为人类社会的重要组成部分。发达国家陆续进入"休闲时代"，发展中国家也将紧随其后，在我国沿海城市和经济发达城市，休闲已逐渐成为一种新的生活方式，一种流行时尚。休闲活动在时间、空间、形式等方面呈现出新的发展态势，同时，以旅游、健身养生、娱乐、文化传播、社区服务等为主的"休闲经济"成为国民经济新的增长点，休闲活动的产业化崭露头角。

一、休闲产业

休闲产业有广义与狭义之分。狭义上的休闲产业可以认为是主要为满足人们休闲需要而提供直接服务的产业，它是包括旅游业、餐饮业、保健业、娱乐业、影视文化业等。而广义上的休闲产业则指的是能直接或间接的满足人们某种休闲需要而提供服务的产业，其涵盖范围较广，因为只要能满足休闲的某种需要就可认为是休闲产业。它不仅包括服务性行业，还包括为服务性行业提供设施设备、场所的第一产业与第二产业部门。如休闲农业，则是一个包括第一产业与第三产业的产业联合体。

（一）休闲产业的分类

休闲活动是在适当的场所，应用一定的设备或器材，按照一定的方式组织的愉悦身心，促进身体健康的活动。休闲产业根据服务主体的不同，可以分为休闲场所经营与管理行业；休闲活动设备与器材设计、制造业；休闲活动组织行业；休闲活动培训与训练业；服务于休闲活动中人的基本需要的行业，如酒店、餐饮行业。

根据服务的休闲活动类型的不同，休闲产业又可分为以下类型：体育休闲产业、娱乐休闲业、保健休闲业、旅游休闲业、乡村休闲业、餐饮休闲业、购物休闲业等。

如果将此两种分类标准综合，则可得到如表1-2所示的更细的休闲产业分类，并列出了一些常见细分类的例子。当然，实际生活中的休闲产业类型比表1-2所列更加丰富。

表1-2 休闲产业分类

	场所经营与管理	设备、器材的设计和制造	休闲活动组织	培训与训练
体育	体育场经营、高尔夫球场经营等	健身器材、体育服装设计与制造	体育活动组织，如NBA	体育技能训练班，如少儿足球俱乐部、拓展训练
娱乐	夜总会、KTV经营与管理	娱乐设备设计与制造，如卡拉OK机制造	活动主持，如DJ	娱乐相关技能训练，如交谊舞培训
保健	温泉城、浴足城经营等	水疗、泥疗等设备设计与制造等	温泉活动组织	美容、美发培训；其他保健技能培训
旅游	景区管理与经营	观光车、主题公园器材与设备等	线路组织如旅行社等	导游培训
乡村休闲	农家乐经营与管理	乡村旅游相关设备与器材制造等，如乡土家具制造等	乡村体验活动组织，如桃花节、水果节等	农家乐经营与管理培训，如星级农家乐规则培训

（二）休闲产业的发展

休闲产业是现代社会的产物。它起源于18世纪的杂志、咖啡馆和音乐厅，延续至19世纪的职业体育和假日旅游，进入20世纪，与休闲相关的产业便逐渐应运而生，20世纪70年代进入快速发展时期。

1. 中国休闲产业的发展

中国休闲产业的发展呈现出以下特点。

第一，休闲群体庞大，消费市场广阔。中国是一个拥有近14亿人口的大国，若按全国20%的人口参与休闲，全年人均消费2000元计算，便可以形成近3亿人口和6000亿元消费的广阔市场，随着中国经济的持续增长和国民生活的提高，这个比例还将扩大。这是世界上任何一个国家发展休闲产业都无法比拟的巨大优势，客观上为中国休闲产业的发展提供了巨大的空间。

第二，近距离休闲，低价位消费。中国毕竟还是个发展中国家，因受个人平均GDP偏低与个人恩格尔系数偏高的制约，绝大多数中国人的休闲在时间和空间上呈现出短期性、近距离。在消费价位上，大多还无法追求高价位的休闲消费。所以，当代中国人的休闲还谈不上真正的享受，尚停留在"找感觉"阶段。中国休闲旅游以短线见长，而人数庞大。

第三，休闲设施的供给已经面临极大的困窘之境，一方面，休闲设施使用忙闲不均，著名景点在黄金周期间的人满为患，而其他小规模景点又乏人问津，造成休闲资源的过度利用和利用率严重不足；另一方面，我们的休闲供给也不能满足越来越大的顾客的个性化要求。

第四，功能单一，产品雷同。目前，休闲产业的功能主要集中于吃、住、游、玩四个方面。休闲项目共性普遍，个性阙如，产品相同相近，质量较低。如全国遍地开花的农家乐，能够为休闲者提供的主打项目产品，绝大多数都是垂钓、棋牌娱乐、农家饭菜。文化艺术休闲、健康疗养休闲、教育学习休闲等，总体上还处于原生状态或睡眠状态。

第五，市场节奏变快，产品周期变短。在全球经济一体化的过程中，科学技术的进步日新月异，消费者心理变幻莫测，消费需要趋异求新，从主客观方面缩短了各种产品的生命周期，对市场节奏形成了强大的冲击力。服饰业的争妍斗奇，信息产业的更新换代，商务服务的推陈出新，交通运输业的你追我赶，旅游业的求新求异等，从一个侧面证明了休闲产业面对的巨大挑战，使休闲项目与产品处于激烈的无序竞争之中。

2. 国外休闲产业的发展

第一，"求新、求奇、求刺激"与"求高雅、求宁静"。

"挑战极限、追求刺激"已成为大多数休闲娱乐项目的共同点。极限运动代表性的有蹦极、攀岩、滑翔、潜水等。"求新、求奇、求刺激"以年轻人居多，另外一种特点是"求高雅、求宁静"。选择音乐会，博物馆等比较高雅、宁静的场所作为休闲之地，或者选择高尔夫、垂钓等体育运动。

第二，标准化、个性化。

由于国外的休闲产业起步较早，在服务内容、程序、标准等方面已形成较强的规范性。在一些欧美国家，美容顾问、心理咨询师、调酒师、健身教练等都需要经过专业的训练，并取得相应的执业资格证。从职业角色来看，国外的休闲服务岗位更为丰富，私人健身教练、私人美容顾问、网球陪练员、茶艺师、品酒师、宠物顾问等都已成为成熟的行业。而这些职业在国内市场还属于新兴行业，甚至还是一个个新名词。休闲服务的职业化和个性化将是我国发展休闲产业的一个突破口。

第三，市场化和商业化。

随着休闲产业的发展，西方国家现代意义上的风险投资已经不再局限于高新技术产业，同时也大量地投入休闲产业，发展起一系列的休闲增值服务。如当互联网以锐不可当之势发展时，伴随而来的网络游戏、网络视听也大踏步进军休闲市场。新经济的发展和新资本的投入，为休闲市场提供了巨大的商业机会。

二、休闲活动的发展趋势

(一) 休闲活动的时间宽松化

休闲活动是人们在自由闲暇时间里进行的各种放松愉悦身心的行为和关系总和。随着社会生产力的不断提高，劳动工具、劳动条件的改善，工作效率提高，人均工作时间减少，相反，用于休闲的可自由支配时间增加，使休闲活动的发生成为可能。根据德国官方统计机构在 2012 年发布的一项数据显示，过去 20 年间德国人平均工作时间减少，但"生产力"提高。作为欧洲第一大经济体，德国 1991—2011 年生产力提高 22.7%，而人均工作时间减少 9%。

1. 世界主要国家休假时间

从目前世界各国通行情况看，休假体系主要由以下三部分构成。

(1) 周休日。周休日是指法律规定或依法订立的协议规定的每周工作一定时间后必须休息的时间。目前，世界上普遍实行每周双休制度，即周一至周五工作 5 天后，周六、周日休息两天。一年有 52 周的双休日即 104 天。

(2) 法定节假日。法定节假日是指根据国家、民族的风俗习惯或纪念要求，由国家法令统一规定的进行庆祝的休息时间。目前，世界各国的法定节假日大致可以分成三类：一是政治性节假日，如国庆纪念日、战争纪念日等；二是宗教性节假日，如圣诞节、感恩节等；三是传统节假日，或称民俗节日，如春节、中秋节等。从总体上看，绝大多数国家的法定节假日主要分配给具有悠久历史传统、深厚宗教影响和发生过重大历史事件的节日和纪念日。

(3) 带薪休假。带薪休假是指职工连续工作一定年限后，依法享有除法定节假日、周休日之外带薪休息的时间。带薪休假属于个人假期，主要由职工视个人和家庭需要，自行向企业申请使用，用来满足旅游休闲等活动。

带薪休假制度是社会生产力发展到一定阶段后的产物。随着各国经济的快速增长与生活水平的不断提高，要求缩短工作日、延长闲暇时间的呼声越来越大，自 1936 年法国在全球率先对本国工薪阶层实行每年享受两周带薪假期的制度以来，已在大多数国家和地区成为一种普遍性的社会现象。1948 年联合国大会通过的《世界人权宣言》提出："人人享受休息和闲暇的权利，包括工作时间有合理限制和定期带薪休假的权利。"目前，几乎所有经济发达国家和地区，以及大多数经济高速发展国家和地区、部分发展中国家都不同程度地实行了带薪休假制度。

全球人力资源咨询公司美世在 2013 年《全球员工应享假期》的报告中对世界 62 个国家和地区的法定节假日和带薪年休假进行了统计和比较。其中，大部分国家的公众节日假期在 10～15 天范围内，发展中国家的节日假期平均多于发达国家。哥伦比亚公众节日假期共 18 天，全球最高。印度、泰国、马来西亚等国有 16 天节日假期。我国（11 天）排在并列 33 位，属中等水平，与法国、意大利等国家持平，超过了澳大利亚、美国、德国、加拿大、英国等发达国家。

2. 中国假期的演变

我国的假期从新中国成立以来经历了一个阶段性递增的演变过程。从 1949 年仅有 59 天，增加到如今的 115 天（如图 1－5 所示），增幅达到 105.36%。目前，我国公众假日、休息日等休息时间总共 115 天，一部分是全年 52 周的双休日即 104 天，另一部分是元旦、春节、清明、劳动、端午、中秋、国庆的 11 天节日假期，假期天数达到中等发达国家水平，人民群众在工作之余，有了更多可以自由安排的时间。

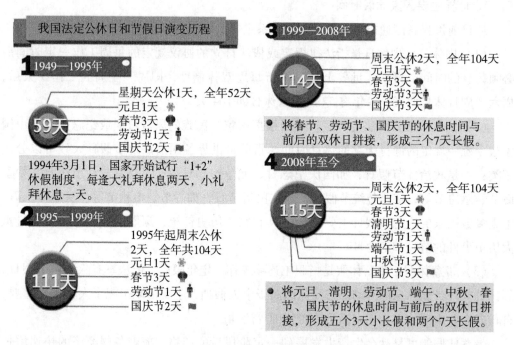

图 1－5　我国假日的演变历程

图片来源：http://ah.sina.com.cn/news/s/2013-11-27/103879370.html

在带薪假期方面，虽然目前仅有 5～15 天，处于世界较低水平，但对带薪假期的延长和规范化研究已经提上了日程。《国民旅游休闲纲要（2013—2020 年）》提出国民旅游休闲发展目标：到 2020 年，职工带薪休假制度基本得到落实，城乡居民旅游休闲消费水平大幅增长，国民休闲质量显著提高，与小康社会相适应的现代国民旅游休闲体系基本形成。纲要中明确提出要保障国民旅游休闲时间。落实《职工带薪年休假条例》，鼓励机关、团体、企事业单位引导职工灵活安排全年休假时间，完善针对民办非企业单位、有雇工的个体工商户等单位的职工的休假保障措施。

加强带薪休假落实情况的监督检查，加强职工休息权益方面的法律援助。在放假时间总量不变的情况下，高等学校可结合实际调整寒、暑假时间，地方政府可以探索安排中小学放春假或秋假。这些政策的实施将有利于我国人民休闲活动时间的增加。

（二）休闲活动的空间虚拟化

随着交通条件的改善、科学技术尤其是互联网和计算机技术的进步，人类休闲活动的脚步已经不拘泥于自己居所内或附近，休闲活动从家庭走向户外，从国内走向国外、从现实走向虚拟，人类的休闲活动的空间正在进一步的扩展之中。

休闲活动的空间从现实生活延伸到虚拟世界。人们借助于电脑网络构筑了一个无穷大的休闲娱乐活动空间，互联网日益成为人们的休闲方式和助手。在家里、公交车、地铁、咖啡厅、候机大厅里，人们用电脑或手机上网聊天、看视频、读小说、浏览新闻，已成为现代日常生活景象的一部分。越来越多的人通过互联网下载音乐视频、预订餐饮机票，实现网上购物和网上支付。互联网正渗透进人们的日常生活，革命性的改变人们的娱乐休闲方式和理念，在这以现代科学技术虚拟构成的空间里，演绎了虚拟货币、虚拟权威、虚拟家庭、虚拟情感，乃至虚拟生命的娱乐活动篇章，极大地丰富了休闲娱乐文化的内涵。从最初的网络联系、网络聊天、网络影视、网络游戏到如今如火如荼的网络购物、网络金融，休闲活动乘着互联网这艘看不见的巨轮正以排山倒海之势席卷而来，成为人们体验生活、感知社会的一个重要渠道。

 **小资料**

2014年，是中国接入互联网20周年，在这20年间，中国的互联网产业发生了哪些变化？又给我们的生活带来了哪些改变？CNNIC（中国互联网络信息中心）发布报告显示，经过20年的发展，中国网民数量已从零到突破了6亿大关。即时通信、搜索引擎、网络新闻，是中国网民上网时经常用到的三大应用。还有一些应用虽然覆盖率不高，但正在手机端高速增长，其中手机旅行预订、手机支付、手机银行的增速最快。中国的互联网催生了活跃的信息、通信和技术产业、繁荣的社交网络以及全球最大的网络零售市场。通过互联网产生的经济，在中国GDP中的占比已从2010年的3.3%增加到2013年的4.4%。这一数据成功超越美国，中国也由此进入"互联网发达国家行列"。

（资料来源：http://www.mofangge.com）

同学们，你们平时会上网吗，上网的时候会做哪些跟休闲有关的活动呢？

（三）从炫耀物质型向实用精神型过渡

休闲活动形式的炫耀物质型休闲活动表现为为了炫耀财富和地位、获得心理上的优越感而不计成本地购买和使用各类高档物品，如品牌汽车、名牌皮包、驾乘私人飞机或游艇环游世界、入住五星级酒店和品尝山珍海味、私人订制衣服、家具等。

1899 年美国经济学家、制度学派创始人和社会批判家凡勃伦在出版的《有闲阶级论》中提出"炫耀性消费"的概念，凡勃伦认为休闲时间是中世纪上层阶级地位的指示器，有闲阶级不是为了工作而生活，而是为了消费而生活，他们脱离生产活动，拥有充裕的休闲时间和强大的消费能力，并直接或代理炫耀之。炫耀性消费的冲动几乎被视为"有闲阶级"天生的喜好。

然而在今天，休闲活动的参与者已经从原来的精英贵族过渡到中产阶级再到普通大众，休闲活动已经不仅仅是权贵们的专利，休闲活动的形式在走向平民化、多样化的同时，更强调以有限的时间和支出换取最大的休闲效用，并突出地表现在重视精神洗礼、文化教育及追求审美体验，如学习一门技艺、逛博物馆美术馆、在运动中寻求健康和自我突破、参与社区志愿服务等。尤其是在发达国家，凡勃伦所描述的炫耀性消费已渐渐不是有钱有闲一族的喜好和行为。"因为休闲活动的目的并不在于时间的填补，而是在于充实和满足人生；不在占有个人，而在于使人精神愉快；不在鼓励人们逃避自我，而是在于帮助人们发现自我，肯定自我"。现代意义上的休闲是基本生活得到满足之后更高层次的需求，是追求个人自由全面发展的表现，是社会文明进步的标志。当然，休闲活动的"精神"是需要以恰当的物质为载体的。

 小资料

法国人信奉的快乐休闲哲学

度假、体育运动、听音乐会、整理花园……法国人的休闲方式多种多样，但宗旨只有一条：必须快乐而放松。那种不讲究生活质量和情趣的走马观花式活动，是法国人休闲观念中最为排斥的事情。

"如果有足够的钱，我不会选择远离自然的五星级宾馆把自己囚禁起来，更不会为了看些东西而连轴转，哪里人多往哪里挤。我宁肯在海边或岛上租一处普通民房，过一周安静而放松的假期。"法国自由撰稿人玛丽这样表达她的休闲观。她认为，不少法

国人与她一样，希望能从休闲中得到彻底的放松与愉悦，而不是疲劳。

法国人的休闲方式正变得越来越多样化。作为一种重要的休闲方式，法国人外出度假的习惯近年来也开始发生着一些变化，其趋势和特点大致可概括为行期缩短、次数增多、假期形式与内容安排上追求与众不同。据法国旅游部的统计，大部分法国人的平均出行时间少于或等于4天。利用这几天，不少有车的家庭会开车举家到附近游玩，甚至会在一些森林公园野餐、烧烤，享受与都市截然不同的生活。还有一些人会像玛丽这样，到一个环境优美的地方享受宁静。

体育活动也是法国人所崇尚的休闲方式之一，法国人的体育运动开支居欧洲各国之首。所有与认识、发现自然相关的体育运动器材销售毫无例外地保持快速增长。如果放长假，法国人会相约去高山滑雪、水上滑翔，一些寻求刺激的青年甚至专门到高山上体验滑翔跳伞的乐趣。如果仅仅是周末，许多法国人会到大型公园或附近绿化好的小区跑步。有的人干脆到更远的森林公园中去散步，呼吸新鲜空气。值得一提的是，法国人对体育运动项目的选择也充分体现出个性和时代精神，即偏爱自由自在的环保型体育运动，拒绝那些竞争激烈并且约束和限制过多的运动项目。

法国人休闲还有浓厚的文化色彩。节假日或双休日期间，法国各种文化场所的人数激增，这一状况与法国各地市政府以文化活动吸引居民的城市发展策略密切相关。尤其在那些人口流动性大的地方，为了吸引并留住居民，各地方政府在文化基础设施建设方面大量投资。一个城市仅拥有游泳池、体育场和青年文化之家早已远远不够，为了满足市民越来越苛刻的生活和休闲需求，各种形式的街区娱乐与教育性公共设施纷纷应运而生。而各地区举办的音乐会、话剧、展览会、彩车游行、彩灯节、艺术训练班等更是让法国人眼花缭乱、不亦乐乎。这些活动多种多样、价格合理，使人们有了更大的选择余地，不必离家太远就能接受到文化的陶冶。

目前，约有55%的法国人拥有房产。在许多别墅小区，人们通过别出心裁的室内装饰和花园整治工程来显示自己与众不同的个性。在节假日可以经常看到一些人在自家小院里摆弄花草，他们虽然满脸是泥，神态却怡然自得。

法国人还有其他许多休闲方式，例如，到各种游乐园和主题公园狂欢，与老友在河边咖啡馆海阔天空地长聊等，他们从事这些活动都是为了求得身心放松。

总之，法国人并不刻意为休闲而休闲，他们以追求快乐和轻松为原则，根据自己的喜好和个性进行休闲，为的是将生活过得更加缤纷多彩。

（资料来源：http://france.bytravel.cn/Scenery/180/cjyxxxfgrxfklxxzx.html）

中国的休闲活动者们正在经历这一变革，刚刚富裕起来的国人喜欢讲吃喝、比排场，追求奢华的炫耀性消费而非寻求更高层级的休闲活动以提升自身的修养，相信随着经济的进步和人们受教育程度的提升，休闲活动形式也将经历从物质化到精神化的转变。

小 资 料

世界旅游组织：中国连续三年成为世界最大出境游市场

联合国世界旅游组织近日发布 2014 年旅游景气报告。报告显示，自 2012 年开始，中国一直保持着世界最大出境旅游市场的地位。2014 年，中国的出境游人数由上一年的 9800 万人次增加到 1.09 亿人次，前三个季度出境旅游消费增长 17%。

韩国法务部日前公布的数据显示，韩国 2014 年外国入境者为 1268.2 万人次，其中，来自中国的入境人数为 556.3 万人，占总数的 44.7%。这一数字从 2010 年的 172.4 万人次，5 年内增长了 3.2 倍。外国人信用卡消费规模同比增长 38.8%，高达 10.9 万亿韩元（1 美元约合 1096 韩元），其中，中国游客消费额逾一半，为 6.13 万亿韩元，同比增长 62.6%。以位于首尔中区的小公洞乐天免税总店为例，2014 年，该店成为韩国零售业年销售额首位的卖场，这一方面是因为经济萧条导致韩国消费者在百货商店消费停滞不前，另一方面是过去一年内中国游客增加了 40% 以上。中国游客在韩消费金额人均约 155 万韩元，达到全体外国游客平均消费额的两倍。

2007 年年底，中美签署了关于方便中国旅游团队赴美国旅游的谅解备忘录，中国赴美旅游开始迅猛发展。2013 年，中国赴美人数 180.7 万人，出行开支 211.15 亿美元，较 2006 年的水平分别增长了 464% 和 439%。美国官方数据显示，中国赴美游客单人单次消费金额为 6000~7200 美元，成为出手最为阔绰的赴美外国游客。

日本政府观光局公布的数据显示，2014 年中国大陆赴日游客约 241 万，人均消费 23 万日元（1 美元约合 117 日元），居各国游客之首，中国大陆游客对日本产业发展贡献非常大。2014 年，旅游业拉动日本经济增长 0.4%，中国大陆和港澳台游客贡献占一半以上。

随着中国出境游人数不断增多和中国游客消费能力的提高，越来越多的国家开始着力吸引中国游客，以带动本国旅游业发展和经济增长。韩国梨花女子大学附近有一家土豆汤连锁店，不大的店面里，6 桌客人中，有 4 桌在用中文聊天。在首尔江南的某家水产品餐馆，点餐上菜之余，餐馆老板手持一本中文教材，一直在练习口语。漫步在首尔街头，中文导购、中文广告、银联标识，正可谓是身在韩国，处处体味着中国。如今，韩国很多购物商城、观光咨询处均配有中文服务，地铁内也提供中文广播，通过消除语言障碍来吸引中国游客。

在过去两三年间，美国驻华大使馆陆续简化签证申请程序，将签证平均等待期从 2011 年的 50 天大幅缩短到目前的 5 天。值得一提的是，中美两国 2014 年 11 月宣布对方公民延长多次入境签证的有效期，为前往对方国家从事商务、旅游活动的另一方公民颁发有效期最长为 10 年的多次入境签证。此举被美国旅游业认为是重大利好。

日本政府意识到旅游产业发展带来的好处与效果，特别是见效快等个性化的效果，使得日本政府把入境游作为旅游立国的核心，甚至是唯一核心。在很多部门经费都在减少的情况下，2015 年日本政府旅游外宣的专项经费增长了 20%，地方政府相关经费也翻番，旅游基础设施建设的费用大幅增加。与此同时，日本放宽了对中国、韩国及东南亚等国的签证政策，取消了一些极为不合理的条件。

（资料来源：http：//www. huaxia. com/ly/lyzx/2015/02/4262600. html）

思考：你怎样看待国人的出境游热以及在国外强大的消费能力？

（四）休闲活动的经济产业化

人类正在经历由农业文明、工业文明向后工业文明转变的历程，后工业文明不仅表现为生态文明、信息文明，而且表现为休闲文明，旅游、休闲成为人们生活的必需品。人们休闲欲望增强，休闲需求大幅上升，引发大量休闲消费，政府与社会服务组织的休闲产品远远满足不了休闲需求，给企业带来了大量商机，促使休闲活动的产业化经营，如"温泉经济""体育休闲"热。同时，又促进产业的休闲化发展，包括其他产业与旅游业、休闲业融合组合，如农业旅游、农业休闲、工业旅游、工业休闲等，以及其他产业产品增加休闲文化内涵，如休闲食品、休闲服饰、休闲住宅等生活消费品。美国未来学家预测，包括旅游、娱乐、体育、保健、文化传播、社区服务等为主的休闲经济将成为下一个经济增长点，休闲经济产业将成为世界上最大的混合产业。

复 习 题

一、单项选择题

1. 杰弗瑞·戈比认为："休闲是文化环境和物质环境的外在压力中解脱出来的一种相对自由的生活，它使个体能够以自己所喜爱的、本能地感到有价值的方式，在内心之爱的驱动下行动，并为信仰提供一个基础。"休闲的英文为（　　）。

A. Recreation B. Leisure C. Activity D. Entertainment

2. （　　）的英文 recreation，意为恢复更新，原意是"to refresh"，含有"休养"和"娱乐"两层意思。

A. 休闲 B. 游憩 C. 旅游 D. 郊游

3. （　　）场所是古罗马最负盛名的社交场所。

A. 马场　　　　　B. 剧院　　　　　C. 竞技场　　　　D. 浴池

二、多项选择题

1. 以下哪些活动属于运动类休闲？（　　　）

A. 慢跑　　　　　B. 游泳　　　　　C. 登山　　　　　D. 唱歌

2. 以下哪些活动属于生活类休闲？（　　　）

A. 养花　　　　　B. 集邮　　　　　C. 高尔夫　　　　D. 聚会

3. 休闲产业包含以下哪些？（　　　　）

A. 体育休闲　　　B. 购物休闲　　　C. 娱乐休闲　　　D. 旅游休闲

4. 中国国家法定假日有哪些？（　　　　）

A. 元旦　　　　　B. 春节　　　　　C. 妇女节　　　　D. 劳动　　　　E. 端午

三、简答题

1. 什么是休闲和休闲活动？

2. 休闲与游憩的区别和联系是什么？

3. 如何理解休闲的功能，请举例说明。

4. 如何理解我国休闲产业的发展？

四、实训

【实训名称】

你演我猜。

【实训内容】

学生用肢体语言表演某个休闲活动，其余的同学猜出该活动名称并说出是哪一类休闲活动，以加深对休闲活动形式和类别的理解。

【实训步骤】

1. 同学依次模拟表演某个休闲活动，可以几个人配合或有适当的语言说明。

2. 请其余同学猜测这是什么活动，并根据活动内容指出它所属的类别。

3. 教师对实训效果进行总结。

【实训点评】

通过简单易行的互动活动，活跃课堂气氛，调动学生参与的积极性和创造性，从而加强对知识点的理解。

项目二 休闲活动原理

 任务导入

台湾的自行车休闲文化

全球自行车产业龙头老大台湾捷安特（Giant）创办人刘金标先生，以 75 岁高龄，率领台湾数十位爱好自行车运动的骑手，展开全程 1668 千米的"京骑沪动"活动，骑行队 5 月 9 日从北京"鸟巢"国家体育场出发，途经三省（河北、山东、江苏）、三市（北京、天津、上海），跨越黄河、长江，穿过徐州、扬州、苏州等 13 座古城，于 5 月 28 日抵达上海万人体育场，完成了第一次神州千里自行车行的创举。

"捷安特"1972 年诞生于台湾中部农村的自行车代工生产工厂，经过刘金标先生的苦心经营，在短短 35 年间成就了全球高档自行车第一品牌，"捷安特"这个品牌现今已经成为自行车的代名词，在台湾，年轻人最大的梦想之一是拥有一辆"捷安特"变速自行车。刘金标先生圆了他的自行车王国之梦，也成为台湾自行车产业的教父，他也为台湾品牌在国际上争取到无上的荣誉。

谈到台湾的自行车休闲文化，刘金标先生居功甚伟，他也是台湾自行车休闲文化的催生者，台湾政府为了提倡国人骑自行车，还将每年 5 月 5 日定为自行车日，各级政府更是在河川两岸开辟自行车专用道，沿着台湾东海岸，辟建海滨自行车道，太鲁阁国家公园也开辟了峡谷自行车道，整个台湾几乎已经成为自行车岛。观光局正在规划将台湾打造成为世界最佳的自行车休闲度假胜地，骑自行车已经成为台湾最夯的时尚运动。这一切都是刘金标先生在台前幕后扮演着重要的推手。他这次的"京骑沪动"海峡两岸自行车千里长征，背后应该也饱含着推动海峡两岸自行车休闲文化的美好愿望。

其实，骑自行车是每一个人童年的甜美记忆，此刻每一个人的脑海都会映出小时后爸爸妈妈扶着小车，伴着我们左晃右晃的学车景象。自行车也是人类最普及的交通工具，既环保又健康，每一次石油危机，都会带来自行车运动的风行，2014 年原油价格飞涨，许多人舍弃开车，而以自行车代步，周末也不再开车出游，而是全家大小骑着自行车出游。

休闲科学已有自己完整的理论基础。"以人为本"的规划哲学，它要求休闲活动策划者在休闲理论指导下，研究人的特性、活动及需求，尊重人、理解人与自然的相互关系，为人们寻找或者创造一个充满人文关怀的休闲活动区域，而不仅仅是人活动的物理环境载体。在休闲活动领域，休闲策划者必须理解参与者及其行为，这就要求策划者首先要主动地进入环境，了解其所特定的位置、所考虑的问题及如何解释这些信息。

（资料来源：http://blog.ceconlinebbs.com/BLOG_ ARTICLE_ 2512. HTM）

 学习目标

1. 知识目标

了解休闲活动行为理论有哪些以及各种行为理论的含义、观点。

理解休闲行为与休闲动机、休闲障碍因素的关系，理解休闲行为的动机组成和障碍因素组成。

2. 能力目标

能够把握休闲活动与休闲动机、休闲障碍因素的关系。

能够把握休闲动机组成、休闲障碍因素组成、休闲动机和休闲障碍因素在休闲活动中的运用价值。

任务一　休闲活动行为理论

休闲行为理论可以用来解释人类的休闲行为，分析人类休闲活动的行为动机和障碍因素，并能预测人类未来对休闲活动的需求。休闲行为理论是休闲活动行为研究的理论基础，是掌握休闲活动相关规律和本质的基础理论。休闲行为的理论能给休闲服务专业人员提供实践基础。研究和解释休闲行为的理论主要有：

一、符号互动论（Symbolic Interaction Theory）

符号互动论是一种主张从人们互动着的个体的日常自然环境去研究人类群体生活的社会学和社会心理学理论派别，又称象征相互作用论或符号互动主义。其中，符号是指在一定程度上具有象征意义的事物。符号互动论的基本假定主要有：①人对事物所采取的行动是以这些事物对人的意义为基础的；②这些事物的意义来源于个体与其同伴的互动，而不存于这些事物本身之中；③当个体在应付他所遇到的事物时，他通过自己的解释去运用和修改这些意义。

（一）符号互动论的主要观点

（1）心灵、自我和社会不是分离的结构，而是人际符号互动的过程。心灵、自我

和社会的形成和发展，都以符号使用为先决条件。如果人不具备使用符号的能力，那么心灵、自我和社会就处于一片混乱之中，或者说失去了存在的根据。

（2）语言是心灵和自我形成的主要机制。人与动物的区别就在于人能使用语言这种符号系统。人际符号互动主要通过自然语言进行。人通过语言认识自我、他人和社会。

（3）心灵是社会过程的内化，事实上内化的过程就是人的"自我互动"过程，人通过人际互动学到了有意义的符号，然后用这种符号来进行内向互动并发展自我。社会的内化过程，伴随着个体的外化过程。

（4）行为是个体在行动过程中自己"设计"的，并不是对外界刺激的机械反应。个体在符号互动中逐渐学会在社会允许的限度内行动，但在这个限度内，个体可以按照自己的目的处世行事。

（5）个体的行为受他自身对情境的定义的影响。人对情境的定义，表现在他不停地解释所见所闻，赋各种意义于各种事件和物体中，这个解释过程，或者说定义过程，也是一种符号互动。

（6）在个体面对面的互动中有待于协商的中心对象是身份和身份的意义，个人和他人并不存在于人自身之中，而是存在于互动本身之中。

（二）方法论特征

符号互动论者倾向于自然主义的、描述性的和解释性的方法论，偏爱参与观察、生活史研究、人种史、不透明的被脉络化了的互动片断或行为标本等方法，强调研究过程，而不是研究固定的、静止的、结构的属性；必须研究真实的社会情境，而不是通过运用实验设计或调查研究来构成人造情境。符号互动论者不运用正式的数据搜集法和数据分析法，而代之以概括性的和一般的方法论的指令，这些指令要求对被调查的对象采取"尊重"态度。布鲁默曾声称，这种研究需要或至少应该分为两个阶段进行：第一阶段是"考察"，调查者着重了解他想要研究的社会情境的第一手资料。目的是把在其中生活的人们所理解、所适应的世界照样描绘出来，主要用参加者的语言来表达。第二阶段，即"检验"阶段。研究者集中注意环境中的"分析因素"，这些因素要在理论指导下进行观察才可能获得。对于多数符号互动论者说来，这一阶段在辨认、描述和解释基本的社会过程如社会化、整合、协商时已开始了。

应用符号互动论有助于对许多问题的理解，如对社会越轨、精神疾病、集体行为、儿童社会化、死亡和挣扎、老年、疾病与痛苦和艺术社会学的理解等。在近年来该理论被运用到休闲领域中。通过与他人，设施设备与规则的交互作用，人们获取交流的机会与某种含义。这种含义来源于个体之间的交流，因为通过交流，是通过人们创造一种可以共同理解，富有某种含义的符号，并且这种含义被建立并且在活动的交互过程中被修正。

在休闲活动领域，休闲策划者必须理解参与者及其行为，这就要求策划者首先要主动地进入环境，了解他们所特定的位置，他们所考虑的问题，以及他们如何解释这些信息。Rossman（2003）认为符号互动论能够解释与预测策划者如何设计、发展及运作休闲活动来促进个体休闲体验。从这个观点上来看，参与者们在决定他们参与活动的性质时扮演着重要的角色。无论什么样的活动，每个个体都会有不同的体验，如果活动策划者能够理解这种共同的含义的形成过程，也就能更好地理解这些含义如何产生的行为。

二、"手段—目的"理论（Means-End Theory）

众所周知，影响休闲活动选择行为的因素有很多，总的来看，这些因素构成了一个连续区间，该连续区间的一端是休闲活动的具体的、有形的属性，而另一端则是抽象的、无形的属性，诸如利益、需求、动机或旅游者所期望满足的个人价值等。

Abraham Pizam 在他的著作《旅游消费者行为研究》中提出了一种理论方法，它能将这些具体因子和抽象因子纳入到一个统一的框架之中，这种方法被称为"手段—目的"理论（Gutman，1982），它特别关注了产品或服务的相对具体的属性（"手段"）与这些属性带给消费者的较为抽象的结果，以及由这些结果强化的更为抽象的个人价值（"目的"）之间的认知联系。对这些"手段—目的"之间关系（被称为"手段—目的"链）的研究有助于我们理解消费者与他们购买及消费的产品之间的本质联系。作为其他更为成熟的研究方法的补充，这种独特的分析方法将对那些关注目的地选择行为及其影响因素的研究者和实践者有所启发。

一般而言，"手段—目的"理论的重点在于了解消费者对产品的看法。具体而言，本理论主要考察消费者与他们所购买和消费的产品之间的重要关联。在"手段—目的"理论中，对与产品相关的三个层次的概念做出区分是十分有益的。这些不同层次的概念包括产品属性、产品消费结果、消费者的个人价值观。产品属性是一个比较具体的概念，它代表了产品的物理属性和可视特性。例如，描述一个滑雪休闲活动目的地时，我们可以介绍这个目的地拥有的"专业滑道的数量"。消费结果的含义则较为抽象，它反映了与特定属性相关的感知效用（或成本），例如，"专业滑道"可能带来"挑战性的感觉"之类的结果。而个人价值观这一概念则更为抽象，它是指消费者通过购买和消费行为所追求的核心的、持久的信仰或存在的终极状态。在上述的例子中，滑雪时"挑战性的感觉"会给人带来一种"成就"或"兴奋"的体验。综上所述，从属性到结果再从结果到个人价值的这种联结方式描绘了一种特殊类型的知识结构，我们称之为"手段—目的"链（Means-End Chain），如图 2 - 1 所示。

这种"手段—目的"链研究模型为我们提供了一种简便的方法，该方法可用于描

图2－1 "手段—目的"链

述物理特征或产品属性与消费者个人价值或意义之间关联的基本范式。简而言之，"手段—目的"模型的基本原理就是人们通过对"产生他们所渴望的结果并将不希望的结果最小化"这类属性的判断来选择产品，因此，我们可以利用这种理论来剖析休闲活动项目，并加以修改推进，以符合顾客的需求。

下面，请看滑雪目的地选择中的价值层次图（如图2－2所示）。

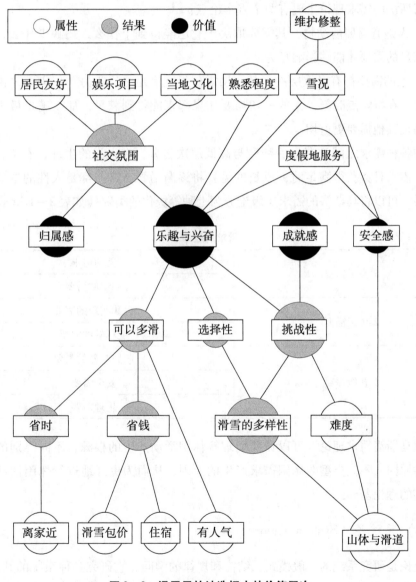

图2－2 滑雪目的地选择中的价值层次

三、其他休闲行为理论

（一）马斯洛需求理论（Hierarchy of Needs）

马斯洛（Abraham Maslow，1908—1970 年），美国著名的社会心理学家、人格理论家和比较心理学家。他是人本主义运动的发起者之一和人本主义心理学的重要代表，也是第三势力的重要领导者。他的需要层次理论和自我实现理论是人本主义心理学的重要理论，对心理学尤其是管理心理学有重要影响。他于 1967 年被选为美国心理学会主席。马斯洛的需求理论主要有两个基本论点：

（1）人是有需要的动物，其需要取决于它已经得到了什么，还缺少什么，因为只有尚未满足的需要才能够影响行为。

（2）人的需要都有轻重层次，某一层需要得到满足之后，另一层需要才出现。马斯洛认为，在特定点时刻，人的一切需要如果都未能得到满足，那么满足最主要的需要就比满足其他需要更迫切。

人的各种需求之间又有先后顺序与高低层次之分，在人类的生理、安全、爱、尊敬等基本需求日益获得满足时，成长的需要将逐渐增强，这些都是人性的本质。根据人文进展，可以将马斯洛的需求层级论分为七种等级化的类别（如表 2 - 1 所示）。

表 2 - 1　　　　　　　　　　　　　需求的层级

3 高级需要	美的追求
	知识的需要
2 中级需要	自我实现的需要
	受尊敬的需要
1 初级需要	归属与爱的需要
	安全需要
	生理需要

认识马斯洛需求理论，可以让我们理解休闲活动产生的根源，不同类别的休闲活动产生的原因，不同类型的休闲需求产生的原因，从而为更好地进行休闲活动的策划打下坚实的理论基础。

（二）系统论（System Theory）

系统论是研究系统的一般模式、结构和规律的学问，它研究各种系统的共同特征，用数学方法定量地描述其功能，寻求并确立适用于一切系统的原理、原则和数学模型，是具有逻辑和数学性质的一门新兴的科学。通常把系统定义为：由若干要素以一定结构形式联结构成的具有某种功能的有机整体。在这个定义中包括了系统、要素、结构、功能四个概念，表明了要素与要素、要素与系统、系统与环境三方面的关系。

系统论认为，整体性、关联性、等级结构性、动态平衡性、时序性等是所有系统的共同的基本特征。这些，既是系统所具有的基本思想观点，也是系统方法的基本原则，表现了系统论不仅是反映客观规律的科学理论，其还具有科学方法论的含义，这正是系统论这门科学的特点。系统论的核心思想是系统的整体观念。贝塔朗菲强调，任何系统都是一个有机的整体，它不是各个部分的机械组合或简单相加，系统的整体功能是各要素在孤立状态下所没有的新质，正如亚里士多德所说，"整体大于部分之和"。系统中各要素不是孤立地存在着，每个要素在系统中都处于一定的位置上，起着特定的作用。要素之间相互关联，构成了一个不可分割的整体。要素是整体中的要素，如果将要素从系统整体中割离出来，它将失去要素的作用。正像人手在人体中它是劳动的器官，一旦将手从人体中砍下来，那时它将不再是劳动的器官了一样。

系统论的基本思想方法，就是把所研究和处理的对象，当作一个系统，分析系统的结构和功能，研究系统、要素、环境三者的相互关系和变动的规律性，并优化系统观点看问题。世界上任何事物都可以看成是一个系统，大至渺茫的宇宙，小至微观的原子，整个世界就是系统的集合。

 小贴士

休闲活动运作中的系统论

作为休闲活动的系统论存在的前提在于不同种类的、独立工作的个体能够通过相似的途径，获取相似的产品或者产出。系统理论是由投入（决定你要去的地方）、过程（决定最佳的线路）与产出（知道你是如何到达那里的）所组成的，它暗示着整个休闲活动过程的要素的相互作用与整体的完整性。这个过程与我们使用计算机是非常相似的，例如，我们输入数据（在键盘上输入数字或文字），计算机处理信息并且按我们的要求运转（将键盘文字转换成机器语言或者按照公式计算），然后我们获取结果（产品或图像的屏幕输出）。如果输入相似的数据，让计算机执行同样的命令，那么我们所获取的结果也是相似的。休闲活动运作也是相同的道理。

（三）补偿理论（Compensation Theory）

这是最普遍、也是经常被提到的休闲、旅游行为理论，最早由马克思和恩格斯提

出。补偿理论强调休闲是为补偿工作上的挫败与每日生活的辛劳。该理论主张把工作视为生活的主力，而休闲则被视为工作无聊之余的补偿。关于休闲的两本权威著作《工作与休闲》（*Work and Leisure*，Smigel，1953）和《工作与休闲的未来》（*The Future of Work and Leisure*，Parker，1971）的理论前提假设都是：休闲是工作的派生物。

根据补偿理论，人们是用空间和时间来消解每天单调辛苦工作的苦闷，这的确说明了某些休闲行为。恩格斯提出了最好的例子：劳工酗酒、吸毒或用暴力示威，作为白天工作所承受的心理补偿发泄。例如，有的矿工喜欢户外活动的游憩形式，显示其征服环境的能力。这些行为可能补偿了那些劳工在地底下工作、受限制又少见天日、少与人接触的痛苦。

补偿理论的运用非常广泛，在休闲活动中，补偿理论认为愉快的休闲活动使工作精力更加充沛。这种补偿具有如下的特点：

（1）补偿要求休闲活动实现彻底的放松；

（2）实现放松的可能是体力活动，也可以是非体力活动；

（3）由于不同的收入与职业，人们可能选择不同的休闲活动；

（4）休闲活动必须要求远离节奏较快的工作方式。

 想一想

现代人对户外休闲、乡村休闲娱乐行为有极大的兴趣，这一现象如何用补偿理论来说明？

（四）畅理论（Flow Theory）

席克珍特米哈依（M. Csikszentmihalyi）于 1975 年提出 Flow 理论，我们把英文术语"Flow"译为"畅"，即俗话里的"爽""快"等。畅理论认为当人们在进行活动时如果完全的投入情境当中集中注意力，并且过滤掉所有不相关的知觉，即进入一种沉浸之状态。M. Csikszentmihalyi 认为，Flow 是使用者进入一种共同的经验模式，在其中用户好像被吸引进去，意识集中在一个非常狭窄的范围内，所以一些不相关的知觉和想法都被过滤掉，并且丧失自觉，只对具体目标和明确的回馈有反应，透过对环境的操控产生一种控制感。M. Csikszentmihalyi 认为人们会依内在驱力去做自己想做的事，而非外在的因素，其优先级依个人的需求而定，而 Flow 经验即是这类意识状态真正动机的原型。

在畅理论中，技巧和挑战是两个重要的因素，这两者必须互相平衡，并驱使自我朝向更高更复杂的层次；而由"畅"产生的是一种自我的和谐，在活动中享受着"意

识与活动合一"（Merging of Activity and Awareness），因为参与者全身心投入在活动中，可能因此完成了平时不可能完成的任务，可是个体却完全没有意识到活动带来的挑战早已超过以往所能处理的程度，这种感受会让个体更加肯定自我，并促使个人更加努力于学习新的技巧。而当个人对自我的评价不断提高之后，则可能衍生出所谓本身具有目的（autotelic）的经验，即个人会不断努力以继续求得这种感受。

"畅"具有两个主要特征：在活动中完全专心和从活动中引导出享受；而"畅"经验带来的效果则会让使用者较重视过程而非结果，及丧失时间感。游戏是能使人达到畅的状态的环境之一。"畅"是一种暂时性的、主观之经验，具有游戏及探索的特质，在体验中，个人能主观的感知愉悦和涉入，而较高的游戏特质则可以得到较正面的情绪与满意，并引发个人进一步探索。因此，这也是人们为什么愿意继续再从事某种活动的原因。

畅理论的应用技巧

休闲活动即是一种体验，认识畅理论有助于我们在策划活动时，进行体验的设计，使人们获得最佳的体验经验。策划者必须在活动中帮助参与者体验技巧与挑战，体验参与，具有明确的目标与获取即刻的反馈，完全沉浸于活动本身，消除害怕挫败的担忧，体验自我意识的消减，消除日常工作时间的所有感觉。例如，室内攀岩、趣味长跑、骑车、艺术课、音乐演出等，这些活动都有利于为人们提供体验畅的感觉的机会。

Flow 理论在游戏设计中的应用

游戏是能使人达到畅的状态的环境之一。但是，对于那些不玩游戏的人来说，游戏只不过是肤浅的玩意而已，并没有太大的兴趣。自己玩游戏和看别人玩游戏，这两者之间可以用天差地别来形容。要想减轻这种对游戏产生抗拒的心理，最有效的方法就是设计出让这些非玩家也愿意去玩的游戏。在游戏设计中，基于对"Flow"理论中"挑战—技能"平衡关系的分析，平衡游戏中的挑战和玩家的技能，适应性地动态调控游戏活动的难度，而使所有的玩家都能找到沉浸区域，让玩家保持对游戏的兴趣，产生沉浸状态下的愉悦感。

（五）循环周期理论（The Cyclical Programming Process）

循环周期理论认为事物的发展有一个从小到大和从大到小的过程，这种循环发展的规律在休闲活动市场也存在。循环周期理论认为，无论什么样的休闲活动，都不会向一个方向永远走下去。必然产生局部的高点和低点，这些高低点的出现，在时间上有一定的规律。

休闲活动中的循环周期理论是指休闲活动的提供是没有止境的，我们从起点出发，又回到了起点。只要这个组织还在提供休闲活动服务，这种任务就会一直持续，永远不会结束。公司的组织哲学与目标决定着整个循环的过程。休闲活动的过程不断发展，并非只是一种重复，每一次活动都会留下丰富的经验，为后面的活动提供更好的参考。这种循环理论使策划者能够就社会、文化与个体需求的变化而采取相应的策略。因此，活动策划要求的是一种持续的完善与创新。

小案例

旅游业史上的一次划时代创举，即发展有组织的铁路旅行，便是一个典型的例子。英格兰的一位部长兼南部中陆地区禁酒联合会秘书托马斯·库克（Thomas Cook）为其队员组织了一次从莱特斯到朗伯勒的集体远游，全部费用只需一先令。这一成功促成了更多的有组织旅游以及"旅游社包价旅游"和旅行支票的出现，所有这些都推动了旅行的发展。

库克的成功之处在于，他为尽可能避免发生问题作出了精心的安排；他与世界各地的旅馆、轮船公司和铁路部门关系密切，这就保证了他能够得到最佳的服务，并且能为他所销售的旅行服务赢得低价位。在出国旅游的全程中，他一直与客户随行，帮助首次外出的旅行者摆脱行程中的紧张感。1867 年，他建议旅行社使用施行代用券，又为旅行管理助了一臂之力。库克排除了维多利亚时期人们对旅行的种种疑点，从而改变了人们对旅行的态度，打开了旅行市场。

（六）社会文化理论（Socio-Cultural Theory）

社会文化理论不是关于人类生存的社会层面或文化层面的理论，而是一种研究高级心理机能发展的理论。该理论认识到社会关系和文化制品在组织人类特有的思维中所扮演的主要角色，并提供了一个不孤立社会环境而可以系统研究认知的框架。社会文化理论可以追溯到 18 世纪、19 世纪的德国哲学、马克思和恩格斯的社会学、经济学，但主要和直接来自俄国心理学家 L. S. 维果茨基及其同事。社会文化理论的核心部分包括中介（Mediation）、控制（Regulation）、内化（Internalization）、临近发展区（Zone of Proximal Development）、搭手架（Scaffolding）、私语（Private Speech）/内语（Inner Speech）、活动理论（Activity Theory）及心理发展研究方法等，这些概念相互联系。

里昂塔夫提出分析行为的三个层次：行为、行动和实施。与这三个层次相对应的三个概念是动机、目标和条件。行为是由习俗决定的社会场景，在这一场景中参与者的身份、目标和方式都有约定俗成的看法，动机告诉我们事情发生的原因，行为总是指向一定的目标，行动是指服从某一具体目标的行为过程，目标可以调节行为，实施则是完成目标的具体行为。总之，导致高级心理机能发生的社会文化行为包括文化背景、意图、情景三个纬度。目标决定了方向，动机决定了努力的程度，行为最后在具体的情景中实现。因此，动机回答了原因，目标回答了事件，实施则回答了方式。动机和行动及实施间的联系是符号系统，而最重要的符号系统是语言。

随着社会文化理论在策划中的扩张，当代文化事件对于休闲活动的性质产生了重要的影响。例如，在过去的30年里，大量的社区为残疾人提供的休闲服务在美国产生了，这在一部分上是由于残疾人在法律上与政治上的地位的提高所决定的。

（七）古典理论（The Classical View of Leisure）

古希腊人认为，幸福生活应具备三大要素：智慧、美德、休闲。最早的休闲行为理论是由亚里士多德所提出："人们战争是为了和平，工作是为了休闲"。亚里士多德在《政治学》一书中曾提出这样一个命题："休闲才是一切事物环绕的中心。"（That Leisure is the Center-point about Which Everything Revolves.）他认为休闲对于人的幸福生存具有本质性、本原性的意义。"休闲高于劳动，是劳动所要达到的目标""休闲可以使我们获得更多的幸福感，个人的幸福在于闲暇，城邦的幸福在于和平""闲暇是全部人生的唯一本原"。对于个人如此，对于国家也相同，亚里士多德认为："对个人和集体而言，人生的终极目的都相同，最优良的个人目的也就是最优良的政体的目的。所以这是明显的，个人和城邦都应具备闲暇的品质。"

古典理论（The Classical View of Leisure）建构于亚里士多德所提理论之上，认为休闲是所有人类行为的目的，其他一切行为皆是为休闲而做，且休闲活动本身即为其目的。此观点强调内心层面的休闲观，认为休闲是自由的理想状态，也是精神与心智的启蒙机会，而不是外在形式化的休闲活动。在充斥着感官性休闲活动的现代社会，此观点正好给现代人一个反省与思考的空间。

（八）后遗理论（The Spillover Leisure Theory）

后遗休闲理论最早是由恩格斯与马克思提出，但是瓦兰斯基对其做了清楚的说明。

后遗理论回答了补偿理论无法解释的问题：为什么有的人在休闲时候，会继续从事与工作相似的活动？后遗理论认为，工作时所发生的一切，会像后遗症一样带到余暇时间来，并决定了人想做的事及如何去做。休闲与工作平行发展或成其为结果，工作所带来的"后遗"现象决定了休闲的内容。如果工作使人愉快，工作者会选择较正向的休闲；如果工作无趣，人会感觉无聊、苦闷，从而选择较懒散或消极的休闲方式。如果持续与工作相同性质的休闲，正面的观点是：人会由此产生兴奋与刺激；反面的观点是：若非立即要求补偿，便会将其无趣的工作惯性带到休闲活动之中。

小案例

一位茶吧的经理酷爱泡茶，虽然上班时间泡茶是他的工作，但在下班闲暇时间与三五好友聚在一起，仍由其执壶泡茶聊天，且乐在其中。这位经理利用工作外时间泡茶，就是将工作时的感觉外溢到了他的休闲活动中。

那些在工作中得不到趣味的人，就会将无趣的工作惯性带到休闲活动中，形成无趣的活动。如，一位汽车工人下班回家，倒在沙发上无所事事，面对着电视节目一个接一个地看，连起身活动下都极不情愿，无聊得连按个键都心不在焉。这种后遗性的惯例，将工作中的无聊情绪延伸到了休闲阶段，使人们既疏离了工作也疏离了生活。

（九）熟悉理论（The Familiarity Theory）

熟悉理论将休闲行为与惯例、习性相连，休闲者因习惯或安于某习惯而从事某种休闲。回忆、惯性、安全、操作制约，熟悉理论的假设是那些已在社会生存中觅得一条自在的生存之道的人，为了追求安全感而参与自己熟悉的休闲活动。

比如，小时候经常跟父亲去乡下溪边从事钓鱼活动，而长大成人后，常从事的休闲活动也是去钓鱼。再比如，你喜欢做自己做得好的事，因此，同样当你做那些曾经给你带来成就感与喜悦的事情时，便会有轻松和精神奕奕的感觉。

（十）社群理论（Personal Community Theory）

人类是喜社交又喜群居的，人的休闲行为常受到同年龄、同阶层、同学、同事、工作环境或是邻里环境影响。有相当高比例的休闲行为受到同辈团体的影响。休闲活动通常是团体活动，同伴常有同样问题、同样背景，而且很可能有同样的宗教信仰或政治归属感，也可能处于同样的生命阶段。

社群理论认为休闲行为会受到组织和团体的影响，志同道合者往往形成社群，一起从事某种休闲。如社会团体、俱乐部会员等。人一生中所玩的竞技游戏，大多数是由已熟悉该游戏的人引荐的。人们所从事的休闲活动，其形式多是因某些已经很熟悉该活动的人所启发。沉思与冥想，有时需要独处，但通常需要老师。较具冒险性的活动如滑雪、滑水、滑翔翼等，需要有同伴一起，而且经常需要一群人的鼓励，并通过艰难的基础技能学习阶段。

（十一）体验情境理论

体验经济时代宣布了人的体验需要开始转变为现实需求，休闲的本质就是体验，为参与者创造的一种或多种难忘的经历。"以人为本"的规划哲学，它要求休闲活动策划研究人的特性、活动及需求，尊重人，理解人与自然的相互关系，为人们寻找或者创造一个充满人文关怀的休闲活动区域，而不仅仅是人活动的物理环境载体。

休闲并非消极的无事闲着，而是有着积极的意义——它为人们实现自我、追求高尚的精神生活、获得"畅"或"迷狂"（ecstasy）的心灵体验提供了机会。"畅"（Flow）即"具有适当的挑战性而能让一个人深深沉浸于其中，以致忘记了时间的流逝、意识不到自己的存在的体验。""适当的"挑战指活动的难度与一个人所掌握的技能相适应，太难的活动会让人感到紧张和焦虑，而太容易的活动则会让人感到厌烦，都不能让人获得真正的休闲。这样，休闲从根本上是一种有益于个人健康发展的内心体验，而不用什么外在标准界定的具体活动；体验"畅"的能力使人能超越"工作—休闲"的断然划分，从而不论在工作还是闲暇活动中都更能积极地去寻求最佳的心灵体验。

休闲活动体验可分为娱乐体验、教育体验、遁世体验和审美体验4大类。例如，舒压放松、逃避日常：需要有时间与空间暂时远离日常的紧张高压环境；生活风格、身份认同：以延续原有的生活水准与要求；追寻迷思、寻找异国情趣：学习新知、增加游历。

小案例

17—19 世纪初英国贵族"欧陆游学"（Grand Tour）

"欧陆游学"（Grand Tour）是英国一个历时悠久的重要文化现象，它兴盛于 17～19 世纪。游学主体是家产雄厚的不列颠贵族乡绅子弟或青年贵族，观光和学习是游学的主要内容，主要目的地是巴黎和意大利的名城。游学内容包括对外邦语言、历史文化和礼仪的学习，结交名流，考察社会民情和政治制度，以及间或搜集文化珍品和文物。游历期间难免经历的磨难，有助于提高个人素质、拓宽视野。贵族"欧陆游学"期间虽有诸般事端和不良行为，但欧陆游历的主流应该得到肯定。它对于英国人开阔视野、理性看待并合理汲取异国文化功不可没。

[资料来源：阎照祥.17—19世纪初英国贵族欧陆游学探要［J］.世界历史，2012（6）]

任务二　休闲活动动机与障碍

休闲活动体验能够提升人们的生活满意度，它有很多作用：可以提供一些有益的挑战，也可以给人们提供思考、内省和放松身心的机会。

休闲行为是指休闲主体在时间和费用充足的条件下，为了实现休闲需求而自发参与的并从中得到满足的能动的过程。休闲活动本身具有目的性、自由性以及非义务性，休闲主体从职业、家庭、社会及其他的义务中解脱出来，在自发的基础上自由选择一系列活动，让自己的自由意志尽情发挥，从而达到一种身心相对自由的生活状态。

休闲活动受一年四季工作节奏的影响，通常被视为一种平衡和调节人们生活的方法，帮助人们从体力劳动的疲惫不堪状态解脱出来。人们追求休闲有各种原因，需求程度也不相同，取决于当时的需要、价值观及生活态度等。休闲本身有时被当作目的，参与者对其热衷，这可能是为了补偿在生活中其他方面（如工作）的不如意，而有时，休闲行为也可以当做社会身份地位的一种延伸。休闲行为与人类的需要，例如休息、转换心情、自我启发、提高知识、社会成就等，有着密切关系。休闲行为虽然具有自由性，但它也隐含着以下限制因素：个人意识和行为，社会层面的一切时间空间约束。

一、休闲活动动机

人们为什么要追求休闲、寻求休闲机会？这个问题恐怕每个人的答案都不一样。席莱尔（Schreyer，1986）在论及人们参与户外娱乐活动的动机时指出，人们之所以参与休闲，是因为它能够使人愉悦和所具备的内在固有价值。席莱尔认为，所有人类行为都有目的，总是试图满足其一种或多种需要。人的享受和发展包括：人的自然需要（身体健康、身心和谐、与外部自然和谐等方面的需要）、人的社会需要（社会交往、参政议政、当家作主、调控社会等方面的需要）、人的精神需要（智力发展、心理健康、情感丰富、意志坚定、创造力旺盛等方面的需要）及相应的能力和素质等，而休闲活动恰恰能够提供和实现以上需求。

动机（Motivation）是指行为的个体内在的推动力（Driving Force），或者是激活身体能量使之达到外部环境目标的内在状态（Inner State）。动机的产生是由"推力"（Push）和"拉力"（Pull）共同作用而成的，这两种作用力也是人们为何要休闲、会选择何种方式休闲、会利用何种资源休闲的根本动因。总体而言，休闲活动动机被认为是由生理性动机和心理性动机两大类构成，当人们的生理或是心理产生或是被产生了对某种休闲活动的需求，那么这种需求就是一种驱动力，促使人们去选择不同方式和不同资源进行休闲，从而达到需求上的满足。

推动人们去参与休闲的因素有很多，且因人而异，取决于人们不同的个性、生活方式、目标和需求。德里弗和布朗（Driver 和 Brown，1986）总结出了促使人们参与休闲的动机分为 17 类，这些动机大多偏重于引导人们进行户外休闲活动，如表 2 - 2 所示。

表 2 - 2　　　　　　　　　推动个体参与休闲活动的因素

1. 欣赏大自然	A. 自然景色	8. 拥有共同的价值观	A. 和朋友在一起
	B. 体验大自然		B. 与拥有相同价值观的人在一起
	C. 未开发的自然景观		
2. 身体健康		9. 独立	A. 独立
3. 减轻压力	A. 释放压力		B. 自助
	B. 松弛精神		C. 掌握控制权
	C. 逃避角色重负	10. 享受家庭亲情	
	D. 逃避日常事务	11. 内省	A. 精神方面
4. 逃避噪声和人群	A. 安静/独居		B. 个人价值方面
	B. 隐居	12. 与考虑周全的人在一起	
	C. 逃避人群	13. 成就感	A. 增强自信/自我评价
	D. 逃避噪声		B. 社会认同
	E. 与世隔绝		C. 发展技巧
5. 学习户外知识	A. 一般的学习		D. 比试竞争力
	B. 探险		E. 寻求兴奋/刺激
	C. 学习地理知识		F. 自我依靠
	D. 学习自然知识	14. 消除身体疲劳	
6. 寻求安全	A. 降低风险	15. 寻求安全	A. 教授/分享技能
	B. 预防风险		B. 领导他人
7. 结识新朋友	A. 结识新人	16. 冒险	
	B. 观察新人	17. 思乡怀旧	

休闲体验可以给人们带来一系列益处。维杜恩和麦克尤恩（Verduin 和 McEwen，1984）提出，人们从事休闲游憩行为活动，可从休闲参与经验中获得心理的（Psychological），教育的（Educational），社会的（Social），放松的（Relaxation），身体的（Physiological），美感的（Aesthetic）六项体验效益。

（一）健康效益（Physiological Benefits）

世界卫生组织（WHO）1946 年成立时，在其宪章中对健康（Health）的含义做了科学的界定："健康乃是一种在身体上、心理上和社会适应方面的完好状态，而不仅仅是没有疾病和虚弱的状态。"也就是说健康的基本内涵应包括生理健康、心理健康和社会适应良好三个方面。

1. 生理效益（Physiological Benefits）

对健康的解释是 1，爱情、事业、财富等都是后面的 0，人生的幸福必须有了健康才能体验和享受。人类具有参加休闲活动、提高身体状况的基本需要。实际上，大部分休闲是与身体运动有关的健康活动，保持身体健康是人类最基本的追求。经常锻炼的生理益处是有科学证明的，人们选择良好的生活方式可以延长寿命。从事休闲活动如慢跑、游泳、打网球等运动，能避免因缺乏运动而发胖或罹患与身体脏器有关的疾病，定期的肢体动作活动能确保身体的健康。

2. 放松效益（Relaxation Benefits）

著名美国学者杰里米·里夫金指出，当代人生活在"毫微秒文化"中，人们的时间被"切割"到最小，日常生活始终被忙碌和焦虑所充斥。这种"毫微秒文化"，把人的生活"撕裂"成"无意义的碎片"，使人的身心超负荷运转，由此引发各种各样的"时间疾病"和"意义缺失症"。据有关专家研究，人类疾病中有 50%～80% 是由于心理压力过大造成的。1994 年日本政府把过劳死正式列为职业病，把过度劳动列为职业灾害，而我国也开始面临过度劳动的现实威胁。根据德国健康杂志报道，人类 60%～70% 的疾病可以借助良好的心态和积极的休闲得以自愈，休闲可以提供从工作、家庭、社会关系的压力中暂时逃脱的机会。因此利用休闲的健康价值，选择劳闲均衡的和谐生活方式，参加积极的、建设性形式的休闲是摆脱日常压力和消极情绪，实现身心协调的最佳方案。

 小贴士

舒缓是美丽的

根据德国健康杂志报道，人类 60%～70% 的疾病可以借助良好的心态和积极的休闲

得以自愈。人类学家兼环境活动家凯伯·欧伊华出版了一本关于懒散和慢速的书籍——《舒缓是美丽的》，书中反对快节奏生活和紧张的工作，号召人们从工业化的喧嚣和忙碌中回归简约生活，追求田园牧歌式的优雅生活方式。在现实生活中，欧洲人的假日全年超过150天，还有众多精英参与的懒散俱乐部和慢速运动委员会。

3. 心理效益（Psychological Benefits）

休闲活动是行为主体依其意愿自愿选择参加的，不受约束和控制，所以极易从休闲活动中获得心理上的满足。参与休闲活动所获得的心理利益，例如，能够感受到自由感、愉悦感、参与感、知识上的挑战等。每个人都有被肯定、被认同的欲望，休闲活动提供机会让每个参与者均能从中获得有形或无形被肯定的机会，因此获得成就感亦是其效益之一，这对于情绪的缓冲及恢复心态的调适有所助益。这些年来，许多旨在促进个人身心健康的各种休闲疗法在休闲咨询和休闲服务领域，被开发出来，如音乐疗法、舞蹈疗法、娱憩疗法等。

小案例

音乐疗法祛除病痛

2002年6月20日，比利时女吉他手帕斯卡拉在布鲁塞尔法比奥拉皇后儿童医院，为8个月的患儿卡罗娜弹唱歌曲，并哄她入睡。帕斯卡拉在10年前便开始用音乐帮助病患儿减轻痛苦，她还出版了证明音乐疗法的专著。在她的影响下，比利时目前已经有许多乐手到医院为患病儿童演出。

中央音乐学院音乐治疗研究中心主任，中国音乐治疗学会副秘书长高天表示，音乐疗法作为一种辅助医疗手段，对慢性疾病的康复有一定效果。音乐治疗的对象包括心理疾病、亚健康和脑血管意外三类患者群体。

（资料来源：http://bz.ccxtd.com.cn/shtml/szbz13/20120611/118761.shtml）

（二）教育效益（Education Benefits）

人们许多学习与技能发展都是在闲暇里进行的。亚里士多德曾说过：休闲是哲学、艺术和科学诞生的基本条件。休闲把人从直接的物质生产劳动中解放出来，使人拥有自由自主支配的时间用于艺术科学等方面的创造能力的培养与提高，增加审美观和学习的机会，可从中学习到新的事物，吸收新的知识，充实生活，提高个人生活的品质。

在休闲活动中，阅读、研究动植物等这些知识性较高的活动，行为个体参与其中可以扩展个人的知识与经验，即使有些休闲活动本身知识性不高，但参与过程中往往会遇到各种问题，倘若能带着兴趣或是求知欲望，主动去寻找相关知识以解决问题，也能够增加新知识。因此，休闲活动中，可以学习到许多生活准则、价值判断和社会规范等，休闲体验有利于形成自我意识、自我实现、自我成就和精神成长等；可以提供价值观的净化、自我反省、领导别人的机会等，从而认识自我、挖潜自我，丰富和完善自己的人性本身，达到寓教于乐的目的。

小资料

私人和非营利组织机构经常提供一些休闲项目，以促进青年成长发展。这样的活动项目具有很强的教育意义，同时也提供了乐趣和享受。

（三）社交效益（Social Benefits）

人不能生活在真空世界里，需要社会交往，排除寂寞和孤独感。德莱弗和布朗（Driver 和 Brown）指出，社会接触以多种形式增进社会关系的亲密感。休闲强调个体与群体间的文化氛围、文化体验、文化传播和文化欣赏。休闲活动提供相互见面的机会，拓展社会交往，获取多方面的生命体验。社会接触的休闲体验不仅存在于家庭、单位等固定集体中，也存在于体育团体、俱乐部、休闲教育等临时集体中。休闲参与的时候，能与拥有相同嗜好的朋友及家人相聚，分享珍贵的情谊与乐趣，可排除孤寂，并借此达到社交效益。另外有些休闲活动需要与人合作，如下棋、打球、郊游等，在与他人相处的过程中，可以学习别人的长处，培养忍耐、谅解、领导等能力，更可交到不少志同道合的朋友。有些技艺（如绘画、书法等）通过彼此观摩、研究学习，往往能够取得更大的成就。

小资料

许多休闲活动都是在群体参与的方式下进行的，这种方式的休闲活动给人们提供了与他人建立联系和获得愉悦的社会互动体验的机会。

二、休闲活动障碍因素

休闲障碍因素是指限制或妨碍参加休闲活动的质量、期限、强度、频率以及其他妨碍享受休闲的因素。一个行为个体产生了参加某项休闲活动的愿望以后，往往会受到一些因素的阻碍，导致这个行为个体可能无法做到自己想要做的事情。阻止人们由偏爱某项休闲活动发展到直接参与这项活动的约束因素可以来自多方面：有一些是来自于人们的观念和认识，例如，个体如果缺乏某一种休闲活动技能，这种情况就可能成为约束因素；还有一些可能是由于组织安排上的原因造成的，如休闲活动中介提供的计划、时间、地点不合适等；另外还有环境约束，这方面的约束因素与一个地区或休闲基础设施、机构内的结构性障碍有关，或与某些自然环境的不易接近有关。对于休闲专业人员来说，认清究竟是哪些因素会约束人们从休闲活动中或是通过休闲获得更多的满意度非常有必要。

杰克逊（Jackson，1990）认为，影响人们参与休闲的约束因素可以分为两类：一类是先验因素，这些因素影响人们对某些休闲活动的偏好喜爱，先验的约束因素包括对娱乐休闲机会和活动方面的信息只是不完整的了解，个人对休闲权利的观点以及社会性别角色等；另一类是干预因素，即那些影响个体由倾向于选择某一种休闲活动向实际参与过渡发展的因素，包括娱乐休闲设施的可用性、活动时长、消费能力以及设施安全性等。在干预性因素这方面，经过一大批学者的努力，总结出了一系列与休闲障碍因素有关的指标，特别是杰克逊（Jackson，1993）和赫尔茨曼（Hultsman，1995）总结成了六个项目，并且详细解释和细化了这六项指标，如表2-3所示。

表2-3　　　　　　　　　　　　与休闲障碍因素有关的六项指标

项　目	障碍方面
可接近性	交通费用
	交通是否方便
社会隔绝	没有机会参加住处附近的活动
	缺乏可参加的活动方面的信息
	较难找到他人一道参加活动
个人原因	缺乏必要技能
	自律太强
	体力、精力有限
	没有兴趣
花销	装备、材料和供给用品的花销
	入场费、租金及其他设备设施或项目的收费

续表

项　目	障碍方面
时间保证	工作负担
	家庭负担
	由于参与其他休闲项目而无法分身
设施装备	设施设备或场所供不应求、人满为患
	设施设备或场所缺乏维修保养

杰克逊（Jackson）总结了过去20多年休闲约束因素方面的研究工作，把参加休闲的障碍因素归纳为先前性（Antecedent）障碍和干涉性（Intervening）障碍两种。

（一）先前性障碍

先前性障碍是指影响或妨碍某种休闲活动的选择的障碍。先前性障碍是对娱乐和休闲机会的不完全认识，包括个人休闲信念、社会性的强制等。

1. 态度障碍

态度障碍因素与个人的心态有关，它往往来自于社会、生活、文化规范（习惯）。例如，由女性照顾孩子的观念在社会上仍占优势，这种态度在某种程度上阻碍部分妇女在休闲活动方面上的满足。另外，在日常生活中不重视休闲活动的休闲观，个人对休闲与工作中的认识平衡等也会成为参加休闲的障碍因素。例如，有些人是几乎没有休闲活动的工作狂，有些人则是把过多的能量消耗在追求新的、流行的休闲之中的休闲狂（休闲中毒者）。

2. 身份障碍

有些休闲活动与社会身份有着密切关系，普通人要享受特殊人群享受的设施、活动和服务时会受到限制。有些活动具有历史性，它们属于特定社会、文化集团。比如澳大利亚的板球俱乐部。

3. 健康障碍

健康障碍影响个人的流动性、心理状态和休闲活动的选择。例如，健康的人一般比病弱的人更能参加律动（运动）性的活动，而残障人士参与休闲活动范围大大受限。

 小资料

中国残疾人体育

残疾人体育是指个体的人在生理、肢体等方面有功能障碍，通过参加体育锻炼，

改善身体机能的运动。残疾人体育兼有群众性体育和竞技性体育的特点。群众性体育以帮助残疾人融入社会，增强体质、康复健身为目的；竞技体育以挖掘残疾人体能潜力，表现其特殊体育才华，创造优异成绩为国争光为目的。残疾人体育是残疾人高举"自强不息，顽强拼搏"的旗帜，去实现"平等、参与、共享"宏愿的一项伟大事业。

开展残疾人体育活动是中国残疾人事业的一个组成部分，也是残疾人全面参与社会生活的重要途径之一。继1987年成立中国残疾人体育协会之后，中国弱智人体育协会、中国聋人体育协会及全国各省、自治区、直辖市残疾人体育协会相继成立；在福利企事业单位、社区、特教学校广泛开展了形式多样的群众性体育活动；举办了各级残疾人体育业务培训班近300个，万余人次接受了培训；参加地、市、县级举办的残疾人运动会和选拔赛的业余运动员累计已达到20余万人次；残疾人体育专职干部由20世纪90年代初的不足10人发展到近30人，有近百名高水平教练员、裁判员介入残疾人体育训练、竞赛组织工作。

成功地举办了五届全国残疾人运动会，与此同时还举办了近40次全国单项赛事，参赛项目由20世纪80年代的4个拓展到14个，参加全国性比赛的残疾人运动员累计超过万人次。

中国残疾人体育协会已相继加入了国际残疾人奥林匹克委员会（IPC）、国际残疾人体育组织（ISOD）、国际盲人体育协会（IBSA）、国际脑瘫人体育协会（CP-ISRA）、世界聋人体育联合会（CISS）、国际轮椅运动联合会（ISMWSF）、国际特殊奥林匹克委员会（SOI）、远东及南太平洋地区残疾人运动会联合会（FESPIC）等。

自1982年以来，我国参加了五届残疾人奥运会、五届"远南"残疾人运动会、四届特殊奥运会、两届聋人奥运会以及盲人运动会和多项世界锦标赛，共获得1600余枚金牌、破（超）185项世界纪录。中国残疾人体育代表团在1996年美国亚特兰大举行的第十届残疾人奥运会上首次进入世界残疾人体育"十强"，2000年第十一届残疾人奥运会，中国体育代表团位居金牌榜第六位。中国代表团在第五、第六、第七届"远南"残疾人运动会上连续保持金牌、奖牌总数第一。

（资料来源：http：//baike.baidu.com/link? url = g9dCoX7JXiMnhh5G4yI6sh5UKWWj
YVSOjtHGjlY1G35fZ64miltXl5AHwYmAKButLtPe4JQ7iz – Ta8lfRcH5rq）

4. 经验障碍

每个人的人生历程都有不同的休闲体验。休闲活动机会不多休闲经验缺乏一般会成为成功参加休闲的障碍因素，越是经历过多种休闲形式有着丰富休闲经验的人，其未来休闲活动范围越大。

（二）干涉性障碍

干涉性障碍发生在休闲活动和实际参与的选择之间。它包括娱乐设施的可利用性、工作时间、娱乐设施的可进人性和设施的安全性。具体说来，干涉性障碍包括信息障碍、时间障碍、经济障碍、环境障碍及技术障碍五类。

1. 信息障碍

掌握信息是人们在对某些事物作出决定和选择的基本前提。有些人在选择休闲的时候往往缺乏必要的信息，例如，哪里有休闲的场所，如何到达，那里的休闲活动怎么样，能不能满足自己的休闲愿望等。

2. 时间障碍

时间障碍与对时间的掌握有关。有的人没有充分开展工作、休闲等活动的时间，有些人则有足够的时间体验休闲。那么，与时间安排有关的选择可能成为休闲的障碍因素。

3. 经济障碍

经济因素往往影响对各种休闲活动的选择，服务购买能力不足则成为参加休闲的重要障碍因素。

4. 环境障碍

环境障碍是指周边休闲空间及设施的不足或项目的不完备以及妨碍人们接近地域、设施和其他休闲关联设施的障碍因素。例如，休闲活动场所可进入性差或视野不好等都是参加休闲的障碍因素。

5. 技术障碍

休闲技术不足也会成为参加休闲活动的障碍因素。如围棋、赛马、赛车、冲浪等休闲活动，因为需要特别技艺、技能或特殊装备的休闲活动，并不是适合所有人参与。

休闲活动是非义务的，是在自发的基础上自由选择和追求的，休闲行为理论和休闲动机与障碍有助于我们了解何以选择特定休闲行为，并预估未来之需求。本章系统介绍了休闲科学的相关理论，在对每项内容详细的介绍后另外附带上本节相关的课外阅读材料，以供读者丰富知识。

你正在享受的是形式休闲

以下是 1996 年 4 月的一篇报纸文章，指出了一种有意思的倾向：人的生活方式中某些装饰性的内容其实毫无用处。

一名年轻销售经理有一个厨房，高级到即使是朱利亚·查尔德（美国知名烹饪节目主持人）也会羡慕不已，但是里面的所有用具和设施都积满灰尘。一位妇女购买了袖珍型三角钢琴，但家中无人会弹奏。城市居民坐在路虎车里不能纵横驰骋、征服崎岖不平的山路和广袤无银的旷野，只能随着拥堵的车流缓慢而行。这就是美国人的一种倾向，他们生活中某些装饰性的内容华而不实、毫无用处。人们只是创造出了形式上的休闲，但实际上并不是真正投入其中，他们享受的只是形式上的休闲。

电视钓鱼节目的大师贝比·温克尔曼分析，许多人遁入形式休闲是因为他们对生活工作不满。"许多人生活不幸福。他们对满足谋生需要的工作不满意，对养育孩子的环境也不满意。"他的追随者告诉他："我们只是通过你来体验钓鱼活动。"

"我们在成长过程中养成了旁观而不是亲身参与的习惯，"德保罗大学市场营销研究所所长斯蒂汶·凯利说，"电视让我们可以参与荧屏上正在进行的活动，但实际上这些活动并不能实际参与着。"罗耀拉大学医药中心的西德尼·威斯曼博士说："周末我们通常不是出去跳舞或参加其他活动，而是进行所谓被动的休闲活动，如网上冲浪或者看录像带。"

1. 上文中的虚拟休闲（Virtual Leisure）是积极的还是消极的？

2. 这篇文章对休闲专业人员提出了什么问题或提供了哪些机会？

复 习 题

一、选择题

1. 根据符号互动论观点，心灵、自我和社会的形成和发展的先决条件是（　　）。

A. 语言的使用　　　　B. 符号的使用　　　C. 社会的内化　　　D. 个体的外化

2. 哪种理论的重点在于了解消费者对产品的看法？（　　）

A. 手段—目的理论　　　　　　　B. 马斯洛需求理论

C. 畅理论　　　　　　　　　　　D. 体验情境理论

3. 休闲的本质是（　　）。

A. 享受　　　　　　B. 自由　　　　　　C. 体验　　　　　　D. 参与

4. 休闲活动本身具有鲜明特征，除了具有目的性、自由性、能动性之外，还具有（　　）。

A. 参与性　　　　B. 体验性　　　　C. 非义务性　　　　D. 社会性

5. 利用休闲的健康价值，选择劳闲均衡的和谐生活方式，参加积极的、建设性形式的休闲可以摆脱日常压力和消极情绪。这主要体现了休闲活动的哪种效益？（　　）

A. 心理效益　　　　B. 放松效益　　　　C. 社交效益　　　　D. 教育效益

6. 下面哪种属于先前性障碍？（　　）

A. 信息障碍　　　　B. 态度障碍　　　　C. 环境障碍　　　　D. 时间障碍

7. 下面哪种属于干涉性障碍？（　　　）

A. 态度障碍　　　　B. 身份障碍　　　　C. 技术障碍　　　　D. 经验障碍

二、简答题

1. 休闲活动基础理论有哪些？你是如何理解的？

2. 旅游与休闲是怎样的一种关系？旅游产品如何进行休闲提升？

3. 结合畅理论原理，谈谈如何在休闲活动策划中实现畅的体验。

4. 举例说明补偿理论和后遗理论的实际运用价值。

5. 试分析大学生参与休闲活动的障碍因素，并提出对策。

6. 试谈谈如何在休闲活动策划中实现休闲效益。

7. 文天祥有云："忙时山看我，闲时我看山。"请结合本章节内容对这一句诗进行简要分析。

三、实训

【实训名称】

高校学生休闲情况调查分析。

【实训内容】

调查你所在高校的学生休闲方式类型、休闲活动行为动机及障碍因素，并就调查结果谈谈你对高校学生休闲情况的认识和看法。

【实训步骤】

先选取调查对象人群，然后采用访谈或者调查问卷的方式调查学生的休闲方式类型、休闲活动行为动机及障碍因素，最后对调查结果进行分析。

【实训点评】

通过对学生的休闲方式类型、休闲活动行为动机及障碍因素的分析，可以对休闲一词形成系统的概念，并能够了解高校学生群体的休闲需求和影响因素，这为我们后期进行休闲活动策划打下良好基础。

项目三 休闲活动策划

任务导入

某公司举行一次大型的户外旅游活动黄山两日游，活动主题是相约黄山，和春天有个约会，活动目的是为了丰富广大员工的文化活动，感谢员工辛勤的付出，通过这次活动促进员工之间的互相了解，增强互相之间的团结及友谊。此次活动包括交通、饮食、住宿、行程等各方面，要对其进行具体细节的策划与安排。

同学们，如果你们是这个公司的负责人，你们会怎么去策划？用什么方法去策划？以及制定哪些活动主题口号？

学习目标

1. 知识目标

了解策划的内涵及其特征。

熟悉和利用休闲活动策划的方法。

理解和运用休闲活动主题的构思。

2. 能力目标

理解休闲活动主题的构思，并能够灵活运用到生活当中。

任务一 休闲活动策划概念

"策划"在《辞源》中作"策书、筹谋、计划、谋略"解。在中国，策划最早见于《后汉书·隗嚣传》中"是以功名终申，策画复得"之句。《孙子兵法》云"兵者，诡道也""兵以诈立，以利动""多算胜，少算不胜"，说的都是策划的重要性。

一、策划的内涵

策划也成称为企划，是针对新的事物所建立的计划，包含思考技术（也就是策划方法）与思考结果（最后完成的策划方案）。策划有多种定义，例如，"所谓策划，其科学内涵是指在人类社会活动中，人们为达到某种特定的目标，借助一定的科学方法和艺术，为决策、计划而构思、设计、制作策划方案的过程。"

策划有狭义和广义之分，狭义的策划是指人们为了达到未来的预期目标，借助科学、系统的方法和创造性思维，对被策划对象的环境进行分析，对资源进行重新组合并优化资源配置，而进行的调查、分析、创造、设计并制定行动方案的行为。广义的策划指社会组织和个人对未来活动所做的计划、打算，是对某一项活动的方向、目标、内容、步骤等进行全面的预先安排与设计。

美国哈佛企业管理丛书编纂委员会认为，策划是一种程序，在本质上是运用脑力的理性行为。策划是针对未来要发生的事情做出当前的决策，决定做什么、何时做、谁来做。换言之，策划是找出事情的因果关系，衡量未来所采取的措施，作为目前决策之依据。策划如同一座桥梁，它连接着我们目前之地和我们要到达之处。

休闲活动策划就是通过相应的计划，通过对人力、财力、物力的统筹规划，采用适当的组织方式，使休闲活动顺利进行，并取得较好的效果。是通过复制或创造一种环境，创造一种休闲机会，使参加这种活动的人们获得最大的休闲体验。

（一）策划是一种思维方式

一般认为策划是一种运用脑力的理性行为，是为达成目标而先发设想及创造的思维过程。策划的精妙之处在于不同思维方式的运用，其本质是思维的科学。

1. 主观和客观的一致性

策划是思维科学，是主观能动性与客观规律性的有机统一。策划不是一种突然的想法，或者突发奇想的方法，策划是人们在调查总结的基础之上进行科学预测和筹划，是为了达到一定目的而创造性地运用客观规律的思维过程，是用辩证的、动态的、发散的思维来整合行为主体的各类显性资源和隐性资源，使其达到最大效益的一门科学。

2. 点子与方法的创新性

策划是科学的，同时创造性也是必需的，它是策划的精髓。具有创意的策划，才是真正的策划。活动策划一定要敢于做别人没有做过的事情，"敢为天下先"，这样才能吸引目标消费者的注意力和兴趣，引起社会反响，达到有效传达的目的。策划通过全新的理念和思路，产生好的创意谋划，对生产力的各种要素、资源重新整合，使之产生"1＋1＞2"的效果，甚至达到原子裂变式的市场效应或者经济效益。

（二）策划是针对未来的决策

策，就是计策；划，就是规划。两个连在一起就是对未来一些将要发生的事情进行一个可行性具体的策略筹划。策划是计划的高级形式。策划就是关注未来的事情，策划是寻找问题再解决问题的过程，策划就是要找到解决问题最好的办法。

事实上"策划"行为贯穿于一个人的一生,我们做的每一件事情都可以策划。比如,策划一次生日派对,策划一次球赛,等等,这些实际都是策划的初始形态。正如小泉俊一(日本)《企划书实用手册》所说:在一定意义上,凡是人的思维都可以看作是广义的企划。条条大路通罗马,但是最近的路只有一条。策划就是寻找这条路。

练一练

小明是重庆本地人,想在国庆七天假期期间去旅游,旅游地包括:成都、昆明、武汉、上海、北京,最后返回重庆。请为小明策划一条既经济又省时的旅游路线。

策划参考路线:第一站成都,因为成都离重庆最近,所以可以直接从重庆坐火车去成都,既快捷又经济。第二站昆明,成都离昆明较近,因此,可以从成都坐火车去昆明。第三站武汉,昆明过后可以直接坐动车去武汉,因为距离较远,所以动车是在省时基础上的最好的选择。第四站上海,武汉过后直接坐动车去上海,省时又经济。第五站北京,从上海直接坐动车去北京,省时又经济。最后从北京乘飞机返回重庆,因为北京离重庆较远,毕竟假期只有七天,在北京游玩之后时间应该所剩无几,因此乘飞机是最好的选择。

由此可见,策划的最宝贵之处在于思维方式,在各种限制条件下,运用科学的方法进行思考,在大量实践中磨炼观察问题、分析问题、解决问题的能力。

(三)策划是实现系统工程

策划是一个包含创意谋划在内的思维活动、研究活动和组织实施、反馈应变的系统工程。一个系统化的策划过程包括:调查研究、决策(目标定位)、立项(理念设计、资源整合、形象塑造、方案拟订)、项目运作、评估与反馈。如下图所示。

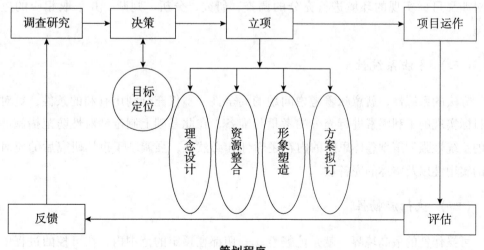

策划程序

1. 执行和策划的一致性

策划不是神话，其重点不仅仅是制造卖点和提出概念，而是站在全局性和远见性的高度，提出项目整体运作的整套解决方案。策划实践科学，它要考虑怎样才能获得现实的可操作性。策划和计划的区别就是计划可以异想天开，但是策划必须具有可操作性，详细、周密的活动安排和组织实施，适时地反馈应变，保证目标的实现。如果一个策划连最基本的可操作性就没有，那么这个策划再有创意、再好也是失败的。

2. 动态监理法则

策划不是简单地制订一个方案，提交一份报告，而是要对整个项目运作过程加以动态的把握，对出现的各种问题做出准确和快速的反应，捕捉稍纵即逝的机会。顾问监理就是在动态过程中发现问题、解决问题，修正调整策划方案，整合资源的过程。

二、策划的特征

策划作为为实现特定的目标、解决现存的问题而提出新颖的思路，并制定出具体可行的方案，达到预期效果的一种综合性创新活动，具有以下特征：

（一）目的明确性

策划具有目的性，任何策划，都是基于目标实现的过程性设计。目标是策划的归依所在，是策划细节所环绕的中心，一定要明确、清晰，并且是通过努力能达到的。不同的目标，所动用的资源、能量和信息是不一样的，其所运用的策划方法与手段也是不一样的。

（二）背景清晰性

策划不是突发奇想的方法，它是建立在调查的基础之上的科学预测、筹划。就是要对涉及目标实现的环境进行充分的调查、研究、分析、判断，并采取相应的应对措施。

（三）方法系统性

方法的系统性，就意味着考虑问题的周全性，不仅充分利用有利的条件，更对涉及目标实现的不利因素进行充分的考量与准备，在此基础上制定针对性防范措施。方法的系统性强调策划整体思路的内在逻辑性和必然性，强调基于市场研究后的应对措施的实用性以及整体的完备性。

（四）执行流畅性

可操作性的最高境界，就是流畅性。一切都在预定的范围内，在可控的过程中进行，操作上高度的连续性、效率性，能在过程的可控制性中完成策划目标，并考虑意外因素的影响而备有应急方案。任何策划执行过程的中断，都是策划方案失误的必然表现。同时，执行的流畅性也考验执行者的应变能力，要求执行者在遇到非可控因素的时候能迅速化解危机，保证策划的顺利进行。

（五）主题新颖性

策划是人们思维智慧的结晶，新颖性、创造性是策划的精髓，是策划克敌制胜的法宝。策划创新的思路有两种，一种是有中生新有，一种是无中生有。前者属于组合创新，后者属于原创。在休闲活动策划上，就要求每一个策划案要充分发挥策划师的积极性、主动性与创造性，给策划者创造宽松的环境和条件，发挥智慧的创造力，实现新颖性在策划方案与策划实施中的表达。

策划的这五大特征，具有内在的完备性，各特征之间相辅相成，构成一个有机整体。

任务二　休闲活动策划的方法

休闲活动策划的方法有着其自身的专门规律，它们能够解决一般方法无法解决的问题，因而具有一定的创新性和较强的实用价值。同时也应注意，作为人类创新思维的方法表现和概括，策划方法彼此间具有很强的联通性、同理性、相似性，从一个角度看可以归结为 A 方法，而从另一个角度看又可以归结为 B 方法，加上不同学派观点或表达习惯的差异，往往形成了对同质同型方法的不同称谓。

一、整体策划方法

休闲活动的策划需要寻找创意的概念和吸引眼球的看点，但过于倚重一两个灵光突现的点子，没有系统的配套措施，对活动的发展有害无益。休闲活动的策划强调系统原则，就是在强调策划活动的整体性、全局性、效益性的基础上，去突破和创新。

（一）系统分析法

系统分析法就是把策划作为一个整体来考察，并把这个整体分解为若干子系统，以系统整体与部分之间的相互依赖，互相制约的关系中进行系统综合分析，通过明确一切与问题有关的要素（目的替换方案、模型、费用、效果、评价标准）同系统之间的关系，抉择最优方案，以实现决策目标。

休闲市场无论是产品（活动）、销售，还是传播，都是系统的工程。为使系统最优化，必须对系统中各组成要素全盘考虑，并且要与外部环境协调起来。另外，协调活动活动各要素与环境的关系，讲究整体最佳组合效应的同时也要遵循系统原则。

 **练一练**

旅游学院团学社的娱乐嘉年华活动，活动主办的目的是在春暖花开的季节，一方面丰富了校团社成员的课余文化生活，另一方面又给同学们提供了舞台以及增强成员之间的凝聚力，建设和谐校园。活动以晚会节目形式串联，中间插入互动游戏环节。游戏有歌词接龙、你来比划我来猜、萝卜蹲等。萝卜蹲是把成员分为 5 组，每组人手牵着手围成一圈，给每组人以颜色命名，任意指定一组萝卜开始统一下蹲，同时还要念词，再指定别的萝卜做同样的动作，目标要一致，依此类推。活动中团学社成员不同的部门承担着不同的分工，促进此次活动的顺利进行。同学们，请大家想一想该分成哪些部门？他们所要做的准备工作有哪些？

小贴士

宣传部主要负责活动照片的采集和新闻的发布；文体部主要负责活动现场的布置和活动期间舞台音响设备的操作，互动游戏环节现场气氛的渲染；礼仪组主要负责现场的礼仪活动及互动游戏环节颁奖；纪律组主要负责现场纪律维持、会场后勤保障及处理紧急情况；学习部主要负责清点到场人数。

（二）罗列分解法

所谓罗列分解法，就是把一个整体的活动过程分解成若干个步骤或相对独立的活动子过程，或把一个整体的活动内容分解成若干个相对独立的活动子内容，然后根据策划目标，把这个问题的方方面面以及所涉及的各种问题，尽量周全细致的进行罗列分解，以求把问题简单化、明朗化，在大同之中寻找小异，从而找到突破口。

罗列是前提，分解是目的，分解要更加细致、更加周密。在策划思维过程中，细节往往带来引发机会，细节甚至决定成败。所以罗列分解法也是实现"独特的销售主张"（USP）的独特卖点、亮点和诉求点的前提保证。根据策划目标，寻找自我的差异、优势和客观环境中被对手所忽视的机会与利润点，尤其在竞争激烈的同质化市场——"红海"中谋求一席之地的经营策划，在大同之中寻找小异的思维过程，也是一种罗列和分解。

（三）重点强化法

罗列和分解的结果是产生了一个个的策划点，似乎每个点上都可以做一些文章，既然客观条件的限制难以面面俱到，那么究竟选择哪一个点用心着力呢？这就要运用重点强化法的原理。所谓"重点强化法"，就是解决活动问题要抓住特点重点，不要眉毛胡子一把抓。善于从策划对象的一点强化突破，把这个独特点张扬地传播出去，以求获得目标对象的关注、重视，产生兴趣和欲望。重点（即策划对象自身所有的特色重点）是前提，强化是目的，前后两个动作相辅相成。

客观存在的每个事物都一定有着其存在的独特性价值，策划创新思维的难处往往就在于能否找到这个独特点，并且，能否从而达成商业目的。休闲活动策划人首先要努力寻求突出某一活动环节、某项业务等个别线索，主动地缩小策划对象，把策划的对象简单化、明了化，使这一点首先突破，进而把局部策划产生的功效传递给整个原策划对象，最终解决整体策划问题。也就是说，要善于捕捉要点并加以放大、突出，甚至要大肆张扬，使整个活动显现出不可替代的优势。

（四）借势增值法

所谓"借势增值法"，就是在策划思维的罗列和细分过程中，努力寻找或创造更加有利于策划对象的环境背景，借助背景资源——社会势能的增值作用，提升策划目标价值，使休闲活动的效果和利益更加显著。

借势增值法的社会心理学基础是：民众的社会共识心理是一种社会客观存在的心理势能，企业、人、产品、活动等的价值往往与其环境背景以及民众心理认知有关，背景变化则背景下主体的所有组成要素都会发生价值变化。把这些资源整合、捆绑或嫁接到休闲活动的主题上，以及活动行为过程中，让休闲活动借助客观的资源、势能、背景，从而获得更高的市场价值和目标对象的心理价值认同。

（五）逆向变通法

所谓"逆向变通法"，就是不以原有的方向思路为坚持，改换看待这个策划对象的角度，反向逆行重新考虑策划的主题。逆向思维是求异求新思维的一种典型的方法，以正合、以奇胜，"正"就是大众都能发现的那个角度，可以把"奇"看作是正的反面，往往人们会忽视那个反面的角度。在思维被阻，实在找不到解决方案时，不妨把当前的思维角度、方向、内容、途径、目标等反过来，反向逆行寻找解决问题的方案。

"换一个角度"是很多神奇的开始，所谓"山重水复疑无路，柳暗花明又一村"。"以毒攻毒"就是医学上常用的逆向变通法。如爱德华、琴纳发明的种牛痘来预防天花，就是运用逆向思维，采用以毒攻毒的办法遏制了天花的传播。但休闲活动策划的逆向变通不是"无中生有"和"天马行空"，而是渊源有至。在市场需求的拉动下，以活动背景和内容为参照，创造差异化的鲜明主题，在反差中巧妙地融为一体，达到出奇制胜的市场效果。

　　某休闲山庄的成功归于其三大特色：城市特色、时代特色、产品特色。休闲山庄地处城市边缘，远离城市喧嚣，且有基本的绿化环境辅助，有自然健康、返璞归真、世外桃源的称号，此乃其城市特色；我们现在远离了《三国演义》中的叱咤风云的岁月和《水浒传》中英雄好汉的氛围，所以男儿的本性不能在现代生活中展现，休闲山庄根据这一特点，营造了一个时代倒流的环境，主打古代好汉的文化，可以将男儿的向往豪迈、洒脱、狂放的性格和休闲山庄的主题进行完美的结合，此乃其时代特色；山庄中包含农家菜，主打祖传秘方、绿色产品。特色酒，休闲娱乐等设施，此乃其产品特色。这三者的结合体现出山庄的创新点。

二、群体策划法

　　除了个人创意外，我们要特别强调群体创意的概念。当今的时代已经不像三国时代要有一个诸葛孔明，靠一个人的灵机妙算筹划全局，而是靠不同学科的组合群体策划发挥集体智慧的力量。

（一）头脑风暴法

　　头脑风暴法又称集体思考法或智力激励法，由奥斯本于 1939 年首先提出，并于 1953 年将此方法丰富和理论化。

　　小 贴 士

　　从某种意义上说，头脑风暴可以看作是来自 20 世纪初的心理治疗师西格蒙德·弗洛伊德（Sigmund Freud）的一种心理治疗方法。作为治疗的一部分，弗洛伊德会让他的病人躺在躺椅上面，把出现在他们头脑当中的想法进行自由的联想。接下来他会跟病人一起分析他们的想法。

1. 概念
　　所谓头脑风暴法指采用会议形式，如专家座谈会，征询专家意见，把对过去历史资料的解释以及对未来的分析有条理地组织起来，找出各种问题症结所在，并提出针对具体项目策划创意。头脑风暴法进行自由式发言，提倡自由思考，鼓励新奇想法；

提倡改进他人意见，或者结合别人的意见组合形成新的想法，可以采取默写式表达法和卡片式表达法，但不准批评、议论别人提出的想法。

2. 优缺点

头脑风暴法的优点在于：人们可以独自一人或是跟一群人一起进行头脑风暴，获取广泛的信息、创意，互相启发，集思广益，在大脑中掀起思考的风暴，从而启发策划人的思维，想出优秀的策划方案来。

头脑风暴法使用中的局限在于：第一，邀请的专家人数受到一定的限制，一般以5～12人为宜，挑选不恰当，容易导致策划的失败；第二，参加会议的专家的地位相当，以免产生权威效应，从而影响另一部分专家创造性思维的发挥；第三，会议的时间也应当适中，时间过长，容易偏离策划案的主题，时间太短，策划者很难获取充分的信息。

寺庙里有三个和尚要去挑水喝，可是河边比较远，请问他们用什么办法才能很好地解决喝水的问题？请同学们发挥自己的聪明才智想想办法。

（二）德尔菲法

德尔菲法20世纪60年代由美国兰德公司首创和使用的一种特殊策划方法。德尔菲法是古希腊一座城市，因阿波罗神殿而驰名。相传阿波罗有着高超预测未来的能力，故德尔菲成了预测、策划的代名词。

1. 概念

所谓德尔菲法指采用函询方式或电话、网络方式反复咨询专家们建议，要求专家具备策划主题相关专业知识，熟悉市场情况，精通策划业务操作。专家意见得出结果后，策划人需要对结果进行统计处理。如果结果不趋向一致，那么就再征询专家，直至得出比较统一方案。

2. 优缺点

这种策划方法优点：专家们互不见面，不能产生权威压力，因此可以自由地充分地发表自己意见，从而得出比较客观策划案。

德尔菲法缺乏客观标准，主要凭专家判断，再者由于次数较多，反馈时间较长，有的专家可能因工作忙或其他原因而中途退出，影响策划的准确性。

想一想

某公司研制出一种新兴产品，现在市场上还没有相似产品出现，因此没有历史数据可以获得。公司需要对可能的销售量做出预测，以决定产量。那么请同学们想一想怎么做才能预测出产量？

任务三　休闲活动的主题构思

活动主题也叫"活动的主题思想"，是对活动内容的高度概括，是策划所要达到具体目的的主要理念，是统领整个活动、连接各个项目、各个步骤的纽带。主题决定活动的质量高低、价值大小、作用强弱。休闲活动要为广大公众接受，就必须选好主题。从体验和文化层面来说，主题是激发人们参与的关键驱动因子。有形象说服力、戏剧性、独创性和感染力的主题，能激起接受者强烈的心灵共鸣，能调动参与者的积极性。

一、主题的创意

休闲活动主题无处不在，无时不有，只要我们有敏锐的察觉眼光，开放的策划意识，那么休闲活动的策划一定会有涌动不竭的生命活力。同时休闲活动必须去寻找不为人们所熟知的方法，使本身具备一定的"神秘气息"，从独特的视角吸引公众的热情和眼球。

"主题"一词源于德国，最初是一个音乐术语，指乐曲中最具特征并处于优越地位的那一段旋律——主旋律。它表现一个完整的音乐思想，是乐曲的核心。后来这个术语才被广泛用于一切文学艺术的创作之中。日本将这个概念译为"主题"，并我国所借用。1933 年，美国芝加哥市第二次举办世博会，并在世博会历史上首次确定主题："一个世纪的进步"。世博会上较为瞩目的展品是航空研究的成就——奥古斯特·皮卡德教授的吊篮气球升到了 48 万英尺的高空。

（一）休闲活动主题的特征

1. 目的性

活动主题的设立依赖于三大因素，即活动目标、信息个性和消费心理。活动主题以服从于活动目标为原则，只有明确了目标，能满足参与者的需求，才能为大众所接受。休闲活动参与者的观念正发生转变，从生理的需求到精神的需求，从有形要素的需求到无形要素的需求，越来越重视格调、风格、个性和象征意义、心理感受、荣誉感、归属感和身份感等。只要关注消费者的动情点，迎合了某种心理诉求，活动主题就不会偏离目标。

2. 客观性

活动主题的产生源于生活，体现生活，具有客观性。任何主题都是对现实生活的观察、体验和思考后，经过对素材的提炼和再创造的思想成果。即便是对未知世界或事物的想象，也总是由一定客观存在的原型，去发生想象的。陶行知先生说"生活即教育"。生活资源是丰富而鲜活的。休闲活动主题的选择必须抓住人们生活中的关注点，吸引人们的眼球。高尔基说过："文字是巨大而重要的事业，它建立在真实上，它们接触到的一切都要求真实。"意思是坚持以真为本的艺术趣味，并对想象材料进行集中概括加工，这种集中概括的心理过程，正是策划所要经历的过程。

3. 文化性

瑞典哲学家皮普尔认为，休闲是一种思想或高尚的态度，不是外部因素作用的结果，也不是闲暇的结果，更不是游手好闲的结果。它是一种文化的基础，一种精神状态，是灵魂存在的条件。人们对于休闲活动除了娱乐性、趣味性需求，还要求文化的享受，追求活动的文化底蕴和文化含量。休闲活动主题必须突出"文化个性"和"文化品位"，强调文化意义和文化作用，通过休闲活动培养人健全的生活方式与态度，讲求生活品质的提高及其文化素养的孕育。

福建省龙岩市新罗区洋畲村 2006 年开始发展旅游，柑橘采摘和农家已经初具规模，但仍存在旅游配套明显不足，农业产业发展单一、区域发展的带动性差，产品链条短，休闲类产品欠缺等瓶颈问题。北京山合水易规划设计院在深入调研并与各级领导、当地专家深度沟通后提出了打造"闽西第一山乡，百里生态画廊"的项目定位，同时提出通过"四大转变"带动"五化发展"的洋畲乡村旅游升级的战略思路，实现"洋畲"的品牌化，形成最具"原乡"特色与乡土生活方式的特色生态体产品，从而解决了洋畲村旅游发展所面临的问题。福建省龙岩市洋畲村已被列为国家级生态文化示范村，是福建乡村旅游的明星村。

（资料来源：http://www.shsee.com/wenhua/6226.html）

在重庆市有许多未规划的小村庄，如果要你去规划，把它建设成吸引游客的旅游村，结合乡村文化，你认为需要从哪些方面去策划？

4. 新颖性

作为活动内容的高度概括，休闲活动主题是创造和提炼出的新颖，一种升华了的个性，要有新意和深度，不能仅停留在一些表层的概念上。创意就是独创性或是突破性的点子，韦伯斯特词典给出的点子定义是"明确表达的想法或观点"。休闲活动主题要善于从新的角度发现问题，提出问题，找出差别，避免同类活动主题雷同。只有独一无二的新颖主题，才能唤起注意力，给人一种全新的心理感受。人类总是追求谜底和异国情趣，那些遥不可及的地方更令人神往，例如，香格里拉的传说吸引西方探险家到东方，寻找地平线上的失落世界；而迪士尼则以一座座的梦幻乐园吸引全世界的儿童寻找童话人物与惊奇，苹果公司的体验营销，用感情世界取代理性的经济，也深深地吸引着许多的消费者。

(二) 主题的心理诉求

1. 快乐

快乐，是人类生活发展高层次的必然需求，也是现代人类的重要心理现象，没有人愿意生活得痛苦。休闲是让人身体放松，精神愉悦，并且可以从中获得快乐和满足的活动。快乐主题是多层次的，既有身体满足的快乐，也有精神的满足，情感的充实，个人自我实现的快乐。例如，和爱人或亲朋在海边休闲，躺在沙滩上，阳光把你晒成健康的太阳色，清凉的海水滋润你裸露的皮肤，海风轻拂你的秀发，多么的自由自在，无拘无束！快乐的休闲主题极具诱惑力。

2. 时尚

生活潮流对于人们的心理冲击力很大。时尚的东西，总是新潮的，总是领导消费。从众心理的驱动下，人们或多或少地表现出一种追求时尚和新颖的需求。青年人乐于接受新鲜事物，总是喜欢特别时髦、前卫、独特的休闲活动方式，比如城市定向、低空跳伞、帆船等，是时尚的先锋。而高收入阶层，更看重休闲活动的身份象征和社会流行样式，而对活动本身的实用价值和价格高低，并不花过多心思考虑。正是这样的情结，使得近年来高尔夫成为白领、精英们的最爱。

小贴士

低空跳伞在英语中被称为 BASE Jump，BASE 由高楼（Building）、高塔（Antennae）、大桥（Span）和悬崖（Earth）这四个英文单词的首字母组成，而它们就是适合开展这项运动的四种地点。

3. 荣誉

荣誉是一种赞誉性的评价。人们平时在事业上获得成就，对社会作出贡献，总希望得到社会的尊重和赞赏，得到价值上的认可和心理上的满足。这种心理上的满足感，就是一种荣誉感。荣誉感是人类道德、文化、名誉上的精神需要。具较高社会地位人士在休闲活动中更渴望这种荣誉感，实现自我的超越。极限运动诸如登山、滑翔、潜水，是上层人士的象征。在美国，潜水和登山两项冒险活动的参与率，年收入在2.5万美元以下的个人仅为2.5%和2.8%，而年收入在十万美元以上的个人是17.6%和6.7%。中国房地产大腕万科老总王石闲暇时间里热衷于登山运动，征服一座座海拔几千米的雪山，甚至珠峰，在这样的休闲活动中得到是一种常人难及的成就和荣誉。

小贴士

高峰体验理论

马斯洛曾描述过一些自我实现者的体验状态："他们沉浸在一片纯净而完美的幸福之中，摆脱了一切怀疑、恐惧、压抑、紧张和怯懦。他们觉得自己已经与世界紧紧相连融为一体，感到自己是真正属于这一世界，而不是站在世界之外的旁观者。自我与非我的区分不复存在，'是什么样'和'应该什么样'也合二为一，没有任何差异和矛盾。更为重要的是，他们都声称在这类体验中感到自己看见了终极的真理、事物的本质和奥秘，遮掩知识的帷幕似乎一下子给拉开了。整个自我仿佛突然步入了天堂，出现了奇迹，达到了尽善尽美。"

4. 经济

高消费只是一部分人的生活，而对于一般百姓，特别是工薪阶层来说，经济实用、价廉物美是普遍的购物标准。对于休闲活动的选择也大多如此。中国是发展中国家，人均生活水平相对较低，休闲活动半径小，休闲生活消费以中低档为主，特别是低收入群体，更喜欢利用市政公共休闲设施，如免费公园、社区阅览室等参与休闲活动。运动、做手工、看电影等休闲活动花钱少，能休闲，也快乐。

5. 体验

Kelly（1999）指出休闲活动最根本的要素是体验而非结果。休闲活动给人们提供了丰富的参与机会，每个人以个性化的方式参与其中，在参与中获取体验机会，享受提供方所提供的一系列值得记忆的事件。休闲活动主题要使得体验的价值得以表现和延续，并且经久不衰。娱乐体验、教育体验、审美体验都是取之不尽的体验主题。青年学生到异国他乡游历或游学，学习当地文化与风俗，拓展个人视野，被视为独特的文化体验，引人入胜。

 小资料

崇左市城南新区果阳变电站附近，是一家真人 CS 的户外野战基地。不少热衷此项运动的市民在闲暇时间穿梭在丛林之间，体验"战争"快感。他们全副武装，时而向目标阵地发起冲锋，时而躲避四处横飞的"子弹"，战友之间相互配合，为胜利竭尽全力。黄先生是一家企业的业务主管，酷爱运动，对这项刚兴起的户外运动很热衷。周末会组织同事一起参与真人 CS 运动，这对培养员工的团队意识、战斗力和凝聚力有很大帮助。

据野战基地的负责人介绍说，这个 10 亩左右的原生态野战场今年 9 月中旬开业，平时参与真人 CS 运动的主要是商人，周末单位人员和学生比较多，还有一些现役士官、退伍军人。截至目前，户外野战基地接待顾客一千多人次。这位颇具眼光的商人还在东源名城开了一家军迷用品店，迷彩 T 恤、外套、户外背包等一应俱全。

（资料来源：http://www.kaixian.tv/gd/2014/1125/11156475.html）

6. 兴趣

著名的心理学家皮亚杰提出："参与休闲活动的主体是有主动性的人，他们的活动受兴趣和需要的支配，一切有成效的活动必须以某种兴趣做先决条件。"因此休闲活动的主题要从人的兴趣入手，根据日常的观察发现，选取人们喜爱的内容，去渗透人们的情趣、理想和对生活的热爱，产生亲切动人、感人心扉的力量。例如，孩子的心灵是最敏感的，思维是最活跃的，需求是最真实的。于是呈现出一个个灵动活泼的主题：鸟语花香的春天，七彩风筝，放飞美丽的心情；烈日炎炎的夏日，走入清凉，游泳潜水嬉戏；枫红菊黄的秋季，编写童谣，让心情随秋叶一起翩翩起舞；白雪皑皑的冬日，和小雪人一起尽情欢乐……

二、主题策划的方法

主题就是创造概念，引领潮流，创造市场。所谓概念就是突破常规，突破思维定势的现象，也许是些不相干的元素却奇妙的相容在一块，使活动主题充满创意和情调。

（一）想象力

想象力是人们对客观事物的抽象能力，是休闲活动主题创意的原动力。想象的基础是客观现实，想象的过程是想象力的发挥。思想自由奔放，"浮想联翩"，生发出无

数的思想，爆发出各种灵感，形成各种新思想，因而，能进行无穷创造。

1. 联想创新

联想过程是从一事物联系到它事物（类似、关联和对比），从现时联系到过去和将来（未知），从此地联系到彼地，通过思想的生发扩散，推而广之，而发现事物间联系真谛和新的事物，从向往的和从表面看难以实现的事物中得到启迪，从而创造出创意主题的办法。

在奥兰多的迪士尼乐园当中，出现在爱普卡中心的第一个游乐项目就是"通往想象之旅"。从表面来看这只是给的，因为它的特色就是一个可爱的紫色叫作"虚构"的生物，紫色的精灵飞来飞去，为孩子们提供娱乐，并带给他们无尽的想象。这就是一种对未知的虚构与联想。

2. 创造性思维

创造性思维并非是单一性思路。思维在思路上体现出多维性：有顺向思维、逆向思维、侧向思维。创造性思维主要体现为逆向思维上。

逆向思维有三个特点。①逆向性：专门从相反、对立的角度去思考；②批判性：逆向思维由于常常超出惯例，反传统，所以，具有"唱反调"的特点；③离奇性：逆向思维的结果往往给人以荒唐可笑、离奇古怪之感，但是透过这滑稽怪诞的表面，却可以发现许多合理因素。

逆向思维的目的就是把人的思维引向事物的隐蔽方面，提醒人们注意那些表面上的不合理事物中隐藏的合理因素。广告设计者们应该注意有意识地从事物的两面性中，去寻找并抓住有创造性的因素。

创新思维要突破心理定势的阻碍。定势是心理活动的一种准备状态或习惯化的倾向。这种倾向容易使人对刺激以某种习惯方式进行反应。在主题创意中，定势常常会起到消极的阻碍作用。

打破定势在于突破已有的、常规的思维方式，防止思维僵化。方法：突破需求障碍的立意，创造需求；突破原有的需求模式；突破认知障碍的立意；突破观念障碍的立意。

（二）共鸣

共鸣创意法即赋予休闲活动相关的含义和象征意义，通过怀旧的主题观念，唤起诉求对象珍贵的、难以忘怀的生活经历、人生体验和感受，建立移情联想，激发其内心深处的回忆，产生与活动的共鸣效果。

1. 思考要点

共鸣策略实质上是一个卖什么的问题，简单说应该是：想把它做成一个什么样主题的活动，或者说想让消费者如何看待、评述的活动。要分析以下因素：

（1）具体的消费者利益点或活动独有的诱动因素是什么。

（2）要细消费群体或者目标市场的定位分。

（3）活动最优化的运作时间（季节、具体的日期）。

（4）有哪些主要的竞争者（分析竞争者的优劣势）。

2. 策略要点

共鸣策略最适合很难具备与竞争活动明显区分的大大众化休闲活动，在拟订活动主题内容前，必须深入理解和掌握目标消费者的价值观念和生活方式。通常选择在诉求对象中盛行的或推崇的生活方式加以模仿。

运用共鸣策略取得成功的关键是要构造一种能与目标对象所珍藏的经历相匹配的氛围或环境，使之能与目标对象真实的或想象的经历连接起来。其侧重的主题内容通常是儿时的回忆、纯真的爱情、温馨的亲情、友情等。

迪士尼是一个综合性娱乐巨头公司，拥有众多子公司，并且业务涉及的方面有很多，包括：影视娱乐、主题乐园度假区、消费品和媒体网络。迪士尼乐园是美国电影动画师沃尔特·迪士尼建立的世界上著名且顶级的主题公园，覆盖全国各地。香港迪士尼乐园位于大屿山，环抱山峦，与南中国海遥遥相望，是一座融合了美国加州迪士尼乐园及其他迪士尼乐园特色于一体的主题公园。香港迪士尼乐园包括七个主题区：美国小镇大街、探险世界、幻想世界、明日世界、灰熊山谷、迷离庄园、反斗奇兵大本营，每个主题区都能给游客带来无尽的奇妙体验。除了家喻户晓的迪士尼经典故事及游乐设施外，香港迪士尼乐园还配合香港的文化特色，构思一些专为香港而设的游乐设施、娱乐表演及巡游。在乐园内还可寻得迪士尼的卡通人物米奇老鼠、花木兰、灰姑娘、睡美人、白雪公主、美人鱼……

（三）组合

组合创意法指的是以市场定位和活动差异性为基础，将散乱无序的材料赋予独特的艺术表现手段，对旧元素进行有目的重组配置，无论是同质还是异类的元素，形成新的组合，使之转化为具有统一整体功能的创意主题。

（四）强化

强化创意就是要善于捕捉活动的特点、重点，努力挖掘活动的"眼"，也即是活动最精彩之处，在对活动要素深度挖掘，大胆取舍，重新组合，适度联想，充实内容，强化其主题表达能力。活动主题一定要明确清晰，要防止求多求全，面面俱到，避免活动主题的分散化，即主题策划过程中一直不能形成一种集中的明确的中心思想。

1. 智能放大

智能放大是强化法的一种运用。智能放大是指对事物有全面而科学的认识，然后在这种认识的基础上对事物的发展作夸张的设想，运用这种设想对具体项目进行策划。这种策划方法容易引起公众的议论，形成公众舆论的焦点，进而很快拓展其知名度，形成炒作的原料。"没有想不到的，只有做不到的"，这是这种策划方法的原则。但是这种策划方法并不是一味地往大处想，而是在现有的客观条件下，合理地考虑到公众的心理承受力，这就是说，智能放大法是有一定风险的，过于夸张，容易导致策划向反面发展，从而彻底改变策划的初衷。

 小资料

麻将的历史其历史可追溯到三四千年以前，"筒"的图案就是火药枪的横截面，"筒"即是枪筒，几筒则表示几支火药枪。"索"即"束"，是用细束绳串起来的雀鸟，所以"一索"的图案以鸟代表，几索就是几束鸟，奖金则是按鸟的多少计算的。"万"即是赏钱的单位，几万就是赏钱的数目。此外"东南西北"为风向，故称"风"，火药枪射鸟应考虑风向。"中、白、发"："中"即射中之意，故为红色；"白"即白板，放空炮；"发"即发放赏金，领赏发财。适度地打麻将可以休闲娱乐，锻炼身体。

（资料来源：http://baike.haosou.com/doc/5367855 - 5603628.html）

2. 传播强化

在一次活动中，不能做所有的事情，只有把当前最值得推广的一个主题，而且也只能是一个主题传达给活动参与主体，正所谓"有所为，有所不为"。要善于从要点强化、突破、放大，甚至要大肆张扬，把这个独特点广泛传播出去，以求获得目标对象的关注、重视，产生兴趣和欲望。参加活动的主体寻求的是独特奇异，以差异化为基础的创意联想，一旦达到独特性之时，吸引核形成了，独特性卖点就产生了，活动吸引力才得以形成。

休闲活动的主题强化与罗瑟·瑞夫斯（Rosser Reeves）提出 USP 理论有异曲同工之妙。USP 理论要求向消费者说一个"独特的销售主张"（Unique Selling Proposition），其核心是给消费者一个的明确利益，一定是该品牌独具的，是竞争品牌不能提出或不曾提出的，而且必须具有足够力量吸引、感动广大消费者。

（五）现有主题的拓展

对于周期性举办的休闲活动而言，存在着与时俱进的问题。休闲活动主题的常变常新，既要随时关注现时消费者需求的新特点，又要考虑活动自身的一致性和延续性。在现有主题的基础上深入挖掘新的元素，通过充实深化、添加附会、联想延伸、剪裁组合等方法，提炼内涵更深层的活动主题理念。

1. 既有主题横向的扩展

对已经开发出来的主题进行广度的扩展，从各个层面对活动进行拓宽。广泛地涉猎与既定主题相关的领域，进行跨行业、跨学科、跨体系的休闲活动主题设计，扩展主题内容的涵盖面，使休闲活动的策划可以由一个简单的主题扩大到很多的主题，从而使人们更加有参与的欲望。

小贴士

11 月 18—20 日、22—24 日，由丽水市农办、丽水市农家乐协会主办，浙江农家乐上海营销中心承办的上海团和杭州团走进丽水农家乐采风活动正式举办。本次采风活动也是 2014 丽水生态精品农博会的后续活动之一。来自上海、杭州有关旅行社、社区和工会的近 100 位代表先后考察了莲都区在水一方写生创作中心、诗画利山，龙泉市金观音庄园、披云龙泉青瓷文化园，云和县紧水滩镇龙门村，遂昌县竹炭博物馆、长濂鞍山书院、大柘镇大田村、湖山温泉度假村等农家乐及农家乐综合体。同时，结合采风活动，主办方还为上海遂昌旅行社、浙江青年时报社分别授予丽水农家乐驻上海联络点、驻杭州联络点牌匾。

此次活动的举办，既让大家在采风活动中了解丽水农家乐和农家乐综合体，又增进了农家乐业主和旅行社、社区、工会的交流。同时，通过本次采风活动，让采风代表们能身临其境地感受丽水农家乐的魅力，发挥各自行业优势和特长，组织和引领更多的游客走进丽水农家乐、了解丽水农家乐。

（资料来源：http://www.zjnjl.gov.cn/a/xianshizhizhan/lishui/2014/1125/101376.html）

2. 既有主题纵向的开发

对已经存在的主题进行深度的挖掘，从各个层次对活动进行更进一步的深度开发。把既有主题结合时代进行改进，充分体现出主题的时效性特征。把过去存在的主题中尚未被挖掘出来的内涵进一步的开发出来，使旧的主题呈现出新的特征。

佘山登高

在美丽的佘山脚下，月湖广场，来自上海市四面八方的朋友们欢聚在一起，共同参加上海佘山元旦登高活动。随着发令枪的一声枪响，参加竞赛组、健身组的市民先后从月湖雕塑公园南大站出发，途经林荫新路、外青松公路，最后登上东佘山，全程2010米。在上山的路上，大家个个精神抖擞，无论是年轻人还是两鬓斑白的老者都在奋力攀登，临近山顶更是你追我赶。登山参与者李巍表示，新年第一天，到户外登山，呼吸着新鲜的空气，欣赏着美丽的自然景色，尤其是登到山顶感受到的心旷神怡，整个人都觉得精神了，精力充沛了，有了一种加满油的感觉。

小贴士

作为上海的生态示范区，松江区已连续两年举办新年登高活动，并曾将登高活动的主题定为"在户外，到阳光下"。而2014年推出的主题"余天成堂"既延续了原有主题的思想，又使登高活动开创了一个新的高度，既是一个生活的高度，更是一个精神的高度。松江是上海之根，上海之母，这里得天独厚的地理、人文和生态条件，使城市生活与自然环境和谐共存，也将松江宜居城区的理念体现得淋漓尽致。举办登高活动正是松江区借助这一典型环境，推广有品质的度假休闲生活方式，打造休闲城区。

三、主题选择问题分析

明确了想要达到的效果，如何衡量创意？挑选出最好的创意并加以实施，这是一件富有挑战性的事情。需要很多的人达成共识，整个过程就会更加复杂。问题分析有助于提供精确的情况，以确定什么才是一个解决某一特定问题最好的创意的观点。

（一）问题列表

在很多实例中，这些问题可以用一份问题列表十分清晰地表示出来。

一份问题列表至少要包括：

（1）将要被改善的（问题）的描述，包括定性的和定量的：对有多少决策者会受到最大的影响的定性和定量的分析。

（2）问题原因的解释：问题推论的描述。

这些问题可以交给几个指定的小组讨论，可以确定几个小组达成统一的就是关键的问题。问题列表这对于同时确定几个问题是很有益的，但是它不能确定问题内在的联系。

（二）问题树

另一个方法是从一开始就把这些问题的内在联系建立起来，这被称为"问题树"或者"问题网络"，这种方法对于复杂的项目显著地具有可靠性。

1. 建立一个问题树

对问题结构的分析的目的在于：

（1）对于显示问题不同方面的联系的现状给出一个总体的看法；

（2）从决策者给出的观点中结合现状确定最主要的问题；

（3）将这些问题之间的关系形象化为因果关系的网络；

（4）将其为目标网络发展为成体系的基础。

要建立一个问题树，让小组里的每一个人把他们认为的项目核心中的问题是什么写在卡片上，每张卡片上只能有一种观点，然后把它们全部贴在一面墙上，以便于整个小组可以对它们进行讨论。

问题树中的层次是各自相关的：其中的某一个问题既是产生另外一个问题的原因，也是某一个问题的结果。按照因果关系将它们排列起来。你可以通过把各个主要的矛盾分别写在一张纸或者一张卡片上来确定这些问题。

你的问题树可以通过将所有卡片有层次地排列起来所呈现出来（就像树根那样）。那些最初的问题产生的原因排列在它下面，而最初的问题导致的结果排列在它上面。所有的问题都是同等的重要，不同层次中的不同位置并不能说明问题的重要性。花费在构造、完善问题树上的时间是值得的，只有当问题树中所有的联系都非常清晰时才达到最好的状态。

2. 问题分析程序

一旦你画出了单一的问题树，通常将进入为确定冗长和交叠部分（问题树中）的讨论的时期。对事实进行确定：你是否有足够的资源或者专门技术去解决它？你可以因此确定将会在你的项目核心处部分发生的问题的开端。一旦你确定了问题的开端，从墙上拿掉其他卡片，并且向小组成员提问：他们认为什么才是这个问题的直接原因？

如果能注意以下几点，将简化问题的分析：

（1）从认可最初的问题开始；

（2）从确认导致最初的问题的直接原因开始进行；

（3）确认每一个原因的直接原因；

（4）从确认最初的问题所导致的结果进行；

（5）每一个处于在问题中更高一层位置上的问题都有更多的原因。

认真分析上述问题，把握问题之间的复杂联系，才能做得更好。

四、创意评估方法

休闲活动策划中存在很多评估新创意的技巧。这些不同的评估方法可以在你独自一个人的时候使用，也可以在整个团队当中使用。

1. "六顶思考帽"评估技巧

"六顶思考帽"技巧是由爱德华·德·波诺（Edward de Bono）发明的。他是创造性思维以及思维训练领域里最有名的作者之一。这个技巧可以帮助你快速评估几乎所有的创意。

使用这个技巧的时候，一个创意被放进一顶想象中的彩色帽子当中，然后由评估者进行试戴。每一种颜色的帽子代表评估创意的一种思考模式，或者是一种观点。每一个想出的创意都需要放进每一顶帽子当中进行试戴。你每次只能依靠一顶帽子来进行判断和决定。

（1）蓝帽子：这顶帽子是用来在分析你的创意的时候控制评估过程，选择最好的路径的。问问自己：下一步该做什么？到目前为止我做得怎么样？各种颜色的帽子应该以何种顺序使用？

（2）黄帽子：用这顶帽子促进正面思考的能力。问问自己：这个创意哪些方面是有效的？这个创意的优点是什么？会带来什么好处？谁将会从中受益？这些益处从何而来？对目前的情况而言，这个创意合适吗？

（3）红帽子：考虑自己的直觉，感觉和情绪。问问自己：我对这个的感觉如何？我有什么样的直觉？你的直觉不需要得到证实，它只是作为一个作决定时的考虑因素。

（4）黑帽子：这顶帽子不但能助你提供一个逻辑的思考方法，而且还是关于判断和警示的好帮手（如果需要的话）。问问自己：这个创意的哪些方面是不现实的？存在哪些问题？在评估创意的时候使用这顶帽子能阻止你做出冲动的判断，做出不理智的事情。这个方法的缺陷就是容易过度挑剔或是过分地去分析事物，所以不用过度了。

（5）白帽子：这顶帽子代表需要事实和像是研究数据之类的数字。问问自己：还需要哪些信息和研究数据？还缺少哪些信息？我怎么样才能获得所需要的那些信息？还缺少哪些事实和数字？

（6）绿帽子：这个帽子强调你的创意（垂直思维）鼓励你在原有创意的基础上进行更进一步的改进和扩展。问问自己：我还有什么新的创意吗？还有什么另外的可能性？还有什么可能的想法？

2. PMI 决策技巧

另外一个进行创意决策的简单技巧叫作 PMI（正面—负面—关注点，Postive-Minus-Interesting）。你可以用它来衡量一个创意的正负两面以及主要的关注点。

（1）创建一个 PMI 表格。使用这个技巧的时候，需要在一张白纸上面画一个表格。每一栏的标题包括正面、负面及关注点。在"正面"这一栏里，列出所有实施你的创意所能带来的积极方面。接下来在"负面"一栏里写下所有跟该创意相关的消极方面。最后在"关注点"一栏写下通过实施你的创意可能经历的正面和负面的结果。如下表所示。

PMI 表格

正面 （积极方面及优点）	相对分数	负面 （消极方面及缺点）	相对分数	关注点

（2）创意评估。这一切都做完之后，重新审视"正面""负面"两栏。哪一栏的列表比较长？很有可能是否要实施这个创意就变得显而易见了。如果到这里还不能作出决定的话，给每一栏里的每一点进行评分，分数从 1（最重要，最相关的）到 5（最不重要，最不相关的），每增加一分，重要性和相关性就会增加一点。把每一栏的分数加起来，看看哪一栏得分比较低。如果"正面"的分数比"负面"的分数低，就意味着你可以继续努力去实施这个创意。当然你所给出的是主观的，可能需要更多的意见来做出决定。

五、主题口号

主题口号是活动主题的外在界面和表现形式，它以一句言简意赅，朗朗上口的话概括出主题的核心概念，具有深刻内涵与广泛影响力，是打入活动参与者和社会公众脑海的关键。

（一）主题提炼

活动的主题是多样的，它既可以是一句口号，也可以陈述式表白。一条有穿透力、有深度、有内涵的活动口号其传播的力量是无穷的，而且往往会成为目标消费者的某种生活信条和生活方式。

1. 描述

首先熟悉活动情况与市场调查的资料，然后用不要超过 20 个字的文字将活动描述下来，这二十个字要包括活动的特点、功能、目标消费群、精神享受四个方面的内容。

角色扮演可以帮助你从别人的角度来看待问题。扮演潜在客户的角色，思考他们会怎么做、会如何想，在这种思想状态下解决活动描述的问题。它不要仅仅考虑别人，还需要自己变成别人，独自或在一个团队里模拟出那些场景。如果你正在思考关于休闲活动的主题创意，你可以试着把你自己放在顾客的角度上，成为他们当中的一员，从他们的角度考虑活动的设计和功能。

2. 承诺

提问：应该向活动的参与者承诺什么？这一点很重要，若没有承诺，就没有任何人会参加你的活动。承诺越具体越好，不要写下连你自己都不能相信的承诺，你的承诺靠什么有保证，需要在文案中要描述清楚。

3. 创意

确定一个核心创意，也叫大点子、大创意（Big Idea）。这个核心创意一是简洁，二是可延伸成系列口号的能力很强，三是原创性，可以震醒许多漠不关心、漠然视之的消费者。

创意语言要新颖，就要注意从生活中提炼警句、名言，使广告词既幽默又有哲理性，寓含人情味、寓含心意。此外，表现手法也要新颖，要有新的艺术构思、格调和形式。例如，概念的创新，从传播的角度来讲，创新性的"概念"设计只有通俗易懂才能最大限度地降低传播成本，在众多的传播中引起关注，形成和消费者真正深层次的沟通。

例如，运用了拟人的手法，把活动做得更人性化，创意相当生动。逆向思维：别人总是说自己是老大，如果你承认自己老二，就不同凡响，别人说"红"，你却说"黑"，往往就会出人意料；情景想象，展开创意非常富有人情味；借助热点话题、新闻，效果就会非同凡响，妙不可言；利用比喻、象征、联想等手法，将某一特点与某一物象或其他事物相比或产生联想，往往会出现比较惊人的效果。

（二）语言技巧

主题口号主题看似简单，但设计难度很大，它既要虚拟、拔高，又不能空谈概念和玩弄文字游戏，或口号化，必须贴近受众心理。

1. 深刻

深刻的思想性，富有哲理的概括和提炼，是对活动主题口号的基本要求。一条高起点的主题口号就是该活动的精神和思想，内涵相当深刻，与通俗化并不矛盾，它所主张和诉求的价值理念与目标消费者的价值理念是高度和谐与对称的。

2. 新颖

主题口号要创造自己独特的新意，要用一种富有个性的视角，对活动所传达的信息进行重新组合，在吸引受众"眼球"的同时，引起受众的心理感应，并唤起一定的愉悦情感。

3. 鲜明

活动主题必须观点明确，概念清楚、重点突出，主题口号单一、简洁、集中，避免因传达的信息量过大而造成主题扩散化，使人不得要领，从某种意义上讲，主题口号的确定，单纯就是鲜明。诉求方向上集中在品牌的主张、承诺或对消费者的利益点层面。

4. 刺激

主题口号要有一种冲击力、感染力、感召力，让人感觉新意扑面，对感官有一种强烈的刺激作用，在情感上产生共鸣。这种刺激来自主题的一种内在气势，来自新奇的用语，来自活动主题与消费者个人的利益关系。

5. 简单

好的主题口号是易于传播的，简单、精练、易读、易记。字数以 7～10 个字为宜，无生僻字、易发音、无不良歧义、具有流行语潜质。精选一些人们喜闻乐见的"大白话"，如"我运动、我快乐、我健康"，往往能亲切、自然地突出要点，诉求相当明确。主题口号要注意信息的简洁性，卖点太多，语句太长，都不便于记忆和传播。

重庆都市旅游

在第 4 个中国旅游日期间，举行重庆都市旅游经济区主题宣传口号及形象标识征集活动，将重庆都市旅游丰富的旅游资源组合，对于打响重庆都市旅游品牌，提升重庆都市旅游知名度和影响力都有极其重要的意义。渝中区旅游局局长秦如梅表示，通过本次征集活动，进一步彰显重庆都市旅游魅力。专家们和主城九区旅游局代表进行了激烈讨论，各自都表达了看法和建议，最终，"凝巴风渝韵，聚天下繁华""九区商旅通天下，巴渝江山秀九州""渝都之恋，精彩'城'现""一城山水韵，千年都市魂""热辣都市，多彩重庆""一城山水韵，千载巴渝风""都市旅游，'渝'悦全球"7 条主题宣传口号及 3 件形象标识作品获得入围奖。这 7 条主题口号既反映出了重庆的本土特色，又简洁明了，吸引更多的游客来渝旅游，享受这美好的生活之旅。

（资料来源：http：//www.cq.xinhuanet.com/2014-05/20/c_1110774068_2.html）

 **想一想**

重庆本地有许多的旅游景点，请你为一些旅游景点的具体游乐设施设置主题口号，如磁器口、解放碑、朝天门、洋人街等。

 **小贴士**

中国及国外旅游地主题口号

北京市：不到长城非好汉　　　　　　上海市：上海，精彩每一天

重庆市：世界的重庆，永远的三峡　　广州市：一日读懂两千年

长沙市：多情山水，天下洲城　　　　成都市：成功之都，多彩之都，美食之都

桂林市：桂林山水甲天下　　　　　　大连市：浪漫之都，中国大连

法国——浪漫之都，魅力国度，优雅之都　加拿大——四季皆宜的旅游胜地

曼谷——天使之城　　　　　　　　　新加坡——Live it up！尽情享受新加坡

瑞士——世界的公园　　　　　　　　埃及——历史的金库

佛罗里达州——与众不同　　　　　　西班牙——阳光下的一切

本章介绍了活动策划的内涵、特征及休闲活动策划的诸多方法。休闲活动策划是实现战略的系统工程，是一个涉及众多领域、部门的有机整体。休闲活动策划主要方法包括整体策划方法和群体策划方法。

本章的重点是休闲活动主题的策划，内容包括休闲活动主题心理诉求特征，想象、共鸣、组合、强化等主题策划的方法，主题创意评估的问题分析和评估技巧，以及主题口号的提炼和语言技巧。书中大量案例的运用和图片是本章的鲜明特点，通过对案例的阅读使得我们更加理解书中理论知识。

复　习　题

一、单项选择题

1. "六项思考帽"的评估创意技巧当中哪种思考帽是促进正面思考的能力？（　　）

A. 蓝帽子　　　　B. 红帽子　　　　C. 黄帽子　　　　D. 黑帽子

2. （　　）讲的是利用现有产品中的不足加以改进并创造出新的东西。根据它的精神创造归纳出一种新的创意性思维方法。

A. 优点酶化法　　　　　　　　　　B. 头脑风暴法

C. 整体思维法　　　　　　　　　　D. 德尔斐法

二、多项选择题

1. 休闲策划的特征有哪些?（　　　）

A. 目的明确性　　　　　　　　　　B. 方法系统性

C. 背景清晰性　　　　　　　　　　D. 执行流畅性

E. 主体新颖性

2. 下面哪些属于整体策划方法?（　　　）

A. 系统分析法　　　　　　　　　　B. 罗列分解法

C. 重点强化法　　　　　　　　　　D. 借势增值法

E. 头脑风暴法

3. 下面哪些属于主题策划方法?（　　　）

A. 想象　　　　　　　　　　　　　B. 共鸣

C. 组合　　　　　　　　　　　　　D. 强化

4. 下面哪些属于主题的心理诉求?（　　　）

A. 快乐　　　　　　　　　　　　　B. 时尚

C. 荣誉　　　　　　　　　　　　　D. 经济

E. 兴趣　　　　　　　　　　　　　F. 体验

5. 下面哪些属于休闲活动主题特征?（　　　）

A. 目的性　　　　　　　　　　　　B. 文化性

C. 客观性　　　　　　　　　　　　D. 娱乐性

三、简答题

1. 什么是策划? 如何理解策划是实现战略的一种系统工程?

2. 休闲活动策划的五个方面的主要功能是什么?

3. 共鸣理论的主要内容是什么? 在休闲活动主题策划中如何运用?

4. 请举例说明书中介绍的休闲活动策划方法的实际运用。

5. 请设计不同主题的户外休闲活动，并提出创意的主题口号。

四、实训

【实训名称】

收集中国与国外的旅游地主题口号。

【实训内容】

选择某个城市或者国家，搜集你喜欢的当地旅游地主题口号，并说明你为什么喜欢它，它好在哪里。

【实训步骤】

先选取城市，然后搜集有关方面的主题口号，之后说明它的优点。

【实训点评】

学生通过对当地的旅游主题认识的实训，可以了解策划主题构思的含义和作用，同时也能深刻理解策划的原则和原理。

 小案例

两岸咖啡西餐厅圣诞节活动方案

完善统一咖啡西餐经营项目，通过圣诞节非凡的日子，把握西餐行业消费旺季，提高两岸咖啡知名度和人气指数，结合省会西餐市场发展现状，采用严谨的营销策略执行操作，以"免费品尝咖啡"为引线，以"圣诞节"为主题贯穿整个活动，制定出适合两岸咖啡占领省会市场可行性操作系统及实施方案，使两岸咖啡在××年年末成功运作，开创省会西餐行业新篇章。临近冬季，正是餐饮市场火爆阶段，两岸咖啡应尽快做多种活动宣传，以吸引客源，在春节前稳步经营，达到快速赢利的目的。经过充分市场调研，以独到的创意、多年酒店成功操作的经验，在临近圣诞节之际，为两岸咖啡策划了"'两岸咖啡'圣诞节活动"，此次活动延伸宣传范围，加大宣传力度，进行有目的的实施策略，为扩大两岸咖啡社会知名度、品牌美誉度、消费认知度打下坚实基础。

真情两岸——免费品尝咖啡活动

圣诞节是西方最重要的日子，而近几年在中国，圣诞节亦是都市人日趋崇尚的重要节日，通过免费品尝咖啡，体现两岸咖啡近距离走进消费者中，以极具亲和力的表现手法，提升品牌的诚信度及社会效应，就能把消费者带入两岸咖啡深层次的境界，大量的形象展示为活动的顺利召开起了很好的推动作用。

两岸咖啡圣诞亲善大使赠予礼物活动

圣诞树上的雪花悄然无声地飘落，风捎来醉人的醉声，当夜色铺满天空，平安夜的歌声唱起，我们再一次在欢歌笑语的圣诞节相遇。为培养文化的人气指数，我们特邀五位圣诞亲善大使为在两岸咖啡消费的宾客赠予圣诞礼物。同时，在圣诞礼物上标有两岸咖啡的主题标语或祝福语。（例如，"成功沟通""始于两岸咖啡""祝各界宾鹏圣诞节快乐"）品牌与消费者零距离接触，能够留下过目不忘的印象，起到推动两岸咖啡品牌广告效应。

两岸咖啡中外嘉宾圣诞大联欢活动

整个酒店装扮成圣诞的气氛，使他们有重归故里的感觉，给他们营造家的享受，

在欢乐祝福的同时，品尝家乡的美食，聆听悠扬的钢琴曲，飘散在橙色的灯影里，三分迷离，七分柔情，感受法国的浪漫、英国的含蓄、美国的奔放等。感受西餐文化带给人们的愉悦享受，感受超值服务的优越性。通过外教嘉宾的参与引发两岸咖啡圣诞节活动的高潮，吸引新闻媒体的广泛关注，整个活动气氛热烈、高雅，倡导时尚消费理念，两岸咖啡西餐文化得到了最大的渲染，使本次活为两岸咖啡前期宣传打下坚实的基础，突出两岸咖啡深厚的文化底蕴。

消费者可以在活动时间内免费，享受一定优惠服务措施（品尝手工咖啡、优惠券、打折卡及礼品的赠予，招牌菜的特价推出），塑造两岸咖啡品牌知名度和美誉度。

引领两岸咖啡由普通消费阶层向高档位转型，彰显企业尊贵色彩，弘扬品牌文化理念，推动西餐行业健康有序地发展，促进西餐行业流畅沟通。

（资料来源：http://blog.sina.com.cn/s/blog_5c4f65030100ev67.html）

案例分析： 此次两岸咖啡的圣诞节活动策划的主题是围绕着圣诞节所进行的一系列策划，目的在于提高两岸咖啡的品牌知名度，吸引更多的消费者。活动的策划方法和思路简洁明了，活动的主题口号是"成功沟通""始于两岸咖啡"，寓意深刻。

项目四 休闲活动项目

任务导入

吃是旅游活动中不可或缺的部分。小王是一名应届毕业生，他想开一家有特色的餐馆来开启事业的第一桶金。在给餐馆定位的过程中，他选定了以啤酒为主题。

如果你是他的合伙人，应如何策划？

学习目标

1. 知识目标

牢记项目的概念、特征、选择的原则。

理解休闲项目开发的要素。

2. 能力目标

能够构建目标树。

能够按开发流程策划休闲项目。

任务一 休闲活动的项目选择

人类历史与社会的发展依赖的是项目，项目管理有悠久的实践历史。传统项目管理的理念起源于建筑领域，科学项目管理方法开始于国防工业，当代项目与项目管理具有广义的概念。

本章从项目管理的角度论述休闲活动管理，以项目投资的思想规划：站在项目群角度规划发展，体现系统的项目立项、决策与投资思想，充分进行项目的投资系统规划研究；以项目管理的手段建设：土地的盘活、基础设施项目的投资回报补偿机制、无形资产的商业化、多元化融资渠道、招投标机制及项目投资过程的监控；以项目运营的方式管理：建立以项目为服务中心的新理念、转变政府职能实行项目资产所有权与经营权的分离、实现以项目为经营主题的管理思想。

项目策划是一个制定航海图的过程；理念是罗盘的指南针；创意是休闲活动的核心理念之一。好的休闲活动项目需要创意设计，并通过具体的休闲活动项目得以实现。

对于选中的项目需要进行可行性研究与论证，并研究如何将休闲活动的价值进行资本化，予以量化评估，从而使资源可以作为资本，发挥其撬动融资的功效。

正确地选择项目往往比正确的策划和实施项目更具有战略意义。在选择项目时，应综合考虑各项目（建议）的收益与风险、项目间的联系、活动的战略目标和可利用资源等多种因素，选择最适合的项目组合，使项目组合的整体绩效和价值最大化。

一、休闲项目的概念

（一）概念

所谓项目，简单地说，就是在既定的资源和要求的约束下，为实现某种目的而相互联系的一次性工作任务。

组织或策划人需要对各种项目机会做出比较与选择，将有限的资源以最低的代价投入到收益（社会、经济、文化）最高的项目中，以确保休闲活动达成目标，这就是休闲活动策划的项目选择。

根据美国项目管理协会（PMI）的统计，全球国民生产总值的四分之一以上是以项目的形式运作的，同时，很多非项目主导的组织也是以项目的形式进行动作。项目选择是项目管理的重要内容，成功的项目管理离不开正确的项目选择，对休闲活动能否成功起着至关重要的作用。

休闲活动项目即指人们在日常闲暇的时间里所进行的，可以放松身心的各项活动。它具有一定的规模，可以是单一的活动，也可以是几项活动的组合。

休闲活动是社会生活的一种表现，是相对于正常工作的一种自由生活体验。

（二）休闲项目的分类

休闲活动是多种多样的，常见的有棋牌娱乐、体育运动、旅游、节庆活动等。我们可以将之进行分类：

1. 按方式分类（如表 4 – 1 所示）

表 4 – 1 休闲方式分类

一级分类	二级分类	休闲项目
消遣娱乐类	文化娱乐	歌、舞、影视、听广播、上网、电脑游戏等
	吧式消费	酒吧、陶吧、书吧、迪吧、水吧、氧吧、咖啡屋、茶馆等
	闲逛闲聊	散步、逛街、逛商场、当面闲聊、短信闲聊、电话闲聊等

一级分类	二级分类	休闲项目
怡情养身类	养花草、宠物	花、草、树、虫鱼、鸟、兽及其他宠物等
	业余爱好	琴、棋、书、画、茶、酒、牌、摄影、收藏、写作、设计、发明等
	美容、装饰	美发、美容、化妆、裁剪制衣等；家庭环境或个人居住环境的精细装修、装饰等
休育健身类 （如图4-1所示）	一般健身	太极、跳操、游泳、溜冰、桌球、保龄球、高尔夫球以及各种健身运动等
	时尚刺激型	跳伞、蹦极、攀岩、漂流、潜水滑草、航模、动力伞、水中狩猎、探险等
旅游观光类 （如图4-2所示）	远足旅游	欣赏和体会异地自然风光、名胜古迹、历史文化遗产、民族风情等
	近郊度假	城市绿地、公园、广场、动物园、植物园、古镇、岛屿、度假村、农家乐、旧野游玩等
社会活动类	私人社交	私人聚会、婚礼、生日、毕业、开业、升职、乔迁、获奖等
	公共节庆	各种民族传统节日、纪念日庆典、旅游节、特色文化节、宗教活动等
	社会公益	社会工作、公益活动、志愿者服务等
教育发展类	参观访问	博物馆纪念馆、展览馆科技馆、烈士陵园、宗教场所、特色街道、工业园区等
	休闲教育	学习乐器、声乐、舞蹈、书法、绘画、插花等

2. 按照休闲项目的投资性质分类（如表4-2所示）

表4-2 休闲项目的投资性质分类

专门投资建设类	疗养院、度假村、宾馆、酒吧、茶艺馆、咖啡厅、啤酒屋、夜总会、歌舞厅、影剧院、游乐场、俱乐部、健身房、球技馆、游泳馆、美容院、按摩室、书画斋、博彩城、民俗园、博物馆、高尔夫球场、城市公园、城市广场、旅游景区、自然保护区、海滨浴场、森林公园、农业观光园、植物园、游泳场、滑雪场等
非专门投资建设类	城市街道、特色街区、大型购物商场、大型图书市场等

图 4 - 1　休育健身类休闲活动用品

图 4 - 2　旅游观光类休闲活动场景

有一些专门建设类的休闲项目需要大量的资金投入，规划时所需的流程也比较复杂。如博物馆、旅游景区等。

3. 按照休闲项目的消费门槛分类（如表 4 - 3 所示）

表 4 - 3　　　　　　　　　　　　　休闲项目的消费门槛分类

高消费类	疗养院、度假村、宾馆、酒吧、咖啡厅、啤酒屋、夜总会、歌舞厅、影剧院、俱乐部、美容院、按摩室、博彩城、高尔夫球场等
低消费类	旅游景区、自然保护区、海滨浴场、森林公园、农业观光园、植物园、茶艺馆、游乐场、健身房、球技馆、游泳馆、书画斋、滑雪场民俗园、博物馆等
无消费类	城市街道、特色街区、大型购物两场、大型图书市场、城市公园、城市广场等

在休闲项目的规划的过程中，很多时候同一个项目糅合了多个高、低、无消费类

的休闲项目，以满足不同消费层次的消费者的需求。

4. 按休闲项目的活动空间分类（如表 4 - 4 所示）

表 4 - 4　　　　　　　　　　休闲项目的活动空间分类

室内休闲	疗养院、度假村、宾馆、酒吧、茶艺馆、咖啡厅、啤酒屋、夜总会、歌舞厅、影剧院、游乐场、俱乐部、健身房、球技馆、游泳馆、美容院、按摩室、书画斋、博彩城、民俗园、博物馆、大型购物商场、大型图书市场等
户外休闲	风景区、自然保护区、海滨浴场、森林公园、农业观光园、植物园、游泳场、滑雪场、高尔夫球场、城市公园、城市街道、特色街区、城市广场等

5. 按休闲项目的经营特点分类（如表 4 - 5 所示）

表 4 - 5　　　　　　　　　　休闲项目的经营特点分类

商业经营类	疗养院、度假村、宾馆、酒吧、茶艺馆、咖啡厅、啤酒屋、夜总会、歌舞厅、影剧院、游乐场、俱乐部、健身房、球技馆、游泳馆、美容院、按摩室、书画斋、博彩城、民俗园、博物馆、风景区、自然保护区、海滨浴场、森林公园、农业观光园、植物园、游泳场、滑雪场、高尔夫球场等
非商业经营类	大型购物商场、大型图书市场、城市公园、城市街道、特色街区、城市广场等

二、休闲项目的特征

一般来说，休闲项目具有如下的基本特征。

（一）明确的目标

其结果只可能是一种期望的产品，也可能是一种所希望得到的服务。

（二）独特的性质

每一个休闲项目都是唯一的；项目实施的一次性；前所未有的尝试；其产品或服务在某些特殊的方面有别于所有其他的产品或服务；不同的设计、技术、地点、所有者、承包商。

（三）资源成本的约束性

每一项目都需要运用各种资源来实施，而资源是有限的。

（四）暂时性

有明确的开始时间和结束时间；明确的实施结果（成功、失败、终止）；通常针对短暂的市场机会不能重复；组织机构和人员的暂时性。

（五）项目的不确定性

在项目的具体实施中，外部和内部因素总是会发生一些变化，因此项目也会出现不确定性。

有人问两个正在砌砖的建筑工人："你在做什么？"第一个工人回答："没什么，我正在砌砖。"第二个工人则回答："我正在建筑一座伟大的教堂。"

问题：这两个人的回答有什么区别？

三、休闲项目选择的原则

为何选择这个休闲项目而非那个项目，也不是随意为之的。它有着一系列的原则。

（一）符合项目发展战略

战略是通过休闲项目来实施的，每一个休闲项目都应和组织的发展战略有明确的联系，将所有休闲项目和组织的战略方向联系起来是活动成功的关键。

1. 选择合适的项目

俗话说"隔行如隔山"，在休闲活动项目选择中也是如此。在进行休闲活动的项目选择时，必须选择适合不同群体的不同项目来进行策划，尽量选择与不同群体的特征能够挂得上钩的项目。

2. 看准市场前景

所发展的休闲活动项目要有直观的利润。有些休闲活动项目的需求很大，但是成本高，利润低，在对这一类的活动项目进行选择时，就必须谨慎考虑，仔细核算投资与收益的比值，小心行事。

3. 注重潜力

休闲活动项目的流行有时段性，选择时候不能人云亦云，尽挑一些目前最流行最赚钱的行业，没有经过任何评估就一头栽入。

4. 要周密考察和科学取舍

对获取的各种信息要善于分析调查，不能简单地选择某个休闲活动项目，要对想要选择的项目进行多方面的观察和了解，选取前景好且能带来较大收益的项目。

（二）资金来源可靠

在选择项目时，必须考虑分析该项目可行性报告是否真实可靠，前景及运作如何，因此，资金的需求及短缺直接影响着工程项目的建设发展。

（三）项目组合最优化

休闲项目选择是对一个复杂的系统进行综合分析与判断的决策过程，其影响因素有很多。

在选择项目时，应综合考虑各项目建议的收益与风险、项目间的联系、组织的战略目标和可利用资源等多种因素，选择最适合的项目组合，使项目组合发挥最大效益。

四、休闲项目管理

休闲项目管理是项目管理者为实现项目目标，而执行的管理职能（计划、组织、控制、沟通、激励）。

它是一种对项目从论证、立项、筹资、计划、组织、实施、控制到运营的一套系统管理方法（如图4-3所示）。它通过一个临时性的专门组织，对项目进行有效的计划、组织、指导和控制，以实现对项目全过程的动态管理和项目目标的综合协调和优化。

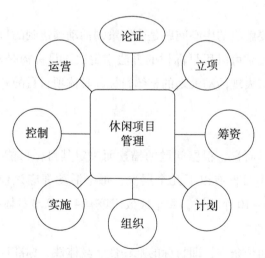

图4-3　休闲项目管理系统

项目管理的核心特征是"优化组合、动态管理"；成功项目管理的目标是"利益相关者的满意"。

休闲项目管理包含三个要素。

1. 管理主体

投资主体分为投资者、经营者。投资者指的是项目的出资方；经营者指的是项目运营过程中的主持者。需要注意的是很多时候项目的投资者并不直接经营项目，而是委托给专业的项目运营团队。

2. 管理客体

休闲项目的开始到推进，甚至到后期运行是一项庞大的工程，里面的内容庞杂。主要包括项目启动、搜集资料、拟订可行性方案、方案的论证、项目方案修改、项目通过与立项、项目营运、后期修改等。

3. 管理目的

休闲项目周期所需的时间，品质的高低，以及如何才能做到尽可能的节约成本的同时产出最大效益都是必须重视的。

任务二　目标树下的项目筛选

休闲项目选择是对一个复杂的系统进行综合分析与判断的决策过程，其影响因素有很多，活动目的是休闲活动项目选择的关键因素。没有目的，一切策划和活动项目便失去意义。活动目的是通过项目来实施的，休闲项目的选择必须围绕活动目的实现而开展。

一、目标树

休闲项目选择需要解决的中心问题是确定策划活动须达到的目标。

途径——目标的关系可以用目标树的方法来解决。目标树是对将来理想形势的一种描述，用树状结构来表现活动策划的整体目标、具体项目目的和成效。

（一）目标分析

对一个较小的项目而言，根据问题的描述而决定其目标可能是很直观的。一般来说，在活动策划过程中目标有以下几个层次，每个活动都应该包括：一个整体目标；一个具体项目目的；4~10 个成效；每个成效应该有 4~10 步具体行动。

1. 确定目标的条件

确定目标要满足四个条件：即目标的唯一性、具体性、标准性和综合性。

（1）目标的唯一性指的是对目标含义的理解必须是唯一确定的。对目标的表达，要求尽可能采用定量的数字语言。

（2）目标的具体性是指达到策划目标的各项措施要具体。具体性可以通过"目标结构分层"的办法来实现，即总目标与下一级分目标之间的层次体系和各层次的范围。通过层层分析构成一个完整的分层目标结构体系，制定出落实的具体措施。

（3）目标的标准性是给目标规定一个达到某种程度的标准，以便了解目标实现的程度。

（4）目标的综合性，主要针对项目的多样性选择而言。

2. 目标的综合处理

由于现实的科技、经济、社会因素复杂，策划目标往往不止一个而是有多个，同时并存。各目标之间相互联系，若不妥善处理，可能会主次不分或顾此失彼。因此，要求从整体上对多目标进行综合处理。

综合处理目标的办法：一是精简目标，对各项目标进行全面分析，对相互对立、无法协调的目标进行权衡后，去除那些实际情况下无法达到的目标，或者从具有从属关系的目标中去除其子目标；二是合并目标，包括合并意义相近的目标和将若干个目标组成一个综合目标。

每个目标将来欲达到的效果应该写成一个单句形式以表达。更普遍的做法是用过去分词的形式来表达整体目标、具体项目目的和成效。例如，"某种生物的保护状况得到了很好的改善"可以用来表示当我们达到目标时，我们的世界变成了什么模样。对于具体行动，我们一般采用现在时，如"监测物种数量"。

（二）构建目标树

构建目标树是一个流程化的过程，依次为：

（1）提出问题。

（2）用肯定形式表述每个问题。目标要求被写成简单句的形式来表示将来欲达到的一种状况。这些目标必须是实际上可能达到的（但不一定要局限于你眼下所计划的项目）。这样的目标可以具有一个更长远的意义。一些问题的描述与目的描述并不完全等价。例如，将"经常干旱"这样一个问题转化为"不经常干旱"这样一个目标并不总是很容易达到的。策划者必须找到有意义的选择（如"引入抗旱庄稼"的方法）才行。

（3）使用可视化卡片。这是构建目标树的最好方法。与会人员均认可起始目标（即从起始问题演化而来的目标），而且同意将起始问题的直接原因转化为起始目标的直接方法后可达到全部目标。

（4）构建目标树。一旦整个目标树建立起来，工作人员应该评价一下是否足够完整，必要时要予以修改和增加。那么目标就可以分为几个分组，每组用以重新描述一个或两个原始方法途径所对应的问题。

（5）修改。

（6）确定目标树。

目标树是对将来理想形势的一种描述。活动策划者必须首先认同项目的目的（通过定义项目欲达到的目标来实现），然后考虑整体目标（要比项目目的更加广泛），认同整体目标涵盖和超越具体目的。然而由于受时间、预算及资源等的限制，小规模活动往往不可能达到所有项目的目标。

二、项目的筛选

一旦整体目标通过了，策划者与组织者需要决定哪种成效和行动（有时指方法目标）是达到项目的目标所必需的。项目筛选策略就是在目标树的集合中选择最适合项目的过程。

（一）项目选择标准

在对诸多项目方案进行分析评估时，应掌握策划方案的价值标准、满意程度和最优标准。

项目策划方案的价值标准指一个方案的作用、意义和收效，完全取决于策划的需要，以及客观条件的限制，具有一定主观选择的因素。

活动项目的满意程度和最优标准的条件应包括下列方面：策划目标的最优性；策划备选方案的完全性；策划方案执行结果的预测性；具有较高的择优标准。

（二）项目初选

策划者与组织者应通过数学分析、运筹学分析、模型分析、功能模拟分析等方法，对提出的各种备选方案进行比较和评估，用 SWOT 分析法分析，以找出各自的优缺点，进行开发项目的初步决策分析。

1. 评价方法

评价项目常用的方法有：经验判断方法、数量化方法、模拟方法、矩阵法。

（1）经验判断方法，如淘汰法、排队法、归类法等，适用于策划目标多、方案多、变量多、标准不一的情况。

（2）数量化方法也称为运筹学方法，对可供选择的多个方案进行定量的分析和测算，提出数据结果，供策划者加以权衡和选择。

（3）模拟方法则通过设立模型来揭示原型的性质、特点和功能，通过结构或功能的模拟寻找出最佳的方案。

（4）矩阵法，活动组织者和策划者可借助于项目外部与内部因素评价矩阵来对项目进行初步的筛选。构建项目外部（或内部）因素评价矩阵的步骤如下：

①列出项目的主要机会与威胁（或优势与劣势），在实际应用中，以列出 5 ~ 15 个因素为宜。

②为每个因素确定一个权重，权重为 0.0 ~ 0.1。每个因素的权重说明这个因素对项目的重要性，各个因素的权重之和为 1。

③按 4 分制为每个因素评分，用评分值 1、2、3、4 分别代表相应因素对项目来说是主要威胁、一般威胁、一般机会、主要机会。

④将每个因素的权重与评分值相乘，得到每一个因素的加权评分值。

⑤将每个因素的加权评分值相加，得到一个项目的综合加权评分值，项目的综合加权评分值为 1 ~ 4 分，平均为 2.5 分，如果针对某项目的外部因素的综合加权评分值大于 2.5 分，则说明项目的内部因素的综合加权评分值大于 2.5 分，说明实施该项目的内部条件较好；如果小于 2.5 分，则说明实施该项目的内部条件较差。只有对某一项目的外部因素综合加权评分值之和不小于 5 时，才继续对该项目进行技术、经济、财务、社会和环境等方面的可行性论证。

2. 休闲项目的必须性

在很特殊的条件下，有些项目"必须"被选中，否则，活动会失败或遭受严重的后果。例如，政府规定必须实施的环保项目，消除重大隐患的安全项目等。

如果 99% 左右的项目评价者认为某一项目必须被实施，则将该项目置于"必须"的类别，对"必须"类项目也需要研究，提出若干种可选择的方案，再从中选择最优方案。

三、项目的确定

活动中总是存在经可行性研究合格的多个项目建议，因此，需要一种结构化的项目选择过程，科学可行的项目优先级评价标准，精选具有最大附加值的项目。同时，很多决策所面对的是多元化局势，多元目标，多元的影响因素、多元的价值标准，多元的利害承受者，项目决策需要做出妥协、折中、调和、权衡，寻求多元之中的平衡。

（一）评定项目的优先级

评价项目优先级的常用方法有期望商业价值法、动态定制等级列表法、项目组对比矩阵和加权多重要素评价矩阵等。

加权多重要素评价矩阵是目前应用得较好的方法。具体步骤为：在构建加权多重要素评价矩阵时，先采用头脑风暴法，德菲尔法等挑选取出若干个关键成功要素。

由活动组织者和策划者根据各成功要素对活动目标和战略计划的重要性，为每个关键成功要素赋予（最低为0，最高为3）权重。

针对每个项目，在每个关键成功要素上赋予（从0至最高为10）评价值，该值表示项目对特定关键成功要素的适宜程度，将权重应用到上述关键成功要素，就可以导出每个项目对各关键成功要素的综合加权平均和。

项目对各关键成功要素的综合加权平均和越大，则其优先级就越高，反之亦然。

小贴士

项目关键成功要素

项目关键成功要素一般应包括（但不限于）Hoechst提出的下列主要评价因素：对企业的回报（对公司利润的贡献、技术上的回报、商业启动时间），战略杠杆作用（项目所有者位置、项目发展的平台、项目的持续性及项目与企业其他资源、技能的协同作用）；商业成功的可能性（现在的市场需求、市场成熟度、竞争的激烈程度、现在的商业应用发展情况、商务设想、法规的/社会的/政治的影响）；技术成功的可能性（技术差距，程序的复杂性、现存的技术技能基础、人才与设施的可利用性）。

（二）项目排除

将众多的备选条件、备选方案按一定顺序排列起来，对比各个条件、方案存在的缺点并将其排除序列外，来达到选择最优方案的目的。

1. 方案排列

要将各个备选条件、方案按照一定的层次、顺序所排列。满足不同层次策划目标的方案和条件要在相应的层次条件上进行比较和排除，不能越级、越层比较。

2. 确定科学的排除标准

缺点与优点总是相对的，在一定条件下是缺点的东西，在另一条件下可能是优点，所以要合理地分析各个方案所要求的全面条件和会带来的所有后果，用科学的标准将不合适的排除出去。

3. 创新

凡是被排除出去的，肯定是其本身含有这样或那样的缺点或问题。排除不是最终的目的，排除是为了避免问题，防患于未然，也可以更好地进行创新。通过对各个条件、方案的缺点和不足的考察，避免相关问题的产生，并通过对这些问题的克服和完善方案，使方案达至创新。

（三）项目决策的平衡

英国学者穆尔（Corol-lyrne Moore）认为，决策就像走钢丝，关键是平衡。越是复杂的决策，多元现象越是严重，越是需要在多元之间求得平衡。把策划中追求平衡放在重要地位的指导意向称为平衡方略（Balancing Strategy），或称折中方略（Compromise Strategy）。它是许多情况下可行的决策方略。

1. 多目标或多价值标准的策划问题

决策者是指直接或者间接的影响休闲活动项目的人或者团体。项目决策者通常包括项目伙伴，目标组成员（例如，那些期望从该项目中直接获益的人或者那些意识会被项目行为所改变的人们），项目投资人和项目的反对者。对于任何有着现实的机会成功的项目，决策人的目标、利益和期望值都要被计算在内。不同的决策者有着不同的观点，也享有不同的优先权。这是一个需要很好协调的问题。

因为目标或价值标准的多元化，以致无法用单一明确的价值尺度去比较不同的备择方案，而且很少有一个在所有目标或价值上都达到"绝对最优解"，总有那么一批"各有千秋"的备择方案存在。此时，在多目标决策中选择最优方案实际上都是按平衡方略来办的，一个合作的策划必将导致各个决策人的意见的折中。

2. 解决收益与风险之间的矛盾

决策者总是希望风险小而收益大，但在现实世界中这两者又常常成正比。虽然规范性策划论中用主观效用期望值最优作为规范的决策准则，但是这一准则并非绝对理想的办法，也并不完全合乎于现实生活中决策者的行为准绳。而在投资决策中更为常用的"双标准互补标准"，则更明确地建立在风险与收益两者权衡的基础之上。

决策当然是为了实现目标，项目要兼顾实现目标和减少负面影响的。由于客观事物的相互联系性，策划方案执行结果除了可能达到期望目标以外，往往会对其他方面产生一些影响，其中有些是不希望有的影响，这就是副作用。策划的目的必然是试图得到某些好处，取有所得；但并非全部的所得与所耗均可折价计算，而且所得与所耗也经常是多元的。项目需平衡所做决策带来的好处和付出的代价。

3. 在动态变化中兼顾眼前利益与长远利益

项目决策面对的是不确定性很大的世界，随着时间的流逝，策划必须留有回旋变化的余地，与环境同步变化，以便适应新的变化，即策划的可调性。如果不留回旋余地，一旦发现有估计不到的情况出现，就会束手无策。

决策的后果不是以一次再现为终结，而往往会延伸到长远的未来；因此，决策后果往往就有眼前效应与长远效应之分，而且两者同时存在。长期效应与眼前效应的关系比较复杂，有时两者基本上是一致的，眼前效应好也意味着长远效应应该有保证；但更多情况下两者是矛盾的，太多追求眼前效益会损害长远效益。解决办法往往只能求得两者的兼顾与折中，都须求助于平衡方略。

任务三　休闲项目开发

一、休闲项目的开发

（一）休闲项目开发三要素

休闲活动项目作为服务性产品，一般包含三大要素（Lovelock 和 Wirtz，2004）。

1. 项目卖点
客人所体验到的核心服务和利益。例如，艺术表演或体育赛事。

2. 项目特色
附加的特性/增加的额外服务以使其区别于竞争对手。例如，表演艺术家、服务质量、参与者的类型、不同的交通方式及商品等。

3. 传递过程
例如，客人在体验过程中所扮演的角色，活动的持续时间、水平和风格等。活动"产品"的策划者必须对这三种要素心中有数。

休闲活动项目开发一个很重要的特征就是：活动中的人是产品的一部分。换句话说，许多顾客满意度来自于他们同其他参与者之间的互动。这就意味着活动项目开发人员需要保证不同的客人群体间可以融洽相处，现场的参与者们容易互动。

（二）休闲项目开发过程

休闲项目开发是设计一种休闲活动产品，它是将无形的休闲体验和有形产品的糅合在一起以满足目标市场的需要。休闲活动开发可以很容易地模式化为休闲服务的策划、创造和传递的过程（如图 4-4 所示）。

产品生命循环周期的概念认为大部分的活动项目都会经历开始、生长、成熟直到逐渐衰退或以新的形式重生这样几个阶段。尽管对于大部分的休闲产品和服务而言，其生命循环周期的转变没有可预知的版式，但是我们仍然发现大量活动项目历经整个生命循环周期的全部阶段的实例。以诺丁山狂欢节的参加人数为例，在最近几年里，诺丁山狂欢节的参加人数最高峰出现在 2000 年，为 140 万人次，然后降至 2001 年的

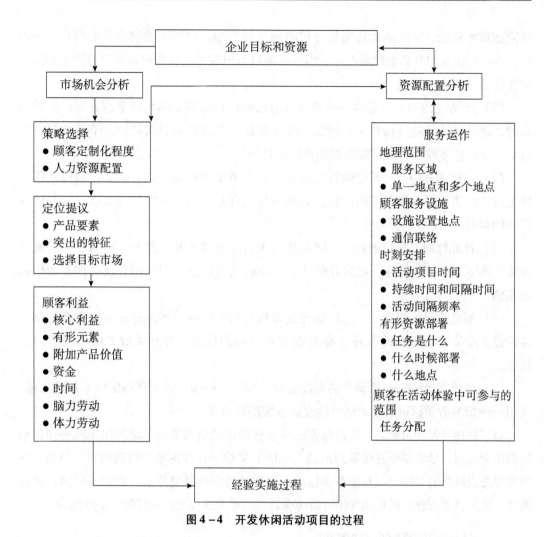

图 4-4　开发休闲活动项目的过程

50 万人次。最近几年参加人数又有所反弹，在 2004 年达到 75 万人次（Cook 和 Morse，2004）。

为了避免参加人数的下降，活动项目经理需要知道目标受众群体兴趣点的变化，并且密切关注公众对他们活动项目产品内容的接受程度，并确保它们与当今社会人们的休闲需求相一致。

一种新的活动服务的创造，通常包括大到主要服务项目的创新、小到服务实施过程中风格的简单改变（Lovelock 和 Wirtz，2004）。以下这些创新是明显存在于活动项目和节事领域的：

（1）主活动项目的创新——为以前没有涉足的新市场设计新的活动项目或节事。出现于 20 世纪 90 年代的极限运动或许就代表着这类创新。

（2）主要过程的创新——采用一种新的过程以新的方式来实施活动项目，同时伴随附加顾客利益。在活动项目实施过程的创新过程中，因特网扮演着核心角色——例如，Live 8 让人们有机会现场参与，也可以通过看电视，听收音机以及因特网参与这世界级的活动。

（3）产品（活动）线延伸——增加目前已经存在的活动项目或节事方案。这种形式的活动项目产品发展很普遍。例如，教育和社区节就是哈罗盖特国际节的前身，它将活动项目作了整年的且扩张至周围社区的延伸。

（4）过程的延伸——调整现有的活动项目或节事的传递方式。例如，通过在因特网上设置售票代理点和在线预订在活动期间售卖食品、饮料的摊位等方式，能够确保活动的顺利进行。

（5）补充性服务项目创新——增加活动项目及节事的额外服务。活动现场的托儿设施、残障人士服务设施、志愿者服务、自动取款机以及公用电话等就是这方面创新的实例。

（6）服务质量的提高——适度地改变以提升活动实施及传递过程。这方面的例子是时装艺术节吸纳广泛的各种各样的服装设计师的作品，并且采取多渠道进行门票售卖。

（7）风格的改变——活动产品发展的简单形式。例如，活动现场座位安排的推进、采用一种新的活动标识以及活动中的表演服装的改善等。

对于休闲活动项目而言，任何推荐的从事休闲活动项目开发策略的决定都必须以市场调研为依据。尽管不可能像预测市场上供应的货物一样预测整个活动项目，但是一些新的理念或风格的改变（如新的节事标识）可以通过定性研究技术（如焦点群体）进行测试，休闲活动理念、形式能在休闲活动项目作出重大改变之前进行测试是可能的。

二、休闲项目里的活动策划

在一个大的休闲项目确定以后，常常还会在此大项目里穿插一些吸引人的活动，在实践中，它们多半是一些表演活动。这些表演活动最好能体现休闲项目的任务、符合艺术和市场标准的质量水平，以及能有利于该休闲项目的收入或利润目标。

通常，活动组织者需要平衡活动导演的"个人的"，或者说"艺术的"观点与现实生活中目标顾客群的"成功标准"以及所牵涉的成本。同时，活动项目也需要反映媒体宣传的需求，能找到受欢迎的演员，以及活动理念能否在实践中得以展示。此外，公司经理也必须考虑竞争对手的活动策划，活动项目所处生命循环周期的阶段以及活动的持续时间，以及活动过程中潜在的危险和应对的措施。

（一）休闲活动开发四要素

能够反映较好的休闲活动策划经验的"都柏林论坛"（都柏林，即爱尔兰首都）

的组织者们指出，一个成功的休闲活动开发至少包含以下四个关键要素。

1. 核心理念

本活动项目策划区别于其他项目的中心思想。即你所表现的东西对于观众而言真正意味着什么。

2. 环境选择

将活动项目策划和举办地的有形环境相结合，哪种类型的表演能真正和项目所在地环境相得益彰、熠熠生辉？在该环境下可以进行什么种类的表演以及选择什么样的舞台结构？

3. 艺术导演/制作人所扮演的角色和工作章程

活动表演的制作人既是策划方案的把关人（从演员们提交的自荐表中选择参加活动的表演者），也是偷猎者（如一些体育俱乐部派出的优秀的探子一样，他们在周围游荡以发现最好的演员）。

4. 活动标准

标准应包括演员对节事市场的兼容性，该类型的表演在其他活动项目中出现的历史记录，以及某项表演的技术质量。而一些大型节事活动的举办方还对以下方面有相应要求：

（1）某项海外表演项目在其本国已经表演过多少次？

（2）传统项目和新兴项目在活动组合中的期望比例是多少？

（二）休闲项目的打包

打包应该算是活动项目最低度开发的方法之一。打包的途径包括将不同类型的娱乐活动、食物以及饮料打包，并以一个单独的市场提供物经营；以及将活动项目和附近区域的食宿、交通以及其他一些吸引物打包在一起。许多活动项目没有能够好好地利用打包的优势，打包是一种能在现有市场更好定位并吸引客人的有效方式。例如，打包可以包括航班、旅馆住宿、看台门票、VIP（贵宾）停车位、友好款待等，当然活动项目打包多少很大程度上取决于客户愿意支付多少钱。

 小 贴 士

"套餐"——国际奥委会的捆绑销售原则

产品组定价法，也可理解为"套餐"式捆绑销售，通过促销可以让消费者一次性以优惠的价格买到更多的东西。曾为国际奥委会所用。

为改变过去历届奥运会电视转播零售所带来的弊端，国际奥委会于1995年决定，

以 2000—2008 年为一个周期，把这期间所有冬、夏两季奥运会的电视转播权放在一起进行一揽子销售，签订长期合同。

任务四　项目可行性研究

可行性研究又可称为可行性分析，是在项目决策之前对项目进行充分分析、研究、讨论、评价的过程。预测风险并计划防范性措施能减少项目管理中的不利因素，只有当休闲活动项目得到清晰可行的肯定后，才能规划实施。

可行性研究（Feasibility Study）是通过对项目的主要内容和配套条件，如市场需求、资源供应、建设规模、工艺路线、设备选型、环境影响、资金筹措、赢利能力等，从技术、经济、工程等方面进行调查研究和分析比较，并对项目实施以后可能取得的财务、经济效益及社会环境影响进行预测，从而提出该项目是否值得投资和如何进行建设的咨询意见，为项目决策提供依据的一种综合性的系统分析方法。

项目可行性研究要对投资前的市场、环境研究，确定经济、技术上是否可行。并且具有预见性、公正性、可靠性、科学性的特点。

一、休闲活动项目可行性研究内容

可行性研究包括了对项目的市场需求和潜力的调查及对未来发展前景的预测，也是从经济、技术角度对项目的进行全面的综合技术经济论证，提出项目可行或不可行的结论，为决策者的最终判断提供科学的依据。

（一）市场环境分析

1. 内容

宏观市场环境和微观市场环境是市场环境评价的主要内容。前者包括经济环境、政治法律环境、社会文化环境等。随着世界经济全球化、一体化过程的加快，全球信息网络的建立和消费需求的多样化，休闲活动面临的环境更为开放和复杂。宏观环境变化几乎对所有活动都产生了深刻的影响。

微观市场环境包括策划机构内部环境、目标客户、竞争者、媒体、服务商、社会公众等。现实市场需求调查涉及市场需求量、购买人数和购买量调查、消费行为调查（如活动参与者的构成、消费动机、购买习惯等）。

潜在市场需求调查则便于了解市场需求的发展趋势和潜力大小。

策划者要根据活动规模大小，选择不同的环境分析。对于简单的项目，一些关键的情报提供者就足够了。这些情报提供者应该是那些对于当地情况非常了解的人，比如乡村的村长、当地政府工作人员、主管部门工作人员、当地宗教领袖和行业专家等。更大一些的项目通常需要更多的、更详尽的、专门的调查研究以更加全面地了解项目的社会经济环境。

2. 评价方法

SWOT 分析法（如图 4 - 5 所示）是比较常用的市场环境评价方法。

SWOT 四个英文字母分别代表：优势（Strength）、劣势（Weakness）、机会（Opportunity）、威胁（Threat）。所谓 SWOT 态势分析，及时对企业内外部条件各方面内容进行综合和概括，进而分析组织的优劣势、面临的机会和威胁的一种方法。通过 SWOT 分析，可以帮助休闲活动地组织者和策划者把资源和行动聚集在优势项目。

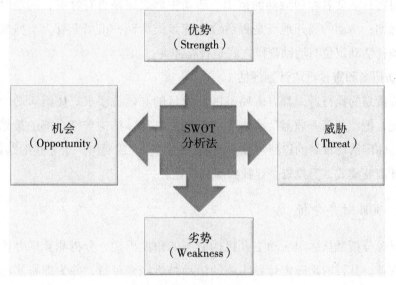

图 4 - 5　SWOT 分析法

将调查得出的各种因素根据轻重缓急或影响程度等排序方式，构造 SWOT 矩阵。把识别出的所有优势分成两组，分的时候以两个原则为基础：它们是与行业中潜在的机会有关，还是与潜在的威胁有关。用同样的办法把所有的劣势分成两组，一组与机会有关，另一组与威胁有关。将结果在 SWOT 分析图上定位，或者用 SWOT 分析表，将刚才的优势和劣势按机会和威胁分别填入表格。运用系统分析的综合分析方法，将已排列的与所考虑的各种环境、能力因素相互匹配起来加以组合，得出一系列活动未来发展的可选择对策。

（二）项目生命力分析

休闲产业已经由传统狭义的娱乐行业，演化为具有经济、社会、文化和环境等多种功能的"大休闲"产业格局，覆盖面宽，影响力大，综合效益和关联效益非常突出。项目生命力分析是从计划实施的休闲活动项目的本身出发，分析该活动是否有举办的意义，以及未来持续发展的可能。其中项目发展空间分析举办该活动所依托的行业空间、市场空间、地域空间、政策空间等是否具备。项目竞争力则包括活动定位的号召力、策划机构的品牌影响力和人员构成、活动服务等。

（三）活动执行方案分析

活动执行方案分析是考察休闲活动项目立项计划准备实施的各种执行方案是否可行，是否完备，是否能保证该活动计划目标的实现。

1. 活动的基本框架评估

评估内容：活动名称和活动的范围、活动主题之间是否有冲突；活动时间是否符合时政敏感期；活动的展开地点是否适合实施该类活动；市场上有无类似规模和定位的休闲活动；活动定位与活动规模之间是否有冲突。

2. 活动招商和宣传推广计划评估

每一位策划的执行者，都有着明确的商业目的和效益要求。休闲活动的策划业不例外。因此，把"投资—收益"理念和"投资—收益"结构贯穿全部的策划，贯穿执行计划，是休闲活动策划的思路灵魂。"投资—收益"，需要由一个完整的结构来形成，就是要设计商业模式，为投资企业找到赢利的途径。

（四）项目财务分析

项目财务分析是从休闲活动主办机构财务的角度出发，分析测算举办该活动的费用支出和收益。其目的是确定计划实施的活动是否经济可行，并为即将实施的活动指定资金使用规划。

（1）成本预测：

①场地费用。即活动进行需要租借或者建造的场地以及由此而产生的各种费用。如租借或建造场地的费用、空调费、加班费及其他特殊安排的费用等。

②宣传推广费。包括广告宣传费、活动资料设计和印刷费、资料邮寄费、新闻发布会的费用等。

③招商的费用。

④相关活动的费用。包括交流会、研讨会、嘉宾接待、酒会、展会现场布置、礼品、请展会临时工作人员的费用等。

⑤办公费用和人员费用。包括办公用品购置费用、劳务费用等。

⑥税收。

⑦其他不可预测的费用。

⑧其他费用。

（2）收入预测。包括门票收入、广告和企业赞助收入、旅游产品收入、活动项目区域内店铺租金和其他相关收入。

（3）盈亏平衡分析。

（4）现金流量分析。包括净现值分析、净现值率分析、获利指数和内部收益率。

（五）风险预测

休闲活动项目风险是指休闲活动项目在策划、实施以及评估等各个阶段可能遭受的风险，可将其定义为：在活动项目目标规定的情况下，该目标不能实现的可能性。所有的活动策划组织都面临潜在的意外损失，因此其经营会自然产生风险费用。

可行性研究就是要对活动策划中一些难以预料和无法控制因素进行预测，使活动策划者和组织者能够识别风险，评估风险，并采取措施规避风险，减少经济损失、声誉损失的可能性。

项目风险一般包括市场风险，经营风险，财务风险，合作风险。对休闲活动策划者来讲，风险预测带来的好处表现在两个方面：一是减少其现有活动的风险成本，二是减少规避行动的后果。也就是说，它使活动承办组织能够以有效的成本去进行它原本认为不值得冒险的活动。

二、可行性研究分阶段实施方案

可行性研究的过程，是一个逐步深入的过程，研究范围包括社会环境和目标公众的适应性，财力适应性、效益的可行性等众多内容（如图4-6所示）。

1. 开始阶段

这一阶段的主要工作是要明确休闲活动项目中的问题，包括该可行性研究的范围、游客的目标等，仔细界定研究内容和可行性研究要达到的目标。

2. 搜集资料

进行进一步实地调查分析，包括边市场调查和资料分析、调查并预测市场需求。在此基础上进行技术经济研究，包括项目的主要内容、需求、价格、当地文化修养水平、市场竞争决定了市场机会；已有的资源情况和可获得的资源情况，包括场地、声誉、人、资源等情况，影响到休闲活动项目的规模和方式。

3. 拟订各种可行方案

针对项目建议书和项目策划案中的初步计划，结合上一步资料分析，提出可以实现目标的被选择方案。项目可行性研究的重点就是从多种可供实施的方案中选优，因

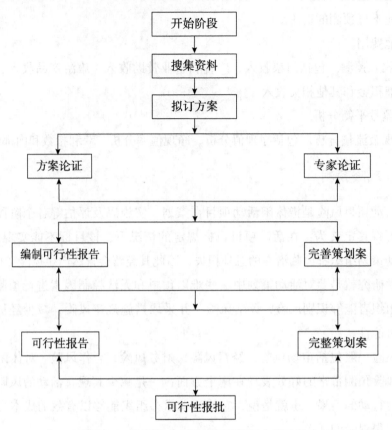

图4-6 休闲活动项目的可行性研究的流程

此拟订方案就是项目可行性研究中关键的一步，也是体现策划人员能力的重要一环。

4. 方案论证阶段

这个阶段包括分析各个可行方案在技术上、经济上的优缺点和方案的各项技术经济指标，如项目启动资金、投资成本、经营费用、投资收益率等指标的计算和确定；方案的综合评价，如敏感性分析；初步确定一个最优的方案。

5. 专家论证阶段

组织专家对结果进行分析论证，并出具意见书，根据其意见修正最优方案的选择。注意这个过程可能在方案论证阶段就开始。

6. 修改项目策划案并编制可行性研究报告

根据确定的最优方案完善项目策划案，并进行可行性研究报告的编制。在这些方案中要对基本的进度、费用、质量要求做出决定，分析客观情况发生变化时，可能对项目的经营效益产生什么样的影响。

可行性研究报告是项目可行性研究的成果，它属于一种专项报告，一般由报告框架和报告目录两部分组成，每一部分都需要非常详细的阐述。

可行性研究报告框架一般包括 9 个部分：执行摘要；项目概述；市场分析与需求预测；项目组织管理与实施进度计划；项目投资估算与资金筹措；财务评价；社会评价；风险评估；项目结论。

7. 可行性研究报告的报批

项目从构想到正式实施启动，关键的环节就是项目可行性报告的报批，如果获得通过，项目就正式实施，否则就可能会被推迟、搁置甚至完全取消。

每一个环节都对项目至关重要，要认真细致地做好每一步，稳扎稳打。

任务五　休闲活动项目融资

休闲产业链的延伸，与城市景观、房地产、小城镇、文化娱乐等深度结合，产生了一个整体的、互动的结构，一个大的构造——我们称之为"泛休闲产业"。休闲项目投资，已经脱离单一项目投资的时代，越来越多的投资商，着眼于区域整体投资，力求整合休闲产业链，整合多元产业，寻求综合收益的最大化。

一、投资项目评估与商业计划

休闲行业前景不等于每个休闲活动项目的前景。资金是项目启动和顺利完成的必备条件，在休闲活动投融资中，要坚持以休闲活动项目为导向，为超过项目投资者自身筹资能力的活动项目提供融资。目前休闲活动开发中的融资运作，仍处于十分原始的阶段。

（一）投资项目评估

休闲活动项目的投资评估指标体系由 7 个方面组成：市场评估、产品与技术评估、投资项目规模评估、项目管理评估、财务评估、风险及退出方式评估、环保评估（如图 4 - 7 所示）。

1. 市场评估

休闲活动项目的市场评估包括现有休闲活动市场的评价（竞争产品和更新换代产品）及对未来的市场预测，更为侧重后者。这一类指标评估的目的在于通过考察现有的市场和竞争状况，判断项目是否具有可观的市场前景。由于市场本身的复杂性，在对项目进行市场分析预测时，应着重考虑以下一些因素、休闲项目的消费对象、项目的价格水平与潜在消费者收入状况、替代产品的发展趋势。

2. 产品与技术评估

投资项目的产品与技术评估主要包括现有产品与技术的纵向、横向延伸空间和创

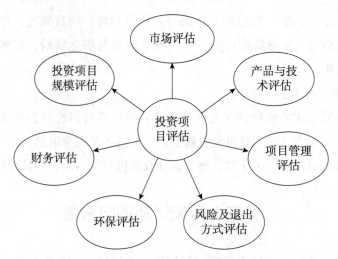

图 4 - 7 休闲活动项目的投资评估指标体系

新开发能力。着重考察产品与技术的独特性、技术含量、边际利润、竞争保护及持续创新的可能性等。具体来说，要分析主要产品的技术特征、技术水平、技术壁垒及知识产权保护情况；产品的竞争优势、更新周期、技术发展的方向和重点；产品的研究开发能力、生产能力及其各种支撑条件等。

3. 投资项目规模评估

规模经济；供求状况；筹资能力；生产要素的持续供给。

4. 项目管理评估

项目的团队素质评估有以下几个方面：

（1）项目的高层管理者是否具有高度的责任感、极强的必胜信念、高超的领导艺术和强烈的创新意识，是否具有足够的威望和号召力，能够运作权利来实现自己的理想。

（2）项目的核心管理层对目标市场、行业是否熟悉；对产品的了解、核心技术的掌握、融资与调拨能力、组织管理能力等要素是否具备。

（3）团队成员的技术状况、知识结构（专业、学历、经验）。

（4）团队的工作理念及企业文化等。

5. 财务评估

项目投资财务评估指标体系包括休闲活动未来 5 年的财务预测及投资回报的预测。预测现金流量表，重点考察投资资本需求、资本支出维持水平、计划资本支出、计划折旧与摊销时间表、账面和课税资产寿命、融资需求、净现金生产能力等；预测资产负债表，考察各科目的变动情况及其合理性、销售和损益的对照。投资回报的预测主要是根据投资项目的特点，选择和确定能够正确反映项目风险的贴现率，建立合理的现金流量模型，并用这一贴现率计算项目的投资收益、净现值和投资回收期、投资回报率等。

6. 风险及退出方式评估

休闲活动项目投资的风险评估是指在项目动工之前对该项目的各个方面的不确定性进行预先估计，如该项目的市场风险、技术风险、财务和融资风险、管理风险、退出风险等。

7. 环保评估

休闲活动项目投资的环保评估主要是指对该休闲活动的展开和实施是否对周边环境产生影响，是产生好的影响还是坏的影响这一方面做出评估。

（二）商业计划书

商业计划书（Business Plan），是创业者或经营者准备的一份书面计划，用以描述当运营一个企业或举办某项活动时相关所有内外部要素。一份好的商业计划书将会使会使投资者更快、更好地了解投资项目，使投资者对项目有信心，有热情，促成投资者参与该项目，最终达到为项目筹集资金的目的。

1. 休闲项目商业计划书

休闲项目商业计划书在经过前期对项目科学地调研、分析、搜集与整理有关资料的基础上，向投资人全面的展示公司和项目目前状况、未来发展潜力，可以达到招商融资的作用。其主要内容包括：经营者的理念、市场、客户、比较优势、管理团队、财务预测、风险因素等。商业计划书对市场的分析由大入小，从宏观到微观，以数据为基础，深刻的描述公司、项目在市场中将争取的定位。在比较优势方面，对企业本身强弱情况及竞争对手的战略而做出详尽的分析；在管理团队方面，从各人的背景及经验分析其对公司/项目中不同岗位的作用；在最关键的财务预测上，报告将对绝大部分的财务假设及其所引致的财务影响彻底的描述及分析。

2. 商业计划书与可行性研究

资源再好，不转化为产品也没有用；产品再好，不包装也无法融资。无论是政府进行招商引资，还是企业融资，对休闲活动的包装，具有特别重要的意义。俗话说：三分长相，七分打扮。问题在于如何打扮。

休闲项目商业计划书实际上就是休闲活动项目的一种包装方式。通过休闲项目商业计划书，经营者会更了解生意的整体情况及业务模型，也能让投资者判断该生意的可赢利性，是项目市场融资的一个关键而有效的工具。商业计划书作为一种投资决策科学工具，它具备相对完善的投资决策思考判断程序。

商业计划书与可行性研究不同，可行性研究报告主要对项目的经济和技术做研究分析，但却没有研究和分析这个项目是谁来做，怎样做，做这个项目会遇到什么障碍风险，怎样解决？而这正是投资一个项目能否成功的关键。商业计划书的任务就是解决这个问题，而这正是投资项目策划运筹的目的。

二、休闲项目的资金运作与招商引资

现代社会，独立完成综合性休闲项目，既不经济，也不现实。一个成功的项目，应该是一个善于借助投资人及银行，搭建融资平台。通过优秀的策划，引入其他投资人及银行，而自己控制或委托专业机构实施有效开发，将自己的风险降到最低，控制最大的长期赢利。

（一）休闲项目融资渠道

一般而言，休闲活动项目建设资金不能全部靠企业自有资金，应积极进行融资和招商引资，用少量种子资金启动项目，利用项目融入建设资金。开发商可以从 8 个方面进行融资。

1. 银行信贷

银行信贷是开发商主要的融资渠道。对旅游资源开发，可以采用项目信贷的方式借款。项目信贷要求自有资本投入 25% 以上，可向银行贷 75%。开发商可使用以下资产作为抵押或质押：土地使用权、相关建筑物的所有权、开发经营权、未来门票或其他收费权等。

（1）商业银行。包括质押、抵押等方式。

（2）政策银行。我国主要有国家开发银行、农业发展银行、中国农业银行、中国银行等银行。

（3）卖方信贷。比如设备进口。

（4）担保公司。个人或企业在向银行借款的时候，银行为了降低风险，不直接放款给个人，而是要求借款人找到第三方（担保公司或资质好的个人）为其做信用担保。

（5）世界银行贷款。由世界银行（主要是国际复兴开发银行和国际开发协会）提供给发展中国家的政府和由政府担保的公私机构的优惠贷款。包括国际复兴开发银行贷款和国际开发协会信贷（IDA Credit）。

（6）国家间支持性贷款。包括外国政府贷款、国际金融组织贷款和国际商业组织贷款等。

2. 私募资本融资

开发商对自身的资本结构进行重组改制，设立股份有限公司。开发商以股份有限公司的主发起人身份，向社会定向招募投资人入股，共同作为发起人，形成资本融资。

开发商也可以先成立自己绝对控股的有限责任公司或股份有限公司，再向社会定向募股，以增资扩股的方式，引入资本金。

（1）战略投资人。指符合国家法律、法规和规定要求、与发行人具有合作关系或合作意向和潜力并愿意按照发行人配售要求与发行人签署战略投资配售协议的法人，是与发行公司业务联系紧密且欲长期持有发行公司股票的法人。

（2）搭车投资人。抢搭车是指投资人于股价稍微上涨时立即买进的行为。在这里"搭车投资人"即指那些项目处于上升期时加入的投资人。

（3）资产整合。资产整合在并购中占有重要地位。通过资产整合，可以剥离非核心业务，处理不良资产，重组优质资产，提高资产的运营质量和效率。

3. 整体项目融资

开发商在开发中，设立为若干项目，并制作单个项目的商业计划书，按照投资界规范的要求、准备招商材料。依据招商材料，开发商可以向境内外的社会资金进行招商，其中可以采用 BOT（建设—经营—转让）等多种模式，也可合成开发、合资开发、转让项目开发经营权等。

4. 政策支持性融资

充分利用国家鼓励政策，进行政策支持性的信贷融资。

比如在休闲旅游包括：旅游国债项目、扶贫基金支持、生态保护项目、文物保护项目、世界旅游组织规划支持、国家及省市旅游产业结构调整基金。

5. 商业信用融资

若开发规划有足够吸引力，开发商有一定信用，开发中的工程建设，可以通过垫资方式进行。一般情况下，工程垫资可以达到 30%～40%，若有相应的垫资融资的财务安排，垫资 100% 也具有可能性。

商业信用可以表现在很多方面，若开发能与开放游览同步进行，则可对旅游商品、广告宣传、道路建设、景观建设等多方面进行商业信用融资。

6. 海外融资

海外融资方式非常多，包括一般债券、股票、高利风险债券、产业投资基金、信托贷款等。海外融资目前受到一些政策限制，但仍有很多办法可以开展。这需要一家海外投资银行作为承销商，全面进行安排和设计。

7. 信托投资

2001 年 10 月 1 日开始施行的《信托法》出台以来，信托投资公司已经拥有了很大的运作空间，并创造了一些新的金融工具。其中，以项目和专题方式发行信托投资凭证，引起了各方面的兴趣。我们正在策划发行西部旅游信托凭证，把西部旅游项目打包，通过信托凭证，向社会集资。

8. 国内上市融资

由于存在门票收入不能计入上市公司主营业务收入的限制，目前资源开发类旅游企业较难直接上市。但通过将收入转移到索道等交通工具，以及以宾馆、餐饮、纪念品等项目包装为基础的企业，仍可走上市的道路，也可以吸引上市公司作为配股、增发项目进行投资。

（二）休闲活动项目的招商引资模式设计

休闲活动项目投资，因项目的综合性、复杂性与服务性，结合资本投入力度、回报率要求等投资商自身因素，就形成了商业模式上的巨大差异。针对休闲活动项目设计恰当的招商引资运行模式，可以充分挖掘每个项目的潜在价值，最大程度降低项目的风险。

1. 寻找合作伙伴

休闲活动项目建设投资之前，应该确定合作伙伴，落实投资种子资金。一般而言，项目建设资金不能全部靠企业自有资金，应积极进行融资和招商引资，用少量种子资金启动项目，利用项目融入建设资金。

信贷资金是建设资金最重要的筹措来源。根据投入前期资金与建设需要资金的缺口，应该积极进行银行融资。在不失控制权的基础上，投资商可根据对项目的安排，应该把项目主体设计为有限责任公司，并争取引入战略投资人，以扩大公司资本金。对于项目的附属工程，如景区的接待设施和服务设施，应拿出一部分项目进行招商引资，引入相关的专业投资人，对索道、设施游乐、酒店等子项目，进行合作或独立投资。

2. 打造招商引资的项目平台

休闲行业具有综合性特征，因此每个休闲活动项目下会有多个子项目。又因为各个行业投资商所拥有资本资源、信息资源等不同；其投资战略、投资回报要求不同；同一个项目对于不同的投资商会有不同的投资回报；所以招商引资前提是根据休闲活动项目评估系统提供一个详尽、规范的项目库，为投资商对有意向的目标项目投资评估提供资料，也为项目提供者挑选合适的投资商提供资料。这个平台涉及了国内国际的资本平台，同时为资本的进入和退出提供了通道，为投资商的不同时段的投资要求提供了多种选择，为投资商和项目提供者降低了投融资的风险，从而降低了整个项目的风险。同时，这个平台也应该配备了行业专家服务的资本平台，能够为不同的资本找到一个最适合他们的风险最小的介入点。

3. 设计良好的投资环境

现在一些项目的招商引资一味地在优惠政策上让步，并不一定能吸引投资商，而且还造成了恶性竞争。良好的投资环境，一方面要有优惠政策，另一方面要考虑到项目提供者本身的利益。我们要把项目设计，看成为休闲专业设计与商业运作策划的全新整合，把"投资—收益"理念和"投资—收益"结构贯穿全部的策划，贯穿执行计划，这样，"投资—收益"就由一个完整的运作计划落地到具体的运作步骤中来了。

优惠政策应该是主要针对降低投资者在关键环节的风险，针对项目具体资源匮乏、丰富，不同时段，设计相应的优惠政策时间序列。在各项资源的产权保护和相关的法律法规上为投资商提供利益的保护，坚持规范的市场化运作，这才是投资环境建立的根本。

4. 从降低风险的角度，紧密结合营销策划活动设计融资结构

在项目的融资结构设计上，本着保证资金筹集全部到位和资金成本最小化的原则，从降低项目风险的角度，从各个融资市场上融资，通过转让、抵押、拍卖项目经营权、项目收费权的等各种形式引入资本，确定各个融资方式的比例和序列，配合项目的投资模式达到最好的现金流模式。

 小贴士

不同的投资模式会有不同的投资回报，按市场需求制定投资项目，丰富投资项目的内容。

滚动开发模式：持续小资金。

分期开发模式：阶段性。

一次性完全开发模式：先开发完成再开放。

由于开发投资的方式不一样，受资金情况的限制都采取滚动开发的模式，设计投资各个子项目的时间序列安排，采取"滚动式"投资经营策略，边经营，边扩建，针对不同阶段设计不同的收益项目，缩短建设周期，尽快回收投资。分期开发则注重其中的结构安排问题。

5. 整合整个招商引资的流程

以投融资市场化操作为理念，以最大化项目价值，最大程度降低项目风险为原则，整合整个招商引资的流程，使得项目都能在合适的时机引入适量的资本，为投资者带来其最优的收益，为当地的经济带来可观的社会经济效益。

采用标准流程包装融资方案在项目的融资方案的设计上，聘请旅游行业的投资银行对项目进行包装。改变传统招商引资的做法，采用公开融资的流程进行操作，对项目进行各个方面的包装，制作规范的商业计划书，组织有资格的中介机构（如会计师事务所、律师事务所、评估事务所等）在尽职调查基础上，由其提供相应的履行诚信义务的财务报告、评估报告、法律意见书、投资分析报告等。经过这些具有可信度的

资料包装之后，可以吸引海内外的寻求最大程度的项目价值最大化和项目风险最小化。

6. 多种方式结合推介融资方案

采用媒体推介，活动推介的方式对项目的融资方案进行推介。在媒体上推介可利用报纸、网站、电视、朋友圈等手段，包括建立自己的网站、发行自己的刊物和在大型有影响的网站上、报纸上、电视频道上发布项目等。活动推介包括路演和招商会的方式。通过各种形式，一方面推介项目，让不同背景有意向的投资商了解项目，另一方面扩大项目的影响，提升项目周边的土地价值。

透视众多成功的休闲投资项目，都是通过一系列不同阶段的营销策划与投融资不同的阶段配合，一方面挖掘项目资源的潜在价值，包括与人们内心世界相连的无形资产的价值和当地的土地、建筑等资源的增值，另一方面降低投融资过程的资金筹集的风险、资金到位的难度，给投资商好的项目前景预期。

复 习 题

一、单项选择题

1. 项目管理包含三个要素，分别为（　　）。

A. 管理主体、管理客体、管理目的

B. 时间、质量、成本最优化

C. 项目方案修改、项目通过与立项、项目营运

D. 项目主体、项目客体、项目目的

2. （　　）是目前应用的较好的方法。

A. 头脑风暴法　　　　　　　　　B. 加权多重要素评价矩阵

C. SWOT 分析法　　　　　　　　D. 加权平均法

3. 休闲活动项目作为服务性产品，一般包含（　　）三大要素。

A. 艺术表演、体育赛事、节庆

B. 表演艺术家、服务质量、参与者的类型

C. 主体、客体、媒介

D. 项目卖点、项目特色、传递过程

二、多项选择题

1. 项目财务分析中的成本预测包括（　　）。

A. 场地费用　　　　　　　　　　B. 宣传推广费

C. 招商的费用　　　　　　　　　D. 相关活动的费用

E. 办公费用和人员费用　　　　　F. 税收

2. 世界银行贷款包括（　　）。

A. 中国银行贷款　　　　　　　B. 国际复兴开发银行贷款

C. 国际开发协会信贷　　　　　D. 中国发展银行贷款

三、简答题

1. 什么是项目？项目选择的基本原则是什么？

2. 什么是目标树？如何进行目标树下的项目筛选？

3. 简述项目可行性研究的内容、实施方案和方法。

4. 项目评估包括哪些主要内容？商业计划书与可行性研究报告有何不同？

5. 休闲项目融资渠道主要有哪些？各有何特点？

四、实训

新的学期开始了，初到大学的新生们对全新的学习环境充满期待。同时也对即将生活几年的城市怀有一分好奇。

讯渝旅行社推出针对大一新生当地城市一日游活动，请分组进行可行性研究并提供一份报告。

项目五　休闲活动营销

任务导入

五月，在日本北海道东藻琴村藻琴山，这里樱花点点、漫天绚丽，在落英缤纷中环绕着卡丁车赛道，人们可以进行赛车比赛、花祭等春日活动，这些活动成为日本最具代表的休闲活动项目。了解这个项目，让我们感悟休闲活动营销及产品设计。

1. 概况：位于日本北海道东藻琴村藻琴山，芝樱数目达120万枚。同时，山下设置亲子游憩设施，并提供野餐等场地。

2. 主题活动："芝樱祭"系列春日活动、"东藻琴芝樱公园摄影比赛"等活动。

3. 芝樱花色：五月花季，紫、白、红、粉红、淡粉、雪青6种花色的樱花同时开放，花期长达3个月。

4. 建设内容：卡丁赛车场、大地艺术景观等。

5. 开发启示：独特的赛车体验，多彩的芝樱花田。

独特的赛车体验：世界唯一的芝樱卡丁赛车场，体验芝樱环绕下的赛车感受。

如何设计休闲活动产品？如何营销才能取得成功的呢？

学习目标

1. 知识目标

了解休闲活动营销的相关概念。

理解休闲活动营销市场细分及细分方式。

掌握休闲产品设计。

2. 能力目标

能够良好地配合营销团队进行休闲活动营销。

任务一　休闲活动营销概述

休闲活动不同于一般产品，休闲活动并非一种纯粹感官、感觉层面的享受，它同时也是深刻理性追求的有意识或无意识的外在表现，我们可从中国古经典中一窥："休"在

《康熙字典》和《辞海》中释为"吉庆、欢乐"，《诗·商颂·长发》中"人倚木而休"释"休"为吉庆、美善、福禄，《易·家人》中"闲有家"，"闲"通"娴"，具有娴静、思想的纯洁与安宁的意思。从词意的组合上，表明了休闲所特有的文化内涵，颇具哲学意味的象喻，表达了人类生存过程中劳作与休憩的辩证关系，又喻示着物质生命活动之外的精神生命活动。休闲活动，能够使精神的休整和身体的颐养活动得以充分地进行，使人与自然融为一体，赋予生命真、善、美，从此便有了价值意义。

一、休闲活动营销

休闲活动的特殊性要求经营者提供休闲产品时，在满足顾客生理需求的同时，更重要的是要满足其心理上的需求，要让顾客在愉悦身心的同时有所感、有所悟。因此，休闲活动营销是具有特殊性的市场营销，是特定的、针对休闲活动市场的营销活动。

休闲活动营销是：通过创造和交换休闲活动产品和价值，从而使游客满足欲望和需要的社会活动和管理过程。休闲活动营销的关键是：定位、策划、整合。休闲活动营销是故事高手的过招，是故事行销的较量和竞争。具体而言，定位就是找故事，策划就是编故事，营销就是卖故事，品牌就是吃故事。

(一) 休闲活动营销战略

休闲活动营销战略指通过环境的调研，了解消费者需求，确定正确的营销观念，有效的针对市场需求组织休闲活动，更好地满足顾客的现实需要和潜在需求，形成市场竞争力。

休闲活动项目战略过程是：市场细分和选择目标市场—市场定位—确定营销目标—选择营销战略—确定营销组合（休闲活动产品策划，定价策划，场所、有形设施及过程策划，整合营销传播设计）。

休闲活动营销战略的过程如图 5-1 所示。

(二) 休闲活动营销过程

休闲活动营销的最终目的是提高休闲活动（及相关赞助商）的知名度，满足活动项目顾客的需要，增加收入。

在市场环境中，消费者需求的重要性是毋庸置疑的，但是随着市场的发展，人们发现仅追求满足消费者需求而忽视市场其他影响因素往往使得企业缺乏应有的竞争力。就休闲活动营销来说，仍然要重视消费者的需求，同时应该重视休闲活动市场中各种因素对营销的影响，如政策、自然不可抗拒因素、人们的文化层次、审美、乐趣、竞争对手策略等因素的影响，即采用市场导向营销策略。将顾客和产品放到更加广阔的

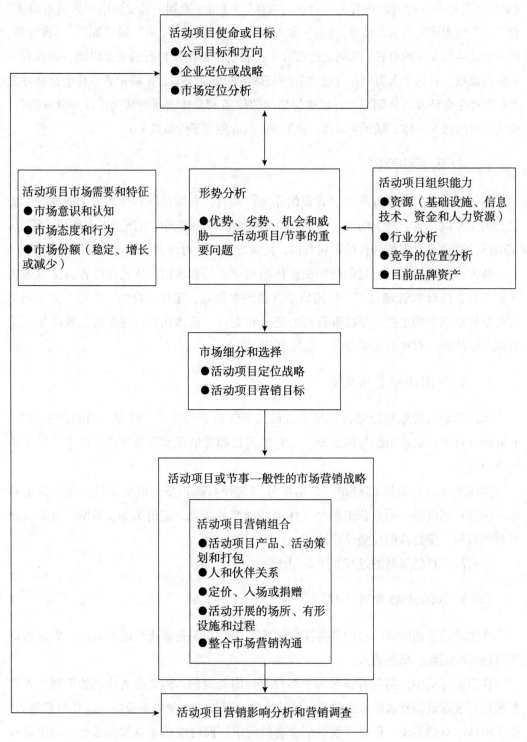

图 5 - 1　休闲活动战略营销过程

环境中去理解，这个环境包括竞争者、政策与管理、广泛的社会、经济和政治等外部力量，通过吸引有价值的顾客，并创造成功的休闲活动品牌，增强竞争力。

在考虑市场环境及政策影响的条件下，休闲活动的市场营销过程大致表现如图5－2所示。

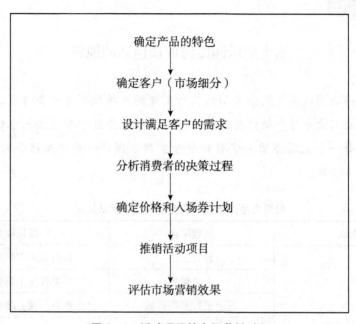

确定产品的特色

确定客户（市场细分）

设计满足客户的需求

分析消费者的决策过程

确定价格和入场券计划

推销活动项目

评估市场营销效果

图5－2　活动项目的市场营销过程

"确定产品的特色"，事实上，每个活动项目都向客户提供一系列的潜在利益，它们可能包括：

（1）全新的经历。

（2）娱乐。

（3）学习的经历。

（4）与人沟通的机会。

（5）购物的机会。

（6）餐饮。

（7）令人满意的结果。

如一次国际板球比赛，比赛中可能有一些观众根本对板球就不感兴趣，但可能对比赛的其他因素却十分在意，如：出席观看或被他人看到。一般来说，参加活动项目的人们把这一项目看作是一个利益总成。例如，方便性和宜人的天气，可能是与比赛同时赋予观众的利益。

总的来说休闲活动的营销过程，一是确定休闲活动市场细分的因素，将市场细分为同质子市场；二是选择目标市场，进行企业和产品的定位；三是针对目标市场采取相应的营销组合。要尽可能选择同行业尚未占有的市场进行定位，采取差异化定位经营，并随变化而适时地重新定位。

 **小案例**

迪士尼乐园度假地项目活动规划

迪士尼主题公园以迪士尼公司动画片所创造的人物故事为主要情节，设计出的主题公园活动经历与竞争对手相比具有显著的差异性，并且拥有这些艺术创意产品的专利权。另外，每一个主题公园至少有四个分主题乐园，如美国大镇小街、探险世界、幻想世界与未来世界。

世界各地迪士尼乐园度假地项目活动规划

度假地	主题园区		娱乐项目
奥兰多沃尔特·迪士尼世界度假地	神奇王国		各类卡通主题娱乐项目
	未来世界		各类科技主题娱乐项目
	迪士尼好莱坞影城		各类影视主题娱乐项目
	迪士尼动物王国		各类野生动物参观项目
	水公园	台风湖	各类水上主题娱乐项目
		碧丽滩	各类水上主题娱乐项目
东京迪士尼乐园度假地	东京迪士尼乐园		各类卡通主题娱乐项目
	东京迪士尼海洋		各类海洋主题娱乐项目
巴黎迪士尼乐园度假地	巴黎迪士尼乐园		各类卡通主题娱乐项目
	巴黎沃尔特·迪士尼影城公园		各类影视主题娱乐项目
香港迪士尼乐园度假地	幻想世界		各类幻想主题娱乐项目
	明日世界		各类科技主题娱乐项目
	探险世界		各类探险主题娱乐项目
	美国小镇大街		各类表演及餐饮购物区

二、休闲活动市场细分

市场细分是 1956 年由 Wendell R. Smith 提出，即把某个产品市场按照顾客需求的差异划分为一系列细分市场的过程。休闲活动市场也需要市场细分，这需要针对消费者需要存在的差异，开发适销对路的休闲活动和适当的市场营销组合，提高消费者获得预期效果的可能性。

（一）休闲活动市场细分

市场细分的定义：按照购买者的需要和欲望、购买态度、购买行为特征等不同因素，把一个市场划分为几个不同的购买者群体的消费过程。市场细分的过程就是查找出最显著、最有可能成为消费者的群体，并加以分类研究的过程。它是对的市场的探索和研究过程，实际上是对具有相同或者相似的消费者群体的辨认和区别的过程，而对潜在消费者的探询过程则是对不同群体的消费模式加以识别的过程。

细分市场是指：每一个具有相同需求特点的顾客群。市场细分是分析客户群的过程，要仔细分析潜在客户不同的动机，并为每一客户群制定相关的活动项目。

休闲活动市场细分是指休闲活动企业根据顾客对休闲产品的需求、购买行为和购买习惯、对价格敏感程度等方面的差异，把休闲活动市场划分为若干个细分市场，从中选择自己的目标市场的过程。

休闲活动市场细分是目标休闲活动市场选择和市场定位的前提，通过市场细分，更好地识别市场机会，抓住最有利的时机进行市场营销。

休闲活动市场中顾客的兴趣、行为、文化程度千差万别，但是同类顾客一般有着相似的需求和特点，因此休闲活动市场是可以细分的。这种市场细分满足一般产品市场细分的特点。根据细分市场制定不同的营销组合，不同的休闲活动产品、价格、营销渠道、促销方法等，以便更好地满足各种消费者的需要，并从中获取利益。休闲活动市场细分具有以下几方面的含义：

首先，休闲活动市场细分的过程并非将休闲活动市场营销分解，而是一个先分后合的过程。对相同特点的消费群体进行归类，施以相同的营销策略，使得企业的生产能力得以充分发挥。

其次，休闲活动市场细分的标准是不同消费者的消费特征，如需求、价格敏感程度、购买动机、文化程度、购买行为等。

最后，休闲活动市场细分的最终目的是使休闲活动企业发挥自己应有的生产能力、创造能力以满足消费者的需求，并实现盈利，扩大企业的市场占有率。

 小案例

迪士尼市场细分与定位

沃特·迪士尼（Walt Disney），一年获利270亿美元的全球娱乐业巨人企业，意识

到它的顾客价值在于其迪士尼品牌：建立在传统家庭价值基础上的有趣的经历和简单的娱乐活动。迪士尼公司将品牌延伸到不同的消费者市场来回报这些消费者的偏爱。譬如全家一起去看迪士尼电影，非常开心，希望继续这种经历。迪士尼消费产品部是整个迪士尼公司的一个部门，其通过整个产品线将目标定位于特殊的年龄层。

例如，2004 年的电影《牧场是我家》（Home on the Range）除了电影本身，迪士尼公司还随之制作了电影原声大碟，一系列玩具和用孩子衣服装饰的女主角，具诱惑力的迪士尼公园主题，以及一系列的图书。同样，迪士尼 2003 年的电影《加勒比海盗》也开展了公园骑车赛，电影商品促销活动，制作游戏、电视剧以及漫画书。迪士尼的战略是围绕其每一个角色与顾客建立联系，从经典的（如米老鼠、白雪公主）到最近成功的麻辣女孩（Kim Possible）。每个品牌的建立都定位于特定的顾客群和销售渠道。米老鼠宝贝和迪士尼宝贝都定位于婴儿，但前者是通过百货店和礼品店出售，而后者是低价定位由大卖场为销售渠道。迪士尼的"米老鼠儿童"系列将目标锁定于男孩女孩，而无限制的"米老鼠"则定位于十几岁青少年和成人。

在电视方面，迪士尼频道是 6～14 岁的孩子最好的目标选择，迪士尼儿童游戏房定位于 2～6 岁的学龄前儿童。其他的产品，例如，迪士尼 Visa 信用卡定位于成人。持卡人在卡里每消费 100 美元就可以赢得一迪士尼"美元"，每年消费 75000 美元就可以兑换迪士尼的商品和服务，包括迪士尼乐园、迪士尼专卖店、迪士尼影院和迪士尼剧场的商品。迪士尼甚至渗入到家得宝（Home Depot）中，包括一系列的特许的儿童房油漆涂料以及带有米老鼠标志的涂料样品。

迪士尼还生产带有相关联的特许品牌特征的食品。例如，迪士尼以小熊维尼为特色的优酸乳。定位于学龄前儿童的 4 盎司一杯的酸乳酪在杯盖下还有图例小故事，以此鼓励阅读。而迪士尼还推出了一种印有米老鼠、唐老鸭以及高飞形象的香草夹心饼干。

所有迪士尼消费产品线的结合可以从迪士尼《麻辣女孩》电视剧这个例子中看到。这一系列剧讲述的是一个典型的高中女生在其空闲时间从一个罪恶的恶棍手中拯救世界的奇遇。这个在黄金时段收视率排名第一的有线电视节目已经催生了大量的由迪士尼消费产品部生产的商品。这些商品包括：

（1）迪士尼硬品系列：办公文具，午餐盒，食品，房间装饰品。

（2）迪士尼软品系列：运动服，睡衣，便服，附加品。

（3）迪士尼玩具：豆子袋，长毛绒玩具，时尚玩偶。

（4）迪士尼出版物：日记，儿童小说，漫画书。

（5）迪士尼唱片：《麻辣女孩》的电视剧配乐。

（6）博伟（Buena Vista）家庭娱乐：DVD/视频。

（7）博伟（Buena Vista）游戏：GameBoy Advance

"《麻辣女孩》的成功源于紧凑的故事，并且故事引很好地融入了许多商品中。"迪士尼全球消费产品部的总裁安迪·莫尼（Andy Mooney）说道。瑞奇·罗斯（Rich Ross），迪士尼娱乐频道的总裁补充道："如今的孩子希望和他们最爱的电视角色，如麻辣女孩，有更深的体验。这一系列产品使得观众的经历与诸如金（Kim），鲁弗斯（Rufus）、罗恩（Ron）等电视角色结合在一起，使得观众能触摸、看见，并且亲身体验到麻辣女孩金的经历。"

沃特·迪士尼 1928 年创造了米老鼠，迪士尼第一部长篇音乐动画电影《白雪公主和七个小矮人》在 1937 年首映。如今，迪士尼产品以令人吃惊的速度渗透。每年孩子们可以看到有超过 30 亿的印有米老鼠标记的产品。不过，正如沃特·迪士尼所说："我希望我们不要忘记的是——所有这一切都由一只老鼠开始。"

思考：迪士尼公司是如何选择细分市场并定位自己产品的？

（二）休闲活动市场细分因素

对休闲市场的细分，通常有四类细分因素：

1. 社会细分

休闲市场的社会细分通常从消费者年龄、性别、社会层次和文化程度来进行。从消费者的年龄来分，可将休闲市场细分为儿童市场（12 岁以下）、少年市场（13~18 岁）、青年市场（19~35 岁）、中年市场（36~49 岁）和老年市场（50 岁以上）。

从消费者的性别来分，可将休闲市场细分男性市场和女性市场。男性消费者喜欢具有竞争性、挑战性和刺激性的产品，喜欢能展现其力量和智慧的休闲项目以及能够让人彻底放松的享乐性项目。女性消费者更青睐于那些能够帮助塑造容貌和身体美丽的产品，喜欢有品位，能够在浪漫、轻松氛围中提高自身修养的产品。

2. 经济细分

从消费者的支付能力来看，可划分为高消费型休闲市场、中档消费型休闲市场和经济型休闲市场。高消费休闲者不甚计较价格，但要求物有所值，要求产品和服务的高档次和高科技含量；经济型休闲消费者则更加重视休闲产品的实际功效，对服务和质量要求不高。

从消费的实际支付者的角度，可划分为集团休闲消费市场和个人休闲消费市场。集团消费市场相对来说，经济实力雄厚，带有招待的商业目的，大多不十分计较成本，但对休闲产品的档次、环境氛围、服务质量要求较高；个人消费市场则重在实惠，让利和促销策略能得到积极反应。

3. 顾客来源细分

从顾客来源角度，可以将休闲消费市场分为本地客源市场和旅游客源市场。本地客源市场更加关注休闲产品的时尚和潮流性，关注产品的健康、文化含量以及价格和营销策略；旅游客源市场，最为关注的则是休闲产品的文化性、地域特色、可参与性和能否得到独特的体验。

4. 根据气候细分

地形、气候、山、水、生物等都是构成休闲活动中的重要因素，其中起主导作用的是地形和气候两方面因素。不同地方气候特点不尽相同。在旅游中气候成为市场产异化定位的重要因素，同样休闲活动依然可以依靠气候制定差异化细分市场。如爱琴海附近显著的地中海风光产生的一系列沙滩休闲活动，每年吸引欧洲80%以上的度假者前来消费。从旅游市场普遍现象来看，一般气候寒冷、缺乏阳光地区的旅游者趋向于到阳光充足温暖的地区旅游。相反，温暖地区的游客趋向于在冬天去北方寒冷地带猎奇。

在细分休闲活动市场的时候还需要注意的是休闲活动中消费者的年龄、文化程度、性别等因素都能构成不同的细分市场。我们也可以根据消费者群体的性别、文化程度、年龄等进行市场细分。

 想一想

目前，我国高低收入者的消费差距、城乡消费差距进一步扩大，因此，休闲消费结构层次也参差不齐。一些大中城市、发达地区以及部分高收入阶层实际上已进入集约型休闲消费结构的阶段，休闲者的消费频率逐渐上升，质量意识和品牌意识日趋增强，对个性化休闲产品的需求与日俱增。例如，2005年4月浙江的旅行社推出了每人旅游费用超过两万元的加勒比海豪华游轮之旅和南美线路，杭州游客趋之若鹜。据统计，在瑞士，中国游客每人每天的平均消费为313美元，居各国游客之首；在法国，中国游客的平均消费约为3000美元，是欧洲游客的3倍多。难怪国内著名财经杂志新周刊发出了密集观光疯狂购物，中国人海外高消费震惊世界的感叹和惊呼。据永安会计事务所一份研究报告披露，目前在中国内地，有1000万~1300万人经常购买奢侈品，中国每年奢侈品消费额已超过20亿美元，成为世界第三大奢侈品消费国。而另一份研究报告则显示，到2020年，中国将取代日本成为世界第一大奢侈品消费市场。但在中国广大的农村地区，简朴型休闲消费结构仍占支配地位。农民普遍收入较低及城乡收入差距的拉大，出现了高收入者抑制休闲消费，低收入者没钱休闲消费的现象。

你认为这种现象有利于休闲活动市场发展吗？为什么？

三、休闲活动市场定位策略

市场定位是通过识别顾客需要，开发并向顾客传播与竞争者不同的优势产品，使顾客对该产品有比竞争产品更好的认知过程。

对休闲业而言，休闲产品的定位策略，实质上就是要根据目标顾客的需求因素，在其心目中形成"第一"，形成独特性。竞争性定位策略是非常行之有效的定位策略，主要包括以下 4 种方法。

（一）避强定位

避强定位也叫寻空定位、缝隙定位、补缺定位。就如赵传的一首歌里所唱："我很丑，但是我很温柔"，这种定位策略不与对手正面交锋，它谋求的是与竞争对手"共享共荣""和平共处"。其核心是分析休闲消费者心中已有的形象阶梯的类别，发现和创造新的形象阶梯，从而树立一个与众不同、从未有过的主题形象。如，提供水上游览、娱乐的游船公司，它们中的大多数都提供一种分别停靠于不同港口的多日游览体验，然而，有些瞄准超细分市场的游船公司却发现，那种不靠岸的一日游很有赚头，女王伊丽莎白二世号（QE－2）游船成功地开辟了一个像劳斯莱斯一样的游船超细分市场，价格要数千美元，游览的时间也更长。

不过，为避免目标市场过小，使用这种定位策略的公司也会设法适当拓宽其定位、以吸引更多的细分市场。例如，亚利桑那州的巨石（Boulders）度假饭店宣称自己是最好的高尔夫度假地，是一个豪华的度假地，能给客人提供观赏索诺拉沙漠动植物群落的机会。通过这样的定位，巨石度假饭店既可以吸引高尔夫爱好者，也可以吸引一部分非高尔夫爱好者。

（二）对强定位

对强定位也叫逆向定位、对抗定位。这种策略强调并宣传定位对象是休闲者心目中居第一位的或熟悉的某类休闲产品形象的对立和相反面，同时开辟了一个新的易被潜在消费者接受的形象阶梯。对这类策略，如重庆洋人街针对潜在消费者耳熟能详的主题公园，宣称自己是"非主题公园"（non-theme park），这就是否定"主题公园"模式以谋求一种矛盾性的对立形象，从而树立自己的有利地位。

（三）近强定位

近强定位也叫比附定位、借势定位，有句俗话叫"宁做鸡头，不做凤尾。"而近强定位遵循的理念则是"宁做凤尾，不做鸡头。"大多数行业都有一个公认的市场领导者，这个领导者公司在相关的产品市场中占有最大的市场份额，而使用近强策略的公司通常被称为"市场追随者"，由于其领导者公司已占据绝对的优势位置、自己的实力难以抗衡，怎么办呢？此时可强调与这个"第一"属同一类别，并不去占据原有形象阶梯的最高阶，而情愿甘居其次。这种策略通过模仿或有创新的模仿来规避风险、降低成本，获取利润。在休闲活动的策划中，这种定位策略常被使用，如2005年湖南卫视"超级女声"节目获得巨大成功后，各种娱乐选秀节目立刻纷至沓来，如江苏卫视的"绝对唱响"、吉林市电视台等四家单位联手打造的"超级女声秀"，另外，还有"闪亮新主播""美丽中学生""新声夺人""超级偶像"等。

（四）超强定位

超强定位也叫领先定位，争雄定位，称霸定位。这种策略强调在休闲者心目中占据同类品牌形象阶梯的第一位置，我就是老大，即直接在某类影响较大的品牌形象阶梯中明确自己已经具有或有能力占据的第一位置。如，美国的某个高尔夫球场，这个球场跨越国境，号称拥有世界上唯一的国际性高尔夫球洞和加长的可供公司管理人员乘坐喷气式飞机降落的私人飞机跑道，因为这些设施，该球场名声在外。

 小案例

黑暗中的晚餐

这是一个起源于法国的展馆系列，目的是让明眼人体会盲人的生活。黑暗中的晚餐是新增加的项目。"对话黑暗"展馆，每次只能坐30多人，有种种注意事项：必须提前很多天订座，然后按人头把钱汇到指定的账号上。不点菜，不退订位，不迟到。展馆里真正是一片黑暗，每位客人在进入后可领到一根拐杖，并且教你如何使用拐杖。每张桌都有一个盲人负责领路、照管，有任何事情都可以找这人解决。在进入餐桌前，顾客在盲人服务员的引领下，必须在黑暗中走完一段路，一段沙石地，一座桥，一段上坡路，然后又是一座摇摇晃晃的桥。接着，顾客须得为自己摸到椅子、在提示下找到叉刀和汤勺和酒杯、为自己倒饮料、夹菜、碰杯、交谈……所有这一切，都得在伸手不见五指的黑暗中完成。就餐完毕，每个客人可得到一份盲文餐单和一份盲文的字母单。由盲人服务员手把手地教每个人认识盲文中的ABC，然后再引领客人出门。

思考：本案例中采用了哪种定位策略？

四、休闲活动产品

休闲活动古已有之，中国古人赋予休闲浓厚的文化内涵，形成独具一格的文化，如收藏字画，篆刻临帖，弈棋鼓琴，栽花养鱼等，均是休闲活动的方式。时至今日，休闲活动逐渐产业化，人们不再局限于在家休闲娱乐，人们需要通过参与户外休闲活动愉悦身心、舒缓压力。这需要企业提供合理的休闲活动产品供消费者选择，而休闲活动产品设计成功与否成为企业立足休闲市场的重要因素。

（一）休闲活动产品定义

休闲活动产品即生产经营者提供的、用于满足休闲消费者需要的各种产品和劳务的总和，既包括各种直接用于休闲消费的物质产品，也包括各种满足休闲消费者休闲需要的休闲项目、休闲设施。

唐湘辉认为休闲产品可以分为两大类：一是物质型休闲产品；二是劳务型休闲产品。

1. 物质型休闲产品

物质型休闲产品是指直接以物质产品的消耗满足休闲消费者休闲需要的产品，如休闲食品、休闲服装、休闲生活用品、休闲房地产以及各种精神产品的物质载体。

2. 劳务型休闲产品

劳务型休闲产品又可以分为设施服务型休闲产品、活动服务型休闲产品。

设施服务型休闲产品是指凭借各种休闲设施向休闲消费者提供服务以满足休闲消费者需要的服务性产品，如娱乐游艺场、主题公园、运动场馆等提供的各种游乐游览、康体休闲等服务以及各种住宿设施等。

活动服务型休闲产品是指通过组织休闲消费者完成某项休闲活动以满足消费者休闲需要的服务，如旅行社组织的观光旅游、工业旅游和农业旅游向游客提供的参观游览活动、采摘果实、钓鱼、各种民俗节庆活动等。

（二）休闲产品的悖益论

合理的休闲活动能提升人类的生活品质，而高品质的生活直接来源于愉快的、满足个人需要和和睦的家庭，所以我们的休闲活动应该益于工作，益家庭的。休闲活动可分为四种类型，如图 5-3 所示。

图 5-3 中横坐标代表与家庭相关的休闲活动类型，纵坐标代表与工作相关的休闲活动类型。从休闲与工作的相互关系看，休闲与工作的高度融合显然是我们所追求的目标之一，现代社会中的许多工作带有这种性质，比如艺术家、成功的企业家，他们的工作带有一定挑战性，在很大程度上能够实现其自身价值，这些人经常可以迷醉地进行工

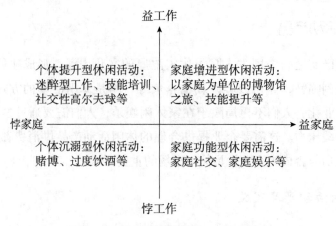

图5-3　休闲活动对家庭、工作的悖益

作，并从中找到快乐。与此相对应的是拥有较少自主性，重复、单调的体力劳动，这些人的工作与休闲截然分开，其休闲生活对工作来说大都是逃逸性的。而随着社会的进步，人类会拥有越来越多的机会从事创造性、挑战性的工作，这也预示着未来的休闲活动必定是指向益工作的，也即在工作中休闲，在休闲中工作。

图5-3的另外一轴——家庭，说明休闲活动与家庭的关系。家庭是与工作场景同等重要的人生舞台，家庭在休闲时间里进行夫妻与子女之间以及所有家庭成员之间的交流和沟通，可以巩固家庭的纽带作用和凝聚力，维持和加强家庭和谐。反之，极端的个体沉溺型休闲活动会破坏家庭的良好氛围，最终破坏幸福人生的实现。

休闲活动产品应该向着益工作，益家庭的双重属性方向设计，体现出休闲活动提升人类生活品质的功效。休闲活动产品的应该着重于提升消费者生活质量，增加消费者生活满足感等方面设计。

（三）休闲活动产品开发

在休闲产品的开发过程中，应该注意以下问题：

1. 市场调研

了解不同消费者的休闲需求，开发出适应不同层次的消费者消费的休闲产品。如年轻人喜欢新奇、有刺激、具有挑战性的休闲产品，老年人则喜欢选择安逸、舒适的休闲产品，年龄、性别、职业、文化程度、心理特征等对休闲产品的消费都会产生很大的影响。休闲产品的消费具有较大的需求收入弹性，在开发休闲产品时要注意结合不同的收入水平开发适应不同收入水平的人消费的休闲产品。

2. 体现时代的特性

随着时代的变迁，有些休闲活动方式没有发生变化，但是其内在的精神或者所要表达的思想发生了转变，结合时代特征，使得休闲产品更具吸引力，特别是吸引年轻人的目光。

3. 注意风险性

休闲产品之间存在着较大的可替代性，要让休闲活动牢牢抓住消费者的心是十分困难的，消费者的爱好及猎奇心瞬息万变。且休闲活动具有季节性等的特点，易收到自然条件的限制等，这里面存在风险。

4. 处理好大众性和个性化的矛盾

休闲活动首先是一种大众性的休闲方式，但是个性化的产品设计更能吸引消费者，满足消费者的个性化需求，在大众消费的产品模式中应设立满足个性消费的产品。

5. 设计的层次性

由于消费者消费结构的各异、文化程度高低不同，休闲产品应根据市场细分设计出不同的产品体系以满足不同消费群体的消费需求。

6. 体现文化功能

解决好休闲活动的定位问题，针对不同的休闲模式添加一定的文化元素进去，打造精品休闲活动产品。

（四）常见的休闲活动产品

休闲活动是有效缓解人们生活压力、显著提升消费者生活质量的高品质休闲活动产品。苏庆军、孙革、左艳华在内蒙古林业调查设计中提出了森林休闲产品设计的不同类别，本书根据这种分类将休闲活动产品归结如下。

1. 滞留服务型

支持项目：小木屋旅馆，帐篷旅馆，宾馆、旅店，农家客舍。（如图5-4所示）

帐篷旅馆　　　　　　　　　　　　　森林小屋

图5-4　滞留服务型休闲产品

滞留服务型休闲产品不仅仅是满足休闲者留宿的需要，更重要的是此类产品如何在看似简单普通的日常生理需要中体现生态文化的理念。主要适用于户外景点旅游休闲活动中。在留宿地营造一种让顾客贴近自然，陶冶情操的意境。

2. 康体健身型

支持项目：登山、骑马、垂钓、滑雪、攀岩、荡秋千、狩猎、高尔夫。（如图5-5所示）

登山　　　　　　　　　　　　　　　高尔夫

图5-5　康体健身型休闲产品

与优美环境相结合的运动项目可让休闲者在自然环境中运动、在休闲生活中健身，运动也可帮助度假者解除心理压力，享受运动的乐趣，在动与静、力与美中感受源自人类本能的生机与活力。

3. 保健疗养型

支持项目：沙滩日光浴、景点疗养院、环岛漫步风景线、温泉。（如图5-6所示）

温泉　　　　　　　　　　　　　　景点疗养院

图5-6　保健疗养型休闲产品

城市中很多人处于亚健康状态，有效的休闲活动疗养功能能够调节这些消费群体的身心，舒缓压力，满足消费者休息、保健、恢复疗养的需求。

4. 体验满足型

支持项目：采摘水果野菜、种植纪念树林、果园采摘品尝。（如图5-7所示）

果园采摘   蔬菜采摘

图5-7 体验满足型休闲产品

让消费者参与休闲活动中，切身体验活动的过程及最后成功的满足感及满足感，让顾客体会到生活的意义，弘扬某种向上的积极的精神。

5. 野趣游乐型

支持项目：烧烤、篝火晚会、吊床、野炊、露营。（如图5-8所示）

野营   野炊

图5-8 野趣游乐型休闲产品

野趣游乐型产品突出的是一个"野"字，要体现出产品的原始性、荒野性和自然性。人们通过该产品的消费，感受到原始丛林生活，体验到与自然亲密接触所带来的乐趣，还可增进亲友、同伴彼此间的情谊，满足人们猎奇心理。

 **小资料**

从世界旅游发展的宏观背景看，节事早已成为国际性城市旅游目的地旅游资源。自 20 世纪 80 年代以来，欧美发达国家就已经加强了对各种事件的科学管理和市场运作，并将各种事件演变成为推动各自城市旅游发展的重要动力。作为以各种盛事、节日的举办和庆祝为核心吸引力的一种特殊旅游形式，节事旅游已日益成为世界各大城市发展旅游业、振兴旅游经济的重要方式。许多国际性大都市在积极引进国际性重大会议或者体育赛事的同时，通过提炼和加工传统民族节日，或者创办新型城市文化娱乐型节庆活动的方式，已形成各具特色和市场口碑的旅游事件。如闻名世界的英国伦敦诺丁山狂欢节、德国慕尼黑啤酒节、西班牙潘普罗纳城奔牛节，都已经成为举办城市享誉全球的独特旅游资源，并进一步演化成为获得旅游市场认知的旅游城市名片和吸引游客的旅游产品品牌。

节事旅游在国外发展时间比较早，特别是在一些发达的国家和地区，节事旅游发展已成体系，部分节事旅游具备丰富的文化内涵和深厚的群众基础，这些活动从策划、组织、管理、运作到评估已具备了一套相当完善的运作体系，较有代表性的有，"美国玫瑰花节""日本御堂筋节""西班牙奔牛节"和"巴西狂欢节"等。

思考：如何将我国的传统节日融入休闲活动产品中？

任务二　休闲活动定价策略

休闲活动的类型和市场定位不同，其定价策略也就有所不同。定位于大众市场的休闲活动，例如普通健身俱乐部消费，须将价格定位在一个客户能够支付得起的水平上。而定位于高端休闲产品的休闲活动产品，则不可能将自己各类休闲消费活动定价过低，如阿联酋迪拜的泊瓷（BurjAl-Arab）酒店，这所据称是世界上唯一的 7 星级酒店所定位的目标市场是非常富有的消费人群，并且这部分消费人群愿意为档次高的休闲活动付费。

一、影响休闲活动定价的因素

（一）与顾客认知相关的影响因素

当大部分的休闲活动需要凭票入场的时候，也有些活动不向消费者收取入场费。

然而，所谓"免费"的活动并不代表活动项目的提供不需要花费，也不代表消费者参加活动不需要成本。这里涉及三个概念，即感知价值、感知成本和净值（即净价值）。其中，"净值"等于所有感知价值的总和（总价值）减去所有感知成本的总和。感知价值和感知成本之间的正差值越大，消费者所获得的净值（即顾客感知净价值）就越大。明白这些，对休闲活动营销人员而言非常重要。其间关系如图5-9所示。

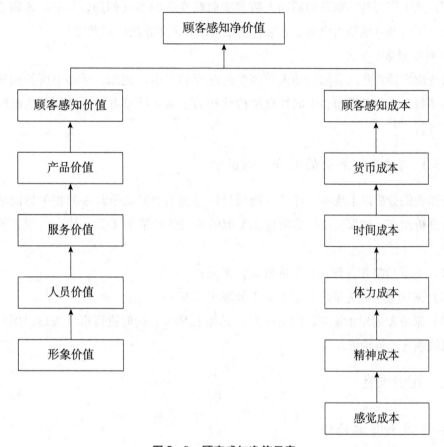

图5-9　顾客感知净值示意

以一次大型的慈善募捐晚会活动为例，休闲活动消费者感知价值包括晚餐、饮料、娱乐项目、停车、社交机会、名望及对不寻常夜出活动的新奇感等；而消费者感知成本包括金钱成本、所花费的时间成本、到达晚会活动地点所耗费的体力成本、精神成本（进行社交所需要的思考活动，如在某些社交环境中可能存在不自在的感觉）以及感觉成本（例如夜晚暴雨天气带来的不便、座位的不舒服、环境没有吸引力等）。休闲活动消费者的感知价值与感知成本相减即为顾客感知净价值，感知净价值越大，顾客越满意。

如果休闲活动组织者对这些消费者感知成本的要素考虑周详，努力缓解这些困难，对消费者感知价值表现充分，潜在消费群体们会很乐意购票参与。

（二）与休闲活动本身相关的影响因素

为了确定某一休闲活动的价格方案，休闲活动组织方应考虑以下两种成本。

1. 固定成本

固定成本即那些不随参加活动人数多少而改变的成本（例如，活动场地租金、贷款利息、照明和其他动力成本、志愿者制服费用和艺术家的出场费等）。

2. 可变成本

可变成本即那些随参加活动人数多少而改变的成本（例如，活动中所使用的塑料酒杯的花费、新产品发布会中的饮食招待费和为了服务活动参加者而招募的临时志愿者费用等）。

（三）与竞争者相关的定价影响因素

正如我们分析以上成本一样，活动项目经理也需要对竞争对手的相关休闲活动价格进行分析调查。如果发现与本项目相类似的项目的价格是 X 元，那么本项目的价格选择有：

（1）与其价格相一致，也把价格定为 X 元；

（2）采用成本领先策略，定价为 X 元减去 25%；

（3）采取差别定价策略，则定价为 X 元加上 50%，同时进行市场沟通以提高该活动项目的顾客理解价值。

二、定价策略

（一）定价策略的分类

用来实现休闲活动预期目标的定价策略可以是以收益为导向的定价策略，也可以是以运营为导向的定价策略，还有以市场为导向的差别定价策略。

1. 以收益为导向的定价策略

此策略尽可能把价格定为目标市场能接受的最高价格，以此方式来获得最大收益。明星慈善募捐晚会门票的定价就可采用这种策略。

2. 以运营为导向的定价策略

这种策略试图通过在低需求的时候采取低价、在高需求的时候采取高价的方式来平衡供求关系。很多量贩式 KTV 采取的就是这样的定价策略，白天上班时间折扣高、价低，夜间价高，工作日价低，周末价高。

3. 以市场为导向的差别定价策略

以市场为导向的定价策略，不同的细分市场采用差别定价的办法。例如，一个为期三天的音乐节，给那些三天音乐节都要参加的参与者（那些狂热分子）一种票价，为了俘获那些第一次参加音乐节或音乐业余爱好的心，会有仅参加音乐节一天的票价，以及为了欣赏最后一天的压轴表演和享受精美晚餐配套服务的票价。

（二）定价策略的选择

营销人员在选择休闲活动定价策略时的关键问题与价位水平和付款方式相关。郭鲁芳将休闲消费结构界定为四种类型：即简朴型消费结构、粗放型消费结构、集约型消费结构和舒展型消费结构。

1. 简朴型休闲消费结构的基本特征

（1）消费者收入水平较低，休闲方式单一；

（2）绝大部分休闲花费集中于大众化休闲消费，个性化的休闲项目和产品所占比例很小，甚至空白；

（3）休闲消费主要以低档项目为主；

（4）休闲消费频率低、支出少。

2. 粗放型休闲消费结构的基本特征

（1）消费者收入水平不高，休闲方式有限；

（2）消遣性、娱乐性休闲消费比例有所上升，但发展性休闲消费比例偏低；

（3）休闲项目和产品在量上粗放型增长，但质量档次并未提升；

（4）休闲消费频率较低、支出较少。这种类型消费结构中，休闲消费水平的提高主要表现为外延型量的扩张，而不是集约型质的提高。

3. 集约型休闲消费结构的基本特征

（1）消费者收入水平较高，休闲方式呈现多样化；

（2）发展性休闲消费在休闲消费结构中所占比例与享受性休闲消费大致相当；

（3）休闲项目和产品在量增加的基础上，质量和档次有所提高，中高档休闲产品出现；

（4）休闲消费频率上升，休闲消费支出增长较快。

4. 舒展型休闲消费结构的基本特征是

（1）消费者收入水平较高，主动性休闲消费日益普及，人们为了自己的快乐而休闲；

（2）除了常规休闲类型外，还出现了能满足消费者情感需求的个性化休闲产品；

（3）享受性休闲消费比例下降，发展性休闲消费所占比重较大；

（4）休闲项目和产品的消费在量上保持稳定，在质上提升较快，高档休闲产品已被一部分人接受；

（5）闲暇时间较多，休闲消费频率较高，消费行为的支付约束弱化，休闲支出较高。下面归纳了休闲活动营销人员定价时应解决的一些问题以及可供选择的相应策略。

①应该收费多少？

- 哪些成本应该包含进去？
- 顾客对不同的价格的敏感度有多大？
- 休闲竞争对手的价格是多少？
- 对选定的目标市场，给多少折扣比较合适？
- 是否需要采用心理定价法？（例如，采用 199 元的价格代替 200 元）

②定价的基础是什么？

- 活动的每个要素是否应该单独收费？
- 是否收取入场费？
- 是否对消费者所消耗的资源进行收费？
- 是否对捆绑式打包服务采取单一价格进行收费？

③由谁负责收款？

- 活动的主办者？
- 售票代理机构？

④收费地点应该设置在哪里？

- 活动现场？
- 售票机构处？
- 在顾客家里？顾客采取电话付费、还是网络付费方式？

⑤什么时候进行收费？

- 售票时？
- 活动当天？

⑥应该采取何种付款方式？

- 现金付款——顾客自备零钱？
- 信用卡付款？
- 电子销售点？
- 代金券？

细分市场定价：歌剧院的 9 级票价

很多公司都酷爱全面涨价——但是又怕失去业务。坐落在首都的一家歌剧院在经历了一个惨淡的季度后决定提高票价时，票务部经理吉米·莱格瑞特觉得应该找到一个更好的办法。在仔细研究了剧院的营业状况后，他确实找到了一个好办法。

他知道时间不同剧院的营业状况会有很大不同，如周末销售状况通常较好，而每个星期中间的几天戏票销路极差。同时，他也知道所有的座位都是不一样的，甚至是最受欢迎的头等座位也是不一样的。因此，票务经理和他的手下在剧院的 2200 个座位上一张一张坐过去，根据视野和声响的不同，赋予每个座位一定的价值。莱格瑞特将票价由以前的 5 个级别改为现在的 9 个级别。最后，剧院里那些人们渴求的座位的价格大部分都上升了 50% 左右，但是也有 600 多个座位的价格降了下来。这个冒险活动使接下来的这个季度的收入增加了 9%。

虽然莱格瑞特不知道对这个冒险活动该如何命名，但是实际上他用的是"细分市场定价"策略。

任务三　休闲活动营销渠道及整合营销传播

一、休闲活动营销渠道

（一）休闲活动营销渠道的概念

休闲活动营销渠道：指休闲活动产品从企业向消费者转移过程中经过各个中间环节连接起来而形成的通道。起点是休闲活动生产企业，终点是休闲活动消费者。中间环节包括各种代理商、批发商、零售商等组织或者个人。

休闲活动产品营销渠道的类型主要有：直接营销渠道和间接营销渠道、长渠道和短渠道、宽渠道和窄渠道、单渠道和多渠道等。

直接营销渠道是指旅游企业（假设休闲活动产品由旅游企业生产）不经过任何中间环节直接将产品销售给顾客的营销渠道；间接营销渠道是指旅游企业通过两个或两个以上的中间环节来销售其产品的营销渠道，这是目前旅游企业最主要的产品营销渠道。长渠道和短渠道是指休闲活动产品最终到达消费者的过程中所经过的中间环节的多少，环节有多少，渠道有长短，最短的渠道即直销。宽渠道和窄渠道是指旅游企业的产品销售网点数目或分布格局的多少，即宽窄。所有休闲活动产品全部由生产企业直接销售或全部交给批发商经销，即单渠道。根据不同层次或不同环节或旅游消费者的差异，旅游企业采取不同的营销渠道，即多渠道。休闲活动产品营销渠道的畅通与否主要取决于中间商的活跃程度。

营销渠道与分销渠道如图 5 - 10 所示，当中间环节超过两个的时候一般我们认为此种营销属于分销渠道，可以扩大市场渗透，与更多消费者联系并缩减产品生产商的销售环节成本。

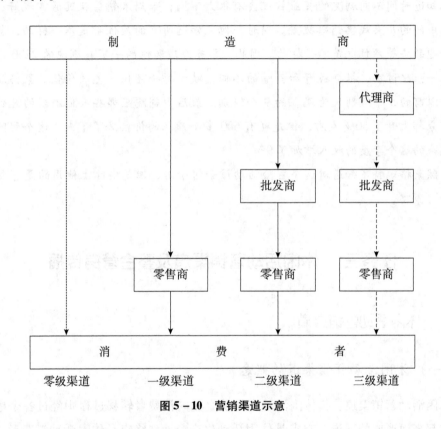

图 5 - 10 营销渠道示意

（二）休闲活动营销渠道策划

营销渠道策划的目的是要保证休闲产品能够及时到达目标市场，同时，还要节约渠道费用，提高渠道效率。因此，对休闲产品的营销渠道策划，必须按照一定的程序有条不紊地进行。具体来说，休闲活动营销渠道策划的程序包括明确策划营销渠道目标、选择渠道模式、确定营销渠道和评估渠道方案等几个方面。

1. 明确策划营销渠道的目标

一般来说，营销渠道目标包括便利性、效率性、稳定性和合作性。

（1）便利性——企业所设计的营销渠道网络系统以及分销网点的布局应该有利于方便目标顾客购买，这样才可能更广泛地覆盖和渗透目标市场。

（2）效率性——对企业各种营销渠道方案可能发生的成本和可能取得的收益进行分析、选择产出/投入比高、经济效益好的方案。

（3）稳定性——营销渠道一旦建立，尽量避免不断变动，在渠道结构不变的前提下，对渠道人员、资源分配等可做适宜调整，保持分销渠道的相对稳定性和一定的灵活性。

（4）合作性——渠道的设立有利于保持休闲产品生产企业与渠道成员之间的合作性，注意协调、平衡和兼顾好企业和渠道成员间的利益关系。

2. 选择渠道模式

休闲活动的营销渠道模式主要包括采用直接渠道和间接渠道，直接营销渠道是指企业将休闲产品直接出售给休闲消费者而不经过任何一个中介，通常有以下两种情况。

在生产现场：休闲产品生产企业自己充当零售商，等待顾客上门购买。如运动俱乐部、电影院、一些旅游景点、小餐馆、博物馆等都是通过这种渠道来销售休闲产品。

在顾客家中：休闲产品生产方通过预订系统来扮演零售商的角色，消费者只需通过电话、电传或电脑等设施就可以预订自己所需要的休闲产品。如迪士尼乐园、奥运会和世博会的门票预售，又如，重庆龙门阵魔幻山主题公园的门票和年卡可在相应网站实现在线购买。

 小资料

间接营销渠道是指休闲活动项目提供方通过中介来销售休闲产品的销售渠道也就是分销渠道。对于多数休闲活动，常常要考虑的是否需要利用售票代理机构这种中介，售票代理机构可以拓宽分销网络，方便消费者购票，加快消费者入场；另外，使用代理机构，也减少了在户外接受现金购票中所固有的安全问题；由于消费者提前购票，门票收入在活动开始数周前甚至数月前就可以流入到活动主办者手中，这对于活动主办者财政状况的健康运行所起到的作用是不言而喻的。但是，售票代理机构同时向活动主动者和消费者收取费用。是否使用代理机构取决于：休闲活动的类型、其他可用的购票设施、目标市场是否愿意支付购票服务费及目标市场相对的消费承受能力。

3. 确定营销渠道

根据企业制定的企业营销战略，并结合休闲活动市场情况确定选择何种营销渠道。如：企业销售能力有限、企业规模较小、直接销售的费用过高、企业销售人才不足等条件限制下采用分销渠道策略。在休闲活动企业规模较大，直销渠道畅通、直接销售成本低市场分销渠道成本过高、企业销售人才充足等条件下采用直接营销渠道策略。

4. 评估营销渠道方案

评估渠道方案的标准有以下三个。

（1）经济标准。经济标准是指企业设立分销渠道的目的是获得最大的经济利润。通过比较各种分销模式的成本以及可能取得的销售收入，进而评价渠道模式的优劣。

（2）控制标准。控制标准是指企业对分销渠道的控制程度。渠道长度越长，对渠道的控制难度就越大。如果企业不能有效地对渠道进行控制，会使分销渠道的运作受到影响。

（3）适应标准。适应标准是指休闲产品生产企业与中间商合作关系的灵活程度。如果企业与中间商签订的合约过长，一旦环境发生变化，要求企业变更分销模式，企业却不能解除与中间商的合约，这样的分销渠道就缺乏灵活性和适应性。因此，企业与中间商的合作关系，应当考虑分销渠道的灵活性和适应性。

中国奥委会营销渠道

中国奥委会是奥林匹克营销活动中的一员，从国际奥委会的角度看，国家奥委会和奥运会组委会都是国际奥委会的营销渠道。但是，中国奥委会不属于国际奥委会所建立的营销渠道中被雇用的一个环节，它有一个独立的中国市场，发展自身的营销渠道，不仅可以实现中国奥委会的营销目标，而且还可以更好地推行奥林匹克市场扩张和多元化经营战略。

一、媒体

一种不断增长中国奥委会营销的渠道是体育媒体。电视网、有线电视、收音机和因特网都被认为是渠道。体育产品通过上述媒体转交到最终的消费者手中。中国体育代表团在世界赛场上的表现通过这些媒体向公众分销。这样，媒体被认为是中国奥委会营销渠道，他们使中国体育代表团所创造的精神产品以最为适时和最为有效的方式送达给公众。

除了电视、广播、报纸三大媒体外，近年崛起的"第四媒体"——网络又加入了媒体竞争。如1996年中国商业网站的老大——新浪，以800万元天价买下"奥运会中国体育代表团唯一互联网合作伙伴"的称号。

二、中国国际体育用品博览会

1993年，国家体委就提出了加快体育产业化的意见，并将体育产业化纳入了体育工作的总体规划之中。这样，奥运争光计划、全民健身计划、体育产业化这三者就形成了市场经济条件下我国体育工作的新思路。这一年，体育用品博览会（简称体博会）应运而生。体博会作为我国体育产业的排头兵，从无到有，不断发展壮大。在展示我国体育事业成就、培育体育市场、促进体育产业发展、加强国际间体育交流等方面发挥了极其重要的作用。为了最大限度地把中国奥委会营销活动与体育用品的开发融合起来，需要在中国国际体育用品博览会中突出中国体育代表团装备展览区，加大对中国体育代表团赞助企业的宣传力度，调动新闻媒体踊跃参与的积极性，对中国体育代表团装备进行全方位、多视角的立体报道，使赞助企业在新闻媒体的正面宣传下，充分显示它对中国体育代表团对社会的贡献。中国国际体育用品博览会应成为展示中国奥委会标志、中国奥委会商用徽记、提升中国体育代表团形象、宣传中国奥委伙伴对体育的热心支持和热忱的爱国之情的盛会。同时它也应该成为中国奥委会与合作伙伴沟通的大展台。

三、奥林匹克精品走廊

国家体育总局与北京市崇文区及时确定了建设奥林匹克精品走廊这一推动体育产业发展的意见和项目。奥林匹克精品走廊的总建筑面积为 7 万平方米，它毗邻国家体育总局，而围绕着体育总局的区域是许多运动协会以及上百个体育单位的所在地，这里有丰富的体育资源，包括人才、信息、市场等，是体育市场的宝库，而建立奥林匹克精品走廊的目的就是要把这种资源转化为产业优势。就整个街景的气氛而言，将突出体育的特点和精神，突出体育的文化内涵，将来人们置身奥林匹克精品走廊中，会有一种来到体育艺术殿堂的感觉。国家体育总局不仅坚持以推动体育市场发展为目的，通过市场化操作把项目做好，而且还深入推广产业化概念，宣传体育成就，引导体育消费，吸引各国的体育商人、体育爱好者来做生意、来观光。

四、中国体育博物馆

就像奥林匹克博物馆作为国际奥委会营销渠道一样，中国体育博物馆也具有同样功能。中国体育博物馆建筑面积 7100 平方米，展出面积为 2510 平方米，藏有古今体育文物超过 4700 件，珍贵体育文物图片超过 5000 幅，是宣传和研究中国体育文化的多功能综合性新型社会教育阵地和了解中国体育的一个重要窗口。博物馆举办了各种展览，如第 11 届亚运会体育集邮展览，是亚洲规模最大的专题邮展；弘扬中国亚运精神巡回展览；争办 2000 年奥运会展览；奥林匹克运动百年展；中国健儿在巴塞罗那；开放的中国盼奥运等，每年观众超过 20 万人次。博物馆自 1990 年开馆以来，已接纳一百多名国际奥委会委员和国际单项体育联合会的代表。

二、休闲活动的整合营销传播

在过去很长一段时期内，促销是营销组合中的一个专业术语，然而现在"整合营销传播（IMC）"这个词的使用几乎完全取代了它的位置。随着媒体技术、市场预期、竞争的各种变化，传统的向市场单方向"促销"的观念已经被建立一种与市场的双向关系所取代了。整合营销传播认为所有与顾客相联系的资源都可能是获取休闲活动消费者信息的渠道，它利用了所有与顾客相关的沟通方式。

（一）品牌信息

对休闲活动而言，标识并不仅仅是个有形的标志，如奥林匹克运动会的五环标志。奥运品牌来自人们的感知，我们如何将品牌同休闲活动项目联系起来，它将为我们带来什么？它的标志和符号的含义是什么（如奥运火炬）？然而，聪明地利用品牌效应可以帮助活动策划经理在休闲活动消费者面前将无形的现象有形化。在发展整合营销传播战略中，休闲活动组织者应该知道四个品牌信息来源（邓肯，2002 年）。

（1）计划信息（媒体发布，售票处人员销售或票务代理，广告，电子邮件营销，网站）。

（2）非计划信息（无法预料的或好或坏的口碑，媒体报道，投诉）。

（3）产品信息（隐含一些跟休闲活动相关的决策信息——活动策划、定价、地点）。

（4）服务信息（休闲活动工作人员或志愿者的品质、休闲活动交通质量及其他支持性服务）。

通过这些信息的分类，休闲活动的品牌形成并不仅仅依靠自身计划的促销工具，有许多影响因素，他们中的一些是可控制的。

（二）休闲活动整合营销传播过程

整合营销传播的策划要求"用同一个声音说话，同一张面孔示人"。所以，所有的整合营销传播工具，如广告，直接销售，公关关系，销售促进，打包销售等都必须传递相同的信息。休闲活动整合营销传播的过程，如图 5-11 所示。

（三）休闲活动整合营销传播工具

1. 广告

在休闲活动的整合营销传播工具中，广告指的是一切由活动组办这来支付费用的、非个人促销的促销形式。广播、电视、报纸、杂志、互联网、户外广告（广告牌、公共汽车候车亭及厕所）、公共汽车及出租车之类的可移动平台等，都可以用来做广告。对于大多数休闲活动项目及节事，没有必要采用主流媒体（电视、报纸和电台）做广告，高费用不划算。而媒体合作商可以帮助解决这个问题，但是有创新性的制作广告信息仍是很昂贵的，尤其是让广告代理机构来做。休闲活动项目及节事的广告战中，

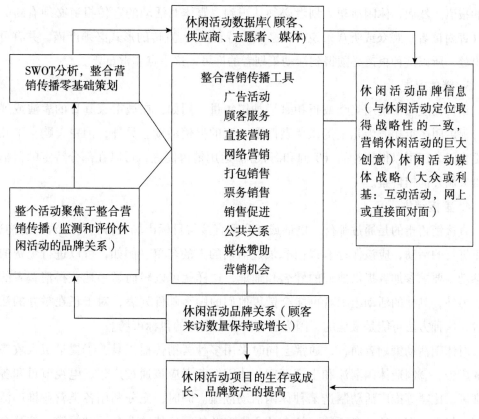

图 5 – 11　休闲活动项目整合营销传播流程

以下几点至关重要。

（1）提供有形的线索，以此来抵减休闲活动的无形性特征。

（2）寻求休闲活动的长期连续性，通过使用可识别的标志、代言人、商标或音乐等，例如，足球代码经常借用著名艺术家之口，如来自女王之口的"我们是冠军"。

（3）承诺有能力办到的以使人怀有现实中的期望，例如，展示实时行动（有必要关注有关门票供应的承诺，因为它们可能成为争议）。

（4）通过展示活动现场目标顾客群的数量使服务有形化且印象深刻，例如，足球比赛现场震耳欲聋的大声呐喊和人潮涌动的壮观景象就非常有说服力。

2. 公共关系

公共关系（公关）是用来建立互惠关系的，以满足利益相关者及消费者的需求。它采用了广泛的工具，包括宣传以引起公众的注意，特殊事件，社区活动，电子出版物和传统的新闻通讯。当所有的活动都须承担成本的时候，公共媒体宣传往往是活动组织者喜爱的方式。因为它提供了无须直接支付费用就可到达休闲活动目标市场的空间。而这种促销工具有一个优势，即人们通常都喜欢阅读体育、艺术和娱乐等休闲活动的报道。然而，休闲活动策划者必须认识到，媒体对活动的宣传报道必须有新的价值（即对读者、观众或听众来说内容必须独特新颖），宣传的形式必须严谨，并有可靠的出处，所以这种报道必须得到活动策划者的许可，这一点非常重要。

3. 销售促进

销售促进通常使用奖励或折扣来增加销售量。例如，在城市家庭日的表演或展览中，提供团体折扣或为儿童提供免费门票一张的促销活动。另外，消费者购买了几张或更多门票还可以得到礼品（T恤和海报）。运用销售促进，可以在部分特定的目标市场带来额外的销售量。

4. 直接销售

直接销售指的是通过邮件、电话或互联网直接与目标市场人群进行一对一的沟通。现正进行的活动，应该保存有以前参加过活动的人的名单。例如，可以进行免费的抽奖活动，要求参加者提供他们的姓名和地址，这样就可以轻而易举地获得消费者的资料。另外，其他的活动组织者可能会销售他们的顾客邮件列表，对于正在举办的活动来说，这种方法可能是最佳的，因为它可以吸引确定的目标市场。

对休闲活动策划者而言，通常会同时采用多种营销传播工具：①提早引入攻势凌厉的广告。②制造休闲潮流和生产新闻，休闲经营者应该通过广告、电视节目和各类培训班、比赛等推广活动制造某种休闲活动潮流。同时，充分利用各类营业推广活动新闻，与企业有关的社会新闻，具有社会影响及新闻价值的业务活动报道，使公众加深对企业和产品的影响。③同时采用多种促销方式，休闲企业常用的促销方式：一是会员制促销，通过成为会员享受一定的权利和优惠来吸引消费者，能够为企业带来长期稳定和忠实的顾客。二是各类活动促销，通过设计新颖的活动吸引大批消费者，如演出类活动、节日类活动和竞技类活动。活动促销和宣传同步进行，应具有一定的话题性、新潮性和参与性。三是各种有奖促销，如赠品促销、发放赠卷、抽奖、积分兑奖等。四是折扣促销，如团体折扣、时段折扣、配套折扣等。

小资料

2006年中国移动无线音乐俱乐部营业推广计划

音乐俱乐部是中国移动通过整合音乐价值链，面向用户提供的、包含丰富线上和线下音乐权益的、一站式音乐消费及娱乐服务，包括音乐下载、音乐共享、音乐交流、明星演唱会、联盟商家优惠等服务，将成为中国移动又一项重要且具有较强黏性和吸引力的服务。

1. 俱乐部会员发展目标：到2006年年底达1000万注册会员；到2007年年底达

3000 万注册会员。

2. 发展会员的目标对象：

（1）年龄在 16~45 岁、对音乐有较浓厚兴趣及需求的中国移动用户；

（2）愿意或正在使用中国移动提供的无线音乐业务；

（3）积极参与中国移动相关活动或其他音乐活动（如歌迷会，演唱会）；

（4）愿意长期接受中国移动相关音乐的推荐。

3. 推广计划如下图所示。

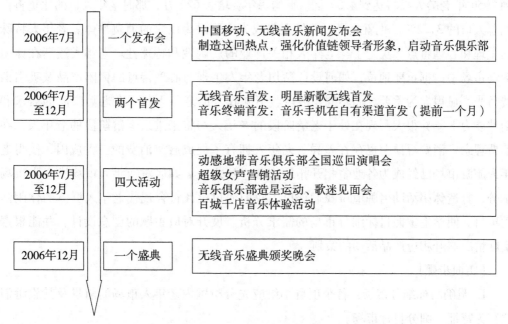

2006 年中国移动无线音乐俱乐部营业推广计划示意

市场营销的核心是消费者，在此体现为参加休闲活动的人群。这就要求好的营销者准确把握消费者需求，以提供能使消费者满意的休闲活动项目。本章讨论了休闲活动营销过程，对市场细分、定位及休闲活动营销组合的四大要素（产品、定价、分销、促销）分别进行了讨论，提供了一些具有可操作性的模式、相关理论和案例。

复 习 题

一、简答题

1. 休闲市场的细分，通常按哪些因素来细分？

2. 休闲活动营销定位策略中竞争性定位策略有哪些？

3. 在对休闲活动定价策划中，除了金钱成本外，我们还应当考虑哪些类别的成本？

4. 策划营销渠道的目标有哪些？

5. 休闲活动整合营销传播工具有哪些？

二、实训

【实训名称】

老年人休闲活动营销实训。

【实训内容】

目前，我国 60 岁以上的老人已经达到了 1.43 亿，超过了总人口的 11%。据预测，到 2050 年老龄人口将达到 4.37 亿，平均每年要增长 620 万，那时老年人口的比重将占到总人口的 31.2%。也就是说，老年人将成为中国最为庞大的消费群体。老年人特殊的生理和心理特点，决定了与老年人相关产业的广阔性和特殊性。老年人逐渐在休闲活动市场中占据重要地位，如何设计贴切老年人生理与心理特点的休闲产品及吸引消费目光，显得尤为重要。而不同年龄段、不同收入的老年人口，在老龄产品的需求和消费能力上差异很大。现在处于老龄阶段的老年人与将来进入老龄阶段的老年人，在消费理念、消费习惯上也存在差异。老年人拥有了促成旅游消费的三大成因，使得老年人旅游市场已经成为各地争相开拓的细分市场之一。如何对老年人市场进一步市场细分，打造休闲活动名牌值得我们深思。我们通过设计符合现代老年人群体的休闲活动项目。使学生掌握目标细分市场的需求分析、展开对应主题的创意设计，并能根据实际情况展开相应产品活动的策划。

【实训步骤】

1. 明确目标细分市场：各个项目小组应先分析国内老年人市场的前景及其旅游消费行为特征，细分目标市场。

2. 设计创新发散思维图：围绕老年人的休闲活动需求与生理特征，据此进行发散性讨论，形成发散性思维图。

3. 设计具体活动项目或线路：根据前述分析，结合相应的主题要求，设计具体的活动项目或产品线路图，并设计营销渠道。

4. 成果的汇报演示与评价：将最终成果以 PPT 的形式进行汇报，并由各个小组派代表参与成绩评定。

【实训点评】

1. 小组设计项目细分目标市场贴切。

2. 小组设计项目市场需求分析贴切。

3. 活动内容有趣。

4. 活动内容符合老年人生理及心理特征。

5. 活动可实施性。

项目六 休闲活动组织

任务导入

正值期中考试后，李明作为班长准备组织一次班级聚会，有人提议去森林公园自助烧烤，有人提议去登山看日出，等等。假如你是李明，你该如何组织这次班级聚会呢？

学习目标

1. 知识目标

了解休闲活动组织机构概念。

了解休闲活动组织的框架。

了解休闲服务体系。

举出非营利组织的实例。

2. 技能目标

掌握休闲活动组织人力资源职位分析。

掌握休闲活动组织人力资源的管理的特点和目标。

能够对休闲活动组织进行分类。

掌握非营利组织特点和功能。

设计大学生志愿者活动。

任务一 休闲活动组织机构与服务体系

一、休闲活动的组织机构

（一）休闲活动组织的形成

随着休闲需求的大量增长，各种各样的休闲组织获得了长足的发展，公共组织、非营利组织及商业组织都迅猛地增加。休闲组织的形成由两大要素来决定：其一是帮助人的欲望，其二是企业创新与技术发展。

1. 帮助他人的期望

休闲服务组织的目标是为人们的生活提供便利，提供更好的服务。不管是任何组织提供的休闲活动，其最终目的都是为了提供人们较高品质的生活质量。

2. 企业创新与技术发展

随着社会的进步与发展，人们的需求也会随着技术的更新而日新月异，休闲服务企业不能提供永远不变的固定休闲产品，休闲服务企业生存的秘诀在于不断改变休闲产品，改变休闲的方式方法，去适应社会不断更新的需求。

 小链接

在美国，国家娱乐和园林协会开始开展一些"有益于公民身心健康"社会活动，并积极配合卫生组织的保健行动。这个由疾病控制中心的基金资助的计划也得到了Ben-Gay帮助，这个项目堪称是合作与高效的范例。其目标是通过娱乐和园林机构在全国范围内扩展到1000个社区。

（资料来源：《走向自由——休闲社会学新论》）

（二）组织机构类型

随着休闲经济的蓬勃发展，各种休闲服务组织团体也应运而生。按财政来源和管理方式区分，这些休闲服务组织可分为政府部门、商业机构和非营利组织三大类。提供休闲娱乐活动的组织团体包括：政府团体、宗教团体、义工团体、学校教育团体、工商业团体。

1. 各级政府组织

政府组织主要是向公众提供休闲服务和设施，通过建设公园，成立公共图书馆，低价或免费向公众提供休闲服务。政府团体包括：国家、地方乐团、舞蹈团、国家公园、旅游局、博物馆、美术馆、野生动物协会等。美国社会学家Godboy和加拿大休闲旅游学家James进行了美国公共休闲设施的利用和获利方面的调查。如表6-1所示。

表6-1　　　　　　　　　　美国对当地公共休闲设施的利用

	个人对公园的利用程度			个人参与程度	
	从不	偶尔	经常	不参加（No）	参加（Yes）
年龄					
15~20	20	57	23	61	39

续 表

	个人对公园的利用程度			个人参与程度	
	从不	偶尔	经常	不参加（No）	参加（Yes）
年龄					
20～35	18	56	25	67	33
36～55	22	53	25	66	34
56～65	38	42	21	80	20
66～75	39	35	26	82	18
76～95	56	29	15	89	11
教育程度					
高中以下	31	49	20	76	24
大学本科	22	52	26	67	33
本科以上	19	49	31	63	37
收入					
20000 美元以下	32	49	19	79	21
20000～60000 美元	22	52	26	67	33
60000 美元以上	23	50	27	64	36
种族					
白人	26	49	25		
黑人	29	52	19		
西班牙裔	10	69	21		
其他	18	60	22		
家庭成员					
1	38	41	21	80	20
2	31	47	22	73	27
3 或 4	19	54	26	64	36
5 个以上	16	59	25	69	31

想一想

各级政府组织在提供公共休闲场所、改变社区和居民服务方面扮演什么角色?

2. 非营利组织（义工团体）

非营利组织是为满足特定人群的休闲需要而设立的。义务工作的四个特征：志愿性、无偿性、公益性、组织性。

义工活动范围一般涉及助学、助老、助残、其他弱势群体关注、青少年问题关注、环保以及一些社会公益性宣传活动。

（1）助老一般为进入社区或者敬老院，给老人一些情感的关怀、为老人做些力所能及的事情；

（2）助残包括为宣传全社会公众平等对待残疾人，协助残疾人学习基本生活技能，促进减少社会公众与残疾人的交流障碍等；

（3）弱势群体关注包括贫困重症患者募捐救助、流浪人员物资关怀等；

（4）青少年问题关注包括单亲家庭青少年关爱、问题家庭青少年关爱、家庭暴力干涉、孤儿关爱等；

（5）环保包括环境保护宣传工作以及一些身体力行的环境保护活动开展；

（6）社会公益性宣传活动一般包括血液、遗体捐赠、戒毒等宣传。

小贴士

风行于欧美国家的"义工旅行"也叫"公益旅行"，主张旅行者在旅游中承担一些社会责任，如参与保护野生动植物，或者帮助目的地改善卫生、教育、文化状况。全球知名的旅游指南公司"孤独行星"（Lonely Planet）已将"义工旅行"列为一个专门的旅游项目加以介绍。

如今，在中国沿海地区，越来越多年轻人开始关注这一旅行方式，其中既有商务差旅活动较多的白领人士，也有将需要帮助的地方作为目的地的旅行爱好者。一些志同道合的爱好者还建起网站，推广"义工旅行"。比如"圣地户外"，致力于敦促旅行者参加环保行动，而"多背一公斤"的宗旨是"爱自然，更爱孩子"，倡导一边旅游一边给沿途的学校提供一些帮助。目前主要是出差时给乡村孩子捎带去书籍和教学用具，细心的人还给寒冷山区的学生带去了耳套。

3. 宗教团体

宗教团体是通过宗教思想教化给大众提供休闲服务。各宗教团体按照各自的章程选举产生领导人和领导机构。这些宗教团体在国家宪法和法律的保护下，独立地组织宗教活动，办理教务，开办宗教院校，培养年轻宗教职员。中国现有的宗教团体如表6－2所示。

表6－2　　　　　　　　　　　中国宗教团体

宗教团体名称	成立时间	会址	宗教领袖
中国佛教协会	1953年5月	北京	会长：一诚
			名誉会长：帕巴拉·格列朗杰（藏族）
中国道教协会	1957年4月	北京	会长：闵智学
中国伊斯兰教协会	1953年5月	北京	会长：陈广元（回族）
中国天主教爱国会	1957年7月	北京	主席：傅铁山
中国天主教主教团	1980年	北京	主席：刘元仁
中国基督教"三自"*	1954年8月	上海	主席：季剑虹
爱国运动委员会			名誉主席：丁光训
中国基督教协会	1980年10月	上海	会长：曹圣洁（女）
			名誉会长：丁光训

注：＊"三自"指自治、自养、自传。

请同学们说说你所知道的宗教团体及该团体所涉及的活动，并试分析宗教团体对人们休闲活动起着什么的作用。

4. 学校教育团体

学校教育团体是通过募捐、集资等方式给学生心理健康教育和思想政治教育等。学校教育团体包括：学校社团、学校表演单位团体、课外活动组等。

5. 商业性团体

商业性团体，也叫商业性休闲服务机构，是指经营业务范围直接与娱乐、休闲活动有关的企业组织。工商业团体包括：户外娱乐设施、游乐场、赌场、酒吧、舞厅、旅游景区等。

二、休闲活动服务体系

（一）休闲服务体系概念

休闲服务体系是促进休闲管理，保障和提高的休闲质量为宗旨和目的，以多功能、多层次、多方位为特征，进行的一系列具体服务的总称。休闲活动服务体系抑或是指若干有关事物或因素互相联系而构成的一个整体。

（二）休闲服务体系的特色

休闲服务体系以传播休闲文化、创造科学的休闲气氛、增进休闲消费者身心健康为主题。该体系组织的活动内容也不是单一的运动锻炼，还包括理论讲座与研讨、实际操作、体育比赛、观看与点评体育比赛、体育节目等，让人们既了解休闲的知识，培养兴趣爱好，又能通过这种科学的服务，掌握休闲的技巧，提高休闲生活的质量，养成健康的理念。

未来社会休闲中心地位将会加强

随着工业化进程的发展，从服饰到正规教育，从饮食到娱乐，人们方方面面的生活都已经变得更加标准化。工作领域的标准化只是其他生活领域的运作模式显得整齐划一，人们按法律规定在人生的前20年里上学，接下来40年从事全职工作，后几十年里过着退休生活。这种"直线型生活模式"对休闲模式的影响是极为深远的。工作日晚上、周末、节日和假期的娱乐活动，都只不过是对那些获得了放松机会的工人们的酬劳。

（三）休闲服务体系的结构框架

根据我国休闲产业发展的情况，参照国外休闲服务的实践，借鉴相关服务体系，从服务组织的层次结构和服务的分类来构建休闲服务体系。这个体系大致由以下7个子体系构成：组织领导体系；条件支持体系（法规制度、资金投入、场地设施、人才培训、产业开发和舆论宣传）；理论咨询体系；活动指导体系（健身活动、竞赛活动、欣赏活动）；监测评估体系；信息网络体系；科学研究体系。如图6-1所示。

1. 组织领导体系

组织要素是休闲活动的保障因素，组织服务的中介性、协调性、整合性等特点对帮助人们实施休闲活动具有重要作用。体系的组织机构分为三个层次：决策系统层、指挥系统层、操作实施系统层。

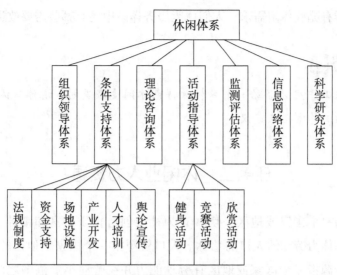

图6-1 休闲服务体系的结构框架

2. 条件支持体系

该体系是保证休闲体系正常运行的基础，主要可以从法规制度、资金投入、场地设施、产业开发、人才培训以及舆论宣传这6个方面来进行构建。

3. 理论咨询体系

信息媒介是提高人们认知水平和活动质量的重要因素，所以理论咨询体系对人们休闲服务来说是必不可少的。

4. 指导体系

休闲咨询体系服务体系必须首先肩负起指导人们善度余暇，开展休闲的任务，在国民中形成休闲的概念，让他们走出休闲的认识误区。该体系主要由健身活动、竞赛活动、欣赏活动三部分组成。

5. 监测评估体系

该子体系是休闲体系的基础环节，以"体质监测与评定小组"和建立"休闲服务质量评估小组"的形式，对人们休闲服务体系的各个部分在实现计划目标中的效率进行评估。

6. 信息网络体系

用一个丰富的，知识性、趣味性较强的休闲个性化网页来宣传休闲文化，随时提供现有休闲的信息以及世界上其他各国休闲的新理念、新取向等，进一步强化休闲意识和休闲兴趣。

7. 科学研究体系

该体系的主要任务是：通过调查研究，了解人们在休闲时做些什么、想做些什么？

某些特殊的人群有哪些休闲需求、人们休闲服务体系中还有哪些需要改进等。

 **想一想**

某休闲度假工作室 准备给一个乡村做特色休闲度假规划，请你从休息服务体系的角度出发，给该工作室几点建议。

任务二 休闲业人力资源

人力资源指一个国家或地区一切具有为社会创造物质财富和精神、文化财富的，从事智力劳动和体力劳动的人口的总称。人口资源指一个国家或地区的人的生命体的总和。劳动力资源指一个国家或地区有劳动能力并在劳动年龄范围之内的人口总和。如图 6-2 所示。

（a）人口资源、人力资源、劳动力资源、人才资源四者的包含关系

（b）人口资源、人力资源、劳动力资源、人才资源四者的数量关系

图 6-2 人口资源、人力资源、劳动力资源、人才资源四个概念之间的关系

休闲业是劳动密集型行业。人力资源同物资、资金、信息共同构成了休闲业的四大资源，并且人力资源是休闲业最基本、最重要、最宝贵的资源。现代各行业的竞争归根结底是人才的竞争，在该行业管理中对人力的管理占据重要的位置，而人的因素非常复杂，随机性极大，它既是企业最难管理的对象，又是决定企业经营成败的关键因素。因此休闲行业人力资源管理直接关系到该行业能否正常、健康、快速的发展，能否提高服务的质量，能否获得较好的经济效益。

小资料

生物科学家曾做过这样一个实验：将一群工蚁放到一个适合筑窝的地方，出于本能，这群小蚂蚁会立即动手建筑蚁穴。但当蚂蚁的数量小于一定级别的时候，这群忙忙碌碌的蚂蚁只会建筑半个拱门，它们会反复建筑许多半个拱门，就是建不起一个完整的门。如果不断增加蚂蚁的数量，在到达一定数量级别的时候，那些乱哄哄的蚂蚁突然好像得到了一个完整的建筑图纸，一下子变得有序起来，不一会儿，一个完整的蚁门就会完成。

(资料来源：张孝远《现代人力资源开发与管理》)

一、休闲业人力资源开发与管理

(一) 人力资源开发与管理的含义

人力资源开发与管理，是指运用现代科学技术和管理理论，对人力资源的取得、整合、调控与开发，以及保持和利用等方面所进行的一系列管理活动，以实现组织的目标。其内涵是以人的价值为核心，为处理人与人、人与工作、人与组织以及人与环境的互动关系而采取的一系列的开发与管理活动，如图6-3所示。

完整的人力资源工作包括：构建合理的组织机构，建立完善的职位体系、培训开发体系、职业生涯规划、绩效管理体系和薪酬管理体系，建设和完善企业文化。在休闲组织中，休闲人力资源开发与管理需要处理的管理范畴，可以分为六个部分。

图6-3 人力资源开发与管理范畴

1. 研究"人"的问题

休闲人力资源开发与管理要做的工作是人的工作，要进行的管理是以人为中心的管理，人要干事，事要人干，事离开了人，就没有管理可言，更无所谓的人力资源管理。

2. 人与事的匹配

谋求人与事的适当配合，以实现事得其才、人尽其用、有效使用的目的。

3. 人的需求与工作报酬的匹配

使得酬适人需、有效激励，人尽其力、贡献最大。

4. 人与人的协调合作

建立合理的群体结构，强调团队精神，使得群体内能相互取长补短。

5. 人与组织的协调配合

制定有效的工作范围与组织制度，使得权责分明、灵活高效，发挥整体优势。

6. 人与环境的和谐共处

寻求人的需求满足与环境协调可持续发展，即人的需求不断提高，推动环境的发展，而环境的发展又促使人产生新的需求与满足。

（二）休闲业人力资源开发与管理的特点

休闲企业人力资源管理既要开发人的个体资源又要管理人的群体资源，是一种全面的宏观与微观相统一的管理活动，具有以下特点。

1. 系统性

休闲业人力资源管理是系统性的管理。人力是休闲行业最重要的生产要素。作为一个大系统，它由招聘录用系统、培训系统、使用系统、考核系统、奖惩系统、离退系统等子系统组成，其中各子系统都围绕着大系统的目标进行运转。

2. 综合性

休闲业人力资源管理是全过程全员性的管理。休闲行业的人力资源管理贯穿于员工的录用、培训、奖惩、退职等全过程，贯穿于上至部门高层管理，下至普通一线服务人员的全体员工，贯穿于各职能、各经营部门，贯穿于经营管理和服务的全过程。

3. 科学性

休闲业人力资源管理是科学化的管理。人力资源管理工作的全员性、系统性要求该行业建立一套标准化、程序化、制度化、定量化的人力资源管理系统，以实现科学化的目的。

4. 动态性

休闲业人力资源管理是一种动态管理。该行业的人力资源管理贯穿于每一位员工的招聘、录用、培训、考核、奖惩、提升等全过程，而员工个性特征等方面的差异性要求人力资源管理工作要求在员工工作的动动态过程中因人而异、因地制宜地进行，掌握员工的心理需求，了解员工的思想动态，使员工的潜能得到最大的发挥。

某旅游公司准备重新定位和规划公司的人力资源部。该公司总经理希望通过本次规划，能够大幅度提高员工工作积极性和业务量，且能够对员工动态进行及时的反馈和控制。如果你作为该公司的人力资源部主管，你可以从哪些方面来制定本次规划？

（三）人力资源开发与管理的目标

休闲组织人力资源开发与管理的目的是使企业人力资源管理需要完成的职责与企业需要达到的绩效相匹配，即如何使组织取得成功，如何组织更具有核心竞争力。休闲人力资源开发与管理的目标是由一系列目标组成的。其内容包括：

1. 提高员工的业务素质

为顾客提供给一流的优质服务是休闲业中服务人员工作的宗旨，也是休闲业发展的重中之重。而优质的服务基于优质的员工，员工的业务素质是提高服务质量的根本点。

2. 调动员工的工作热情

创造和谐的工作环境、建立合理的激励机制和公平的薪酬回报，使员工心情舒畅地工作，这是调动员工工作积极性的有效途径。

3. 优化员工的配置结构

人力资源管理工作宏观上是对组织所有的员工进行岗位和职务安排。必须对组织内的员工，结合岗位特点和员工自身素质进行适当的岗位安排和组合，形成不同的配置结构，达到企业人员组合的最优化。

4. 建立人力资源开发体系

建立一套合理的人力资源管理体系是组织录用优秀人才的基本保障。因此企业需要设计一整套科学的、系统的人力资源开发与管理的业务流程系统。休闲人力资源开发与管理的业务流程系统由六大子系统、六大管理模块及四项核心工作构成。如图6-4所示。

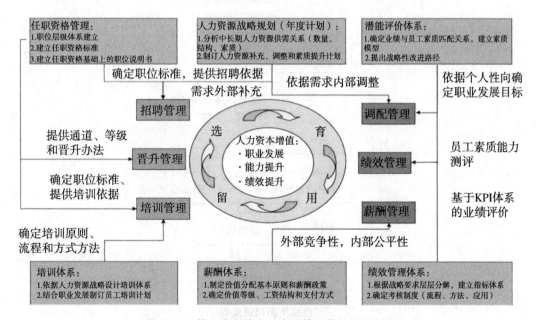

图6-4 基于能力的人才资源管理体系运行方式

 小贴士

华侨城集团人力资源理念

人力资源是集团成长的第一要素。提高员工素质，拓展员工发展空间，保障并提高员工经济所得，实现员工的价值，是集团发展的目的之一；提高员工的积极性、发挥员工的创造性，是集团全部管理工作的中心之一，是人力资源管理工作的主要任务。

以业绩多寡论英雄，业绩面前人人平等。从这一原则出发，集团建立客观、公正、有效的人才选拔机制、绩效考核管理体系和价值分配制度。

华侨城集团职工结构如右图所示，招聘流程如下图所示。

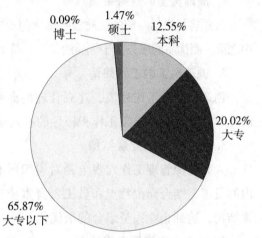

华侨城集团职工结构

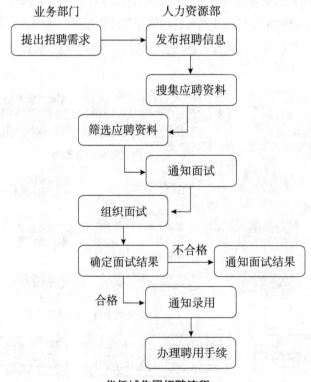

华侨城集团招聘流程

二、休闲业分类与工作描述

休闲业包括的行业和人群，如图6-5所示。

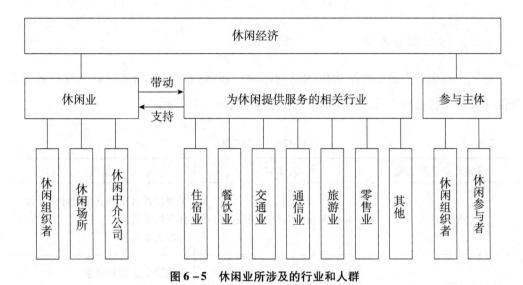

图6-5　休闲业所涉及的行业和人群

休闲活动人员的分类依据不同的标准有不同的分类方法，按培养体系的不同，把休闲活动人员划分为专业人员和职业人员两大类。

（一）休闲专业人员

休闲活动专业人员是指完成我国专业教育培养目标的休闲活动从业人员。休闲活动专业人员包括：

1. 休闲活动策划人员

休闲活动策划人员是指从事休闲活动的市场调研、方案策划、销售和营运管理等相关活动的人员。在休闲活动企业发展到一定时期，应重视这方面专业人员的培养。

2. 休闲活动管理人员

休闲活动管理人员指从事休闲活动的组织、宣传、营销及现场管理的人员。这类管理型的人员应具备：外语好，表达能力强，善于沟通，知识面广，有坚韧的毅力，具有现代服务意识及团队精神，而且还要有对突发问题进行处理的应变能力。

教育和经验哪个更重要？教育能够给出一套科学化的培训模式和管理方法，是进

行休闲活动的基础；而有人认为，即使没有教育背景，单单凭个人社会实践经验就能够作出出色的成绩。在现实生活中，我们也常常遇到这样的尴尬：高学历背景的人才给初高中毕业的老板打工。请同学谈谈各自看法并简要分析。

（二）休闲职业人员

休闲活动职业人员主要指为休闲活动的举办而承担专业的场地设计、现场搭建及安装工作的工程管理人员。休闲职业人员分类如表6-3所示。

表6-3 休闲职业人员分类

休闲职业人员类型	人才定位	特点
场地设计人员	对休闲场所内外部建筑的设计	平面设计与空间立体设计相结合 体现行业特点 体现人本精神
项目工程管理人员	休闲活动的硬件管理人员，是休闲活动成功举办的硬件基础	通晓整个流程和要求 熟知休闲活动场地布局、结构、设备、设施状况
支持性人员	承担物流运输、旅游接待、广告制作等相关工作的专业人员	配套服务的质量对展会的总体质量起着越来越大的制约作用

 小链接

万达集团老总王健林把"人生追求的最高境界是精神追求，企业经营的最高层次是经营文化"作为自己经营企业的座右铭，十分重视企业文化建设。在万达的发展中，王健林始终坚持"以人为本"的理念，倾心关爱员工，广纳八方人才。

三、休闲业人力资源建设

休闲人力资源培训事有效运用各种方法和人力资源开发技术，帮助组织实现战略目标的以整套运行机制和管理系统。其内容主要包括休闲活动的人才培训模式选择和旅游人力资源计划。

（一）休闲业的人才培训

休闲活动是个产业链，培训班的开设应分不同层面、不同对象、不同内容。

小资料

　　美国伯克德公司事从事基本工程建设的大公司。其管理人员的培训选拔具有与众不同的特色。其程序为以下三个步骤：其一，公司从 2 万多名管理人员和工程师中，根据其变现及综合素质首先选拔 5000 人作为基层领导的候选人，随后要求他们自学管理知识，并且通过分批组织他们参加 40 小时的特定训练，再从这 5000 候选人中选拔出 3000 左右公司需要的基层领导人；其二，从这些基层管理人员中选拔 1100 人参加"管理工作基础"的培训与考核，再从中选拔 600 人并分别进行特定的岗位专业培训，让其担任各专业经理的职务；其三，再从这些专业经理人员中挑选出 300 人，经过十分严格的考核训练，以补充高层经理的需要（包括各公司的总经理、副总经理等）。

　　国外早期的课程设置方式对我国休闲业人才培养有一定的积极影响。例如德国的奥托彼得斯提出了现代与后现代课程设置的方式的不同，对休闲组织培训课程设置也有一定启示，如表 6-4 所示。

表 6-4　　　　　　　　　　　　现代与后现代课程设置

现代课程	后现代课程
以科学管理为模式	以对话为模式，这种对话改变了参与对话者和所讨论内容的性质
技术合理性	人文合理性
讲求实效	谋求个人发展
精确的事实	从全球观念出发
细则说明	通则概说
步骤详细明确	双向互相作用
严格的格式	折中的倾向

（二）休闲业人力资源培训计划

　　休闲人力资源培训计划是休闲组织做好培训工作的首要条件。它是对组织培训工作所做的方向性、全局性的谋划与安排。休闲组织人力资源培训计划框架如图 6-6 所示。

图 6-6　休闲组织人力资源培训计划框架

　　1. 休闲人力资源培训需求分析

　　休闲企业人力资源培训需求分析是确定组织培训目标的前提，所以做好培训需求分析对于确定培训计划的大方向、保证培训工作的质量和效益具有十分重要的意义。组织再确定培训需要之前通常要回答以下问题。

（1）组织的目标是什么？

（2）达成这些目标的工作任务是什么？

（3）完成这些任务需要员工具备什么样的素质？

（4）目前旅游组织内完成这些工作任务的员工在哪些方面碰到了困难？缺乏哪些素质、技术、知识或态度？

回答了这些问题就完成了组织人力资源调研和培训需求发掘工作。

2. 休闲培训计划的标准确定

要在休闲活动活动中配备得力的管理人员、挑选和安排合适的员工、除了制定适当的激励机制外，还必须确立贯彻目标的标准。

制订培训计划的一个国际常用框架模式是5W1H，除了培训目标（即 Why）外，还有 Who、What、When、Where、How。世界劳动组织（ILO）确定包桌服务员（新员工）制作火焰菜肴的培训目标的依据就是其工作任务和所需知识技能。

3. 休闲人力资源计划的内容

（1）组织能力。无论规模的大小，休闲活动活动均涉及各个行业和不同的社会部门。因此，组织能力对于一个从事休闲活动工作的人来说是必不可少的。

（2）策划能力。由于休闲活动企业涉及的社会群体多，休闲活动经济的关联性强，所以休闲活动活动和项目设计要求休闲活动从业人员能全面考虑问题，具备较强的总体策划能力。

（3）公关能力。从根本上看，休闲活动企业提供的是一种面对面的人性化服务，这一点与旅游企业极其相似。因此，公共能力主要指工作人员的语言能力和人际交往能力。其中，语言能力除了强调口头表达能力外，还包括尽可能掌握、运用多种语言。

（4）创新能力。休闲活动活动的形式需要不断变化和推陈出新，只有不断的给人以新鲜感，才可能有较强的吸引力，否则就会让人逐渐产生厌烦情绪。这种活力的源泉就是从业人员的创新能力。

任务三 非营利组织

非营利组织（Nonprofit Organization），是指不以营利为目的，主要开展各种志愿性的公益或互益活动的非政府的社会组织。非营利组织的服务分为无偿服务和有偿服务，有偿服务所得不影响非营利性质。

一、非营利组织的概述与分类

（一）典型非营利组织的概述

非营利组织在不同国家和地区有不同的称谓。非营利组织是美国广泛采用的概念，美国财务会计准则委员会（FASB）将其定义为，符合以下特征的实体。

（1）该实体从捐赠者处获得大量的资源，但捐赠者并不因此而要求得到同等或成比例的资金回报；

（2）该实体经营的目的不是为了获取利润；

（3）该实体不存在营利组织中的所有者权益问题。

FASB 对非营利组织描述的特征 1 和特征 3 基本上说的是非营利组织的"志愿性"和"公益性"，当然特征 1 中的捐赠者绝大多数是民间个人和机构，因此 FASB 描述的非营利组织也具"民间性"特征，特征 2 说的即是"非营利性"。

在我国，非营利组织作为一个独立的概念在正式文件中基本没有出现过。在研究非营利组织会计时，不少人常常谈到事业单位。从经营目的上来说，我国的事业单位应属于非营利组织的范畴，但具有国有属性，且大多是由财政拨款的。因此，不宜将事业单位与非营利组织混为一谈。

（二）非营利组织的分类

图 6－7　非营利组织分类

1. 动员资源型组织

非营利组织为了能够生存和发展，必须动员各种社会资源，包括慈善捐赠和志愿服务。因而在公益认定和评估，以及社会监督和监管方面都应有很高的要求和相应的约束。

2. 公益服务型组织

非营利组织提供的公益服务遍及社会的各个方面，主要包括一些开展公益项目的基金会、社会团体和民办非企业单位，以及开展各种社区服务的基层组织等。

3. 社会协调型组织

随着社会功能的日趋完善和发展，推动社会协调、参与社会治理成为一部分非营利组织的主要功能。从机制上看，大体上有以社区为基础的横向协调型和以社群为基础的纵向协调型两种不同类型的社会协调型组织。

4. 政策倡导型组织

非营利组织不仅积极参与各级相关立法和公共政策的制定过程，以发挥最大的能动性来倡导和影响政策结果的公益性与普惠性，而且非营利组织往往也作为特定群体特别是弱势群体的代言人，表达其利益诉求和政策主张。

斯瓦克认为，这些非营利组织是政府行为的一种补充。在美国，这些组织数量最多的地区是政府服务比较薄弱的地区。在地方上，非营利组织经常利用大量的志愿者和受过培训的专业人员开展广泛的活动，从组织艺术节到建立地方土地信托基金（Land Trusts），项目繁多，不胜枚举。

 小贴士

德拉克通过观察教会主办的学校在其周围获得了惊人成功。从而列出了一些主要的属于休闲服务范围的私人的或是非营利性的组织。如下表所示。

部分娱乐和保护性非营利组织

类型	具体组织
娱乐方面	美国露营篝火公司童子军
	美国女童子军
	校际郊游俱乐部联合会
自然资源方面	自然保护组织
	阿巴拉契亚山俱乐部
	地球之友
运动团体	美国登山协会
	自行车青年会
	美国摩托协会
	美国赛车俱乐部

上述分类，强调了不同类型的非营利组织在功能作用上的不同特征。事实上，在功能作用接近的同一类别的非营利组织之间，它们在信息、资源、活动等方面具有很强的流动性，相互沟通、交流、合作与互动的频度很高；在过去的 20 多年里，提供休闲服务非营利组织获得了进一步的发展。

二、会员制组织

会员是社团的基本构成单位，只是吸纳会员和会员界定方式不同。会员制有两种，一种是不收会费的，所有的会员都是指定或公选；一种是收会费的。会费也有两种，一种是终生会费，一种是年费，但一般来说社团作为一级组织，会员必须要达到某种条件才能入会，这和商业"俱乐部"不同。会员活动可以有很多，大体的来说，会员制组织有四种功能：协调、自律、代表、服务。

小链接

加拿大华人企业协会（CESC）

加拿大华人企业协会（CESC）是加拿大华人企业和企业家组成的专业性协会和互助性团体，协会总部设在加拿大温哥华。本协会成员为旅加华人企业、企业家和商界人士及驻加中资企业代表。

本协会旨在凝聚加国华人企业、企业家和商界人士的力量和智慧，提倡资源共享，优势互补，合作共赢，为协会成员提供相互交流的环境与商务活动平台，帮助协会成员在加拿大、中国及世界其他地区的事业发展。作为华人商业团体，本会的重要任务和责任是促进中加两国及国际间的经贸往来、信息沟通、项目合作、人才与技术交流。本协会将与中加两国政府及有关机构，工商界团体，商业协会，专业组织，以及其他华人社团保持密切的联系，帮助海外华人的事业发展。帮助会员了解加中两国的法律、政策和商业环境，提升加中两国主流社会接触层次；积极促进中加两国及国际间的经贸往来、信息沟通、项目合作、人才与技术交流。

俱乐部一般经常性的举办各种有吸引力的活动，如表 6 - 5 所示。

会员制俱乐部的功能主要可以分为两大类：基本功能和特殊功能。

（一）基本功能

1. 消费功能

会员制提供会员物质产品或精神产品消费，出售商品或提供服务，会员俱乐部都

表 6 – 5　　　　　　　　　　　　不同类型俱乐部活动

俱乐部活动类型	内容
节假日活动	中西方的各节假日举办各类舞会、抽奖、中彩、减价折扣、赠送纪念品等
各种竞技类表演和展示表演	保龄球、象棋、表演和时装、书画等
讲座和研讨会	知识性讲座、定期或不定期的专家讲座等
旅游活动	定期的国内外旅游、奖励的免费旅游等
政府政策吹风会	行业信息、行情发布、供求投资信息发布等
邀请名人参加活动	邀请贵宾出席已成为俱乐部独具风格的保留节目等

应有具特色的吸引会员的消费品种。

2. 信息交流功能

会员制俱乐部成为其经营领域的集散中心，会员再次交流信息或汇总会员消费信息。

3. 综合服务功能

会员制均围绕其主要业务范围、提供相关的综合配套服务。例如休闲俱乐部提供无微不至的健身、娱乐、美食、表演等服务。

（二）特殊功能

1. 社交功能

会员将俱乐部作为难得的交友场合，永裕拓展会员的社交圈和关系网络，以促进会员自身的发展。

2. 形象宣传展示功能

会员加入某个俱乐部，尤其是高级俱乐部，与社会名流、商界精英、成功人士共聚一堂，显示会员地位，俱乐部通过组织活动，在媒体上亮相、会员证的出示等都有助于提高会员社会知名度并产生广告效应，实质上使会员无形资产增值。

3. 投资功能

尤其对封闭型会员制，会员证大多具有行情看涨、价格趋升的特点，炒会员证成为继炒股、炒楼之后的又一个投资对象会员证的投资甚至投机功能，活跃了会员制的发展。

 小资料

据环球网综合报道，瑜伽在肯尼亚首都内罗毕最贫困的社区悄然成为了争相追捧的潮流。这一切源自于两位来自美国的瑜伽教练佩奇（Paige Elenson）和巴伦（Baron

Baptiste），他们于 2007 年创建的非营利性组织"非洲瑜伽计划（Africa Yoga Project）"。该计划旨在为内罗毕贫困的地区创造工作机会，并且赋予当地青年生活的力量。现在，玛格丽特通过教瑜伽课程，每个月可以收入 100 美元（约合人民币 612 元），一周完成五个班的课程。

任务四　志愿者组织与管理

一、志愿者组织概念

志愿者组织是非营利组织重要的人力资源，是非营利组织发展不可缺少的。志愿性组织不是出于经济利益、自我保护、身体压迫、生理需要、心理或社会压制等原因。

（一）志愿者是非营利组织重要的人力资源

现代社会中，非营利组织的大量涌现和健康发展，对于提高社会福利程度，促进社会稳定进步具有不可替代的作用。

1. 非营利组织弥补了政府和市场的不足，完善了社会结构

面临的最大的困难是资金的短缺。志愿者的参与大大降低了组织的成本，他们不仅提供了大量的人力资源，分担了专职人员繁重的工作任务，还带来了专业的知识，弥补了工作人员专业技能的不足。

2. 对志愿者进行有效的激励，是非营利组织巩固和发展必须实施的管理措施

志愿者通过与服务对象的接触，能够积极地反映出社会各阶层的问题与需求，能够拓展新的领域，帮助非营利组织提供切合社会需求的服务志愿者与专职人员的合作，能在更广的层面上提出建设性的意见和建议。

3. 参与志愿活动有利于志愿者自我价值的实现

（1）志愿者参与志愿活动，拓宽了生活空间，更深入地体验了社会和人生，能够对社会发展和社会生活做出客观的判断，完善自己的价值观念。

（2）参与志愿活动，为志愿者提供了发挥自己才能和学习培训的机会。

 **小资料**

卡特（Carter）把志愿性行为分为 5 种：

（1）管理层的志愿者从事筹资、委托、管理工作；

（2）服务领域的志愿者从事信息发布、志愿驾驶、为他人做家务、友好访问、个

案援助、家教、美容、牧师工作等；

（3）政治或民事领域的志愿者从事民众运动、社会倡议、社会运动等政治运动；

（4）富人的金钱援助；

（5）其他赠送行为。

（二）志愿者管理的复杂性

在世界各国，志愿服务及志愿人员工作的价值虽然已经被普遍地承认和认同，但对于如何进一步地推广和开展志愿服务，则缺乏比较深入的研究和探索。志愿服务活动的上述特点，给志愿人员的人力资源管理提出了相应的难题：

1. 组织结构的松散性

志愿服务的自愿性特点，使得志愿组织带有较强的松散性与个体倾向，权力与依附感的缺乏使得组织中难以形成传统官僚制下的权威与效率。

2. 参与动机的多元性

志愿人员参与志愿服务更多的是出自个人的自我动机，每个人个体的经历不同，参与的动机也呈现多元化的态势；参与的志愿性、无偿性则使得这些看似简单的要求更应该得以满足。

3. 组织的约束性

首先，志愿组织的松散性特征与组织的不规范性特征相伴而生。其次，绩效评估对于组织成员的约束力较为缺失。

4. 服务的辅助性

志愿人员的加入从人力成本、技术资源结构诸方面为公共部门和非营利性组织职能的行使与完成提供了有益的补充，但是其工作任务和服务的内容在实际生活中会出现冲突。

5. 人员体制上的编外

志愿人员需要不断在编外人员与参与者之间进行角色的转换，这给志愿人员的角色定位与扮演带来了一定的困难。

二、志愿服务运作程序

任何工作都有一套服务程序，志愿服务同样也有自身的一套流程来规范和管理志愿服务工作。如图6-8所示。

（一）需求评估

在招募训练工作之前，先评估，机构到底有多少需求？这需要征询行业的意见，

图6-8 志愿服务运作程序

了解各相关部门对志愿者的需求量，如果需要征募新志愿者，增加量是多少？需要那种条件的人才？对于服务时段和服务内容，亦须尽可能清楚明确。服务内容是否具体可行？服务的持续性和服务数量是否足够？如果同提供给你的需求不够具体，应再次沟通。这样的调查和汇整工作，一般大约每半年进行一次。

（二）甄选招募

甄选的目的在于让机构和志愿者双方有直接沟通的机会。报名甄选的过程也是志愿者的自我选择过程。让志愿者和机构工作人员，以直接对谈的方式建立良性的互动基础。

（三）训练及实习课程

志愿者的培训重点在于不断的提升其理念和能力，志愿服务和专业工作虽有不同，但同样都需具备热忱和能力。个别志愿者之间，可能会有极为不同的学习背景和工作经验，其服务条件已有所不同，因此如何取舍训练教材，要考虑其适用程度，并选择适当的方法。

1. 服务热忱

运用的题材，包括志愿服务的基本理念、机构的使命和宗旨、愿景等，可让志愿者建立志愿服务的价值观，志愿服务是一种开明的利他行为；志愿服务的最终成果，也是自己本身的成长；志愿服务不仅是一种社会参与，也是增进个人心理卫生的有效途径。

2. 服务能力

安排志愿者负责可以胜任的服务项目，例如一般的行政工作，值班、整理资料文件、网页设计、文书处理、海报设计、寄发通知、活动联络、企划及带领活动等。

（四）督导

1. 建立良好的督导制度

由社工人员或其他专职人员，对所有的志愿者进行定期或非定期的督导，良好的督导有助于：

（1）安排或调整适当的服务工作的时间和内容；

（2）发掘问题、解决问题、克服挫折并予以情感上的支持；

（3）提供服务的知识和技巧；

（4）加强干部的职责和能力，增强团队活力；

（5）落实考评和奖惩工作，使之更加客观公正。

对于志愿者的出席率及服务状况，要适时评量和调整，如果已有多次缺席，应主动了解原因，如果原因出自于对机构不满、成员间意见不合、失去参与热诚等因素，志愿者督导必须出面了解和设法克服。

2. 可能遇见的督导问题

（1）对志愿服务的误解；

（2）有错误的期待；

（3）对机构不满、批评机构；

（4）反客为主；

（5）假公济私。

假设你是你们学校青年志愿者协会会长，下周末你想组织一次希望小学献爱心活动，你会怎么做？

3. 督导的策略

运用有效的回馈技巧于训练及督导志愿者，回馈的首要目的是引发对方去思考、学习并获成长。有效回馈的要件有：

（1）为被督导者（接受回馈者）所期待和要求的回馈；

（2）最有效的回馈是在行为产生之后，立即给予回馈；

（3）避免使用深奥难懂的术语；

（4）谈话精简，不必陈述过多的细节和资料；

（5）焦点在于可观察的行为，不是个人的人格特质；

（6）基于对人的关怀，且态度不具威胁性，避免道德或价值批判；

（7）仅关注那些可被控制或改变的行为；

（8）优缺点同样重视；

（9）要由双方共同讨论，直到彼此了解对方的见解；

（10）信息要明确，不能含糊不清，出尔反尔。

（五）考评及表扬

对于志愿者的表现，应做定期考评，评量的内容包括出席情形、服务量、参与团体事务及团队合作、进修及学习状况等，并依其服务成绩，予以不同程度的鼓励或奖惩。

 **练一练**

学校即将开展学雷锋系列活动，王明想组建一个"予人玫瑰"志愿者组织，请你从志愿服务运作程序的角度，给王明一些建议。

三、志愿者管理体制

志愿者的管理，不是靠"利润动机"的驱使，而是靠"使命"的凝聚和引导，通过能反映社会需要的"使命"以获得各方面的支持，包括吸引志愿者参与非营利组织的工作。

（一）融入组织之中

保证志愿人员成功融入组织之中是至关重要的。志愿人员应当接受培训，知道应该如何完成其任务，以及组织的工作表现标准是什么。他们最需要的是挑战和满足，他们需要了解整个组织的使命，并且将其作为人生信念。同时保证志愿者也融入到组织文化中，通过强化组织文化能使组织对志愿者产生巨大的维系力，对志愿者产生巨大的驱动力，从而孕育无限的创造力，使组织的任务、事业或使命，具有可实现性和巨大的凝聚力。

（二）良好沟通机制

非营利组织在运作过程中，应尽力避免商业化和官僚化的负面影响，维系组织文化，并且建立志愿者与组织的良好沟通机制，使之感悟组织文化，了解组织的运作实情，以有效地开展人本管理，主要运用以下 6 种机制：①激励机制；②压力机制；③约束机制；④保证机制；⑤选择机制；⑥环境影响机制。

理性的、策略的和成功的志愿者管理将产生持续不断的感召力和凝聚力，从而吸引越来越多的志愿者参与到社会公益事业中来。志愿者服务的普及，不仅可为非营利组织的发展提供重要的人力资源，而且从根本上改善了人类活动，推动了人类社会的文明进步。

　　本章讨论了休闲活动组织机构概况及职位分类与工作描述，志愿者组织、训练与管理、非营利组织等主要内容。休闲活动的组织机构多种多样，志愿者组织、非营利组织和会员制俱乐部等组织形式，这些组织形式的出现是社会文明与进步的一种表现，标志着休闲业的发展日趋成熟，也表现了现代人们在休闲之余更高层次的追求，而不仅仅是满足身体的需要，越来越追求的是精神层面的休闲。如表6-6所示。

表6-6　　　　　　　各级政府组织、非营利性和商业性休闲组织的比较

组织	商业性	政府	非营利性
娱乐哲学	努力满足公众需要，以获得利润；收入来自娱乐，也用于娱乐	通过提供有意义的休闲活动，丰富整个社会的生活；本质上是非营利性的	通过提供有意义的休闲活动，丰富参加成员的生活，常常针对特定的群体和个体；本质上是非营利性的
娱乐目标	提供能吸引顾客的活动或项目；为了提高竞争力；为了提高利润；为了服务公众	向社区及其居民提供社会的、身心的、教育的、文化的、对社区总体有益处的娱乐机会	与共有机构类似，但是有成员、种族、宗教、年龄等限制；向其所关注的群体提供公民权利、行为准则和人生哲学等价值理念
管理机构	公司、联合企业、合营公司、私营企业主；电影、电视和广播公司；度假村；滑冰场	政府部门	私人福利机构、童子军、营火女孩（Camp Fire Girls）、Y组织
资金	来自企业主或发起人；来自用户、会费和收费	主要来自税收；也来自捐赠、资助、信托基金、少量收费	来自捐赠、资助、赞助、会员费
项目	在符合国家和当地法律的前提下设计能够促进消费的活动	整年安排范围广泛的活动，针对所有人群，不管年龄、性别、种族、信仰、社会地位和经济地位	针对某些群体安排有特殊性质的与机构的目的和宗旨相符合的项目
成员	受法律约束，关心成员社会地位，也判决主要成员的经济状况——必须有消费的能力	无限制——向所有人开放	有年龄、性别和宗教的限制
设施	剧院、俱乐部、客栈、夜总会、旅馆、赛马场、体育场等	社区建筑、公园、学校设施	私人福利机构房产、青年中心、教堂、俱乐部

复　习　题

一、单项选择题

1. 休闲活动的组织团体不包括（　　）。

A. 各级政府　　　　B. 宗教团体　　　　C. WTO　　　　　D. 自愿者组织

2. 休闲组织人力资源开发与管理目标不包括（　　）。

A. 调动员工的工作热情　　　　　　B. 优化员工的配置结构

C. 建立人力资源开发体系　　　　　D. 实现组织的可持续发展

3. 按照组织形式划分，休闲活动可分为（　　）。

A. 国际休闲活动和国外休闲活动　　B. 个人休闲活动和商务休闲活动

C. 团体休闲活和散客休闲活动　　　D. 入境休闲活动和出境休闲活动

4. 小米是一名某户外野营协会志愿者，近期该协会将组织一场专家野外逃生讲座。活动当天在检票口发生了暴力冲突，作为志愿者的检票员，此时小米该采取（　　）措施。

A. 予以还击　　　B. 强行制止　　　C. 打报警电话　　　D. 逃跑

5. 2008年汶川地震发生后，在四川读大学的王明第一时间通过四川红十字会组织向灾区捐了200元，该组织属于（　　）。

A. 动员资源型组织　　　　　　B. 公益服务型组织

C. 社会协调型组织　　　　　　D. 政策倡导型组织

二、简答题

1. 你认为你具备休闲活动策划者需具备的能力吗？主要欠缺哪方面的能力？你将如何提高你欠缺的能力？

2. 非营利组织有哪些种类？中国非营利组织未来的发展趋势是什么？

3. 我国休闲活动人才素质及结构状况如何？作为未来的休闲活动人才，你认识你应该从哪些方面来不断充实自己，使自己更能胜任未来的挑战？

4. 休闲活动企业文化的培育和渗透应以休闲活动企业人力资源的哪个层面为重点？考察一个实际的休闲活动企业，了解他们在把企业文化与人力资源管理的结合中，具体开展了哪些工作。

三、实训

【实训名称】

高校志愿者组织服务质量分析。

【实训内容】

调查你所在学校志愿者协会服务质量和活动内容，找出目前存在的问题并给出对策。

【实训步骤】

1. 教师布置实训任务，引发学生兴趣，讲解实训任务要解决的问题和要求。

2. 学生分组收集相关资料、结合实际情况进行分析、讨论，总结。

3. 各组代表分享实训成果。

【实训点评】

教师点评总结，同学互评。

项目七　休闲活动计划

一只小狐狸对一只老狐狸抱怨说："真是生不逢时啊！我想得好好计划一下，不知为什么，几乎总是不成功。"老狐狸问："你告诉我，你是在什么时候制订你的计划?"小狐狸说："啥时候，都是肚子饿了的时候呗!"老狐狸笑着说："对啦，问题就在这里! 饥饿和周密思考从来走不到一块，你以后制订计划，一定要趁肚子饱的时候，这样就会有好结果了。"

同学们，这个小故事带给你什么样的启示呢?

学习目标

1. 知识目标

了解休闲活动计划的相关概念。

理解休闲活动计划的原则和方法。

掌握计划书的编写方法及活动方案的实施。

2. 能力目标

掌握修休闲活动策划书的编写。

任务一　休闲活动计划概述

一、休闲活动计划的概念

（一）定义

计划具有两重含义，其一是计划工作，是指根据对组织外部环境与内部条件的分析，提出在未来一定时期内要达到的组织目标以及实现目标的方案途径。其二是计划形式，是指用文字和指标等形式所表述的组织以及组织内不同部门和不同成员，在未来一定时期内关于行动方向、内容和方式安排的管理事件。

活动计划是活动组织为了在未来一定时期内达到某一目标，根据实现这一目标的需要，对活动实施过程中的各项环节做出周密的安排。活动计划是活动实施的基础，抓住这个首要环节，就可以提挈全局。

所谓制订活动计划就是根据既定目标，确定行动方案，分配相关资源的综合管理过程，具体而言，就是通过对过去和现在、内部和外部的有关信息进行分析和评价，对未来发展进行评估和预测，最终形成一个有关行动方案的建议说明——计划文件，并以此文件作为组织开展工作的基础。

休闲活动计划是一项系统的工作，其主要任务是利用各种资源，用科学、周密、有序的系统方法，对休闲活动进行调查、分析、研究、设计和整合，系统地形成目标、手段、策略和行动高度统一的逻辑思维过程和行动方案，从而使其在举办过程中产生巨大的社会效应。

（二）计划与策划

休闲活动程序是休闲活动开展的全过程，其中包括策划和计划。

1. 策划

策划指对将在休闲时间里所从事的活动进行的设想及创造的思维过程，它也是为达成目标，确保实现休闲活动决策和计划而进行有科学运作程序的谋划、构思和设计的过程。

2. 计划

计划指对即将开展的活动进行工作设想和安排，如提出任务、指标、完成时间和步骤方法等。计划是以假定的目标为起点，通过定出策略、政策以及详细的内部作业计划，以求目标之达成，最后还包括成效的评估和反馈，然后返回到起点，开始第二次循环。

3. 计划与策划的异同

计划强调既定目标、行动部署，更注重科学性、严密性；策划强调谋略、创意，更注重艺术性、创造性。表7-1列出了策划与计划的区别。

表7-1   **策划与计划的区别**

策　划	计　划
全局性、整体性战略决策	具体性、可操作性指导方案
掌握原则与方向	处理程序与细节
具有创新性与创意	常规的工作流程
What to do（做些什么）	How to do（怎么去做）
超前性	现实可行性
灵活多变	按部就班
挑战性大	挑战性小
长期专业训练的人员	短期培训的人员

资料来源：卢晓，《节事活动策划与管理》，上海人民出版社，2009年11月第2版。

计划与策划都是为实现既定的旅游发展目标而预先设计的行动部署。注重对未来的预测，以未来可能的、较理想的事物作为现在的行动部署依据，故可能成为未来的创造者。在实际工作中，计划和策划很难完全分开，往往是计划中包含策划；策划中包含计划。

二、休闲活动计划的作用

计划是组织为实现一定目标而科学地预测并确定未来的行动方案。任何计划都是为了解决三个问题：一是确定组织目标，二是确定为达成目标的行动时序，三是确定行动所需的资源比例。具体作用表现如下：

（一）规范作用

（1）确定项目实施规范，成为项目实施的依据和指南。

（2）确定完成项目目标所需的各项任务范围，明确各项任务所需的人力、物力、财力并确定相应的预算，保证项目顺利实施和目标实现。

（3）确定项目组成员的工作责任范围、职权以及地位，以便按要求去指导和控制项目工作，减少风险。

（4）使项目组成员明确自己的奋斗目标、实现目标的方法、途径及期限，并确保以时间、成本及其他资源需求的最小化实现项目目标。

（二）协调作用

（1）促进项目组成员及活动委托人和管理部门之间的交流与沟通，使各项工作协调一致，并在协调关系中明确哪些是关键因素。

（2）计划通常需要在多个方案中进行分析、评价和筛选，最终形成一个具有可行性，并能达到预期目标，实现资源优化配置的最佳方案。计划可作为进行分析、协商及记录项目范围变化的基础，也是约定时间、人员和经费的基础。

三、休闲活动计划的制订原则

休闲活动计划作为活动管理的重要阶段，在活动中起承上启下、提纲挈领的作用。因此在制订过程中要根据项目总目标、总计划的要求，对实施过程进行周密安排。计划文件经批准后应作为项目活动的工作指南。在制订休闲活动计划的过程中一般应遵循以下六个原则。

（一）目标性原则

任何活动都有一个或几个确定的目标，以实现特定的功能、作用和任务，而任何活动计划的制订正是围绕活动目标的实现展开的。在制订计划时，首先必须分析目标，弄清任务。

（二）系统性原则

休闲活动计划本身是一个系统，由一系列子计划组成，各个子计划不是孤立存在的，彼此之间相对独立，又紧密相关。因此在制订休闲活动计划时，应把握各个子计划之间的协调性、系统性，使制订出的休闲活动计划也具有系统的目的性、层次性、适应性、关联性和整体性，使整个休闲活动计划形成有机协调的整体。休闲活动计划的制订和实施不应以某个组织或部门内的机构设置为依据，也不应以自身的利益及要求为出发点，而应以活动和活动管理的整体及职能为出发点，涉及活动管理的各个部门和机构，保证其运作的系统性。

（三）效益性原则

休闲活动计划的目标不仅要求项目有较高的效率，而且要有较高的效益。所以在计划中必须提出多种方案进行优化分析，最终形成一个具有可行性，并能达到预期目标，实现资源优化配置的最佳方案。

（四）动态性原则

这是由活动的生命周期所决定的。一个活动的寿命周期短则数月，长则数年，在这期间，活动环境处于不断变化之中，这就要求活动计划要有动态性，要随着环境和条件的变化而不断调整和修改，以保证完成活动目标。

（五）可行性原则

休闲活动计划需要遵循可行性原则，从实际情况出发，按照一定的程序，制定出最佳方案。方案中的各项指标都应符合实际情况，方案实施的途径也必须切实可行。休闲活动计划的内容既要具有前瞻性和吸引力，更要不脱离实际具有可操作性。

 小故事

唐太宗贞观年间，长安城西的一家磨坊里，有一匹马和一头驴，它们是好朋友。马在外面拉车，驴在屋里拉磨。贞观三年，这匹马被玄奘大师选中，出发经西域前往印度取经。17年后，这匹马驮着佛经回到长安。它重新回到磨坊会见它那位驴老弟，马谈起这次旅途的经历，使驴目瞪口呆，惊叹道："你有那么多见闻啊，那么遥远的

路，我想都不敢想。"马说："其实我们走的路都差不多，不同的是我同玄奘大师有一个远大的目标前进，所以取得了不菲的成绩；而你却被蒙住了眼睛，年复一年围着磨盘转，所以始终走不出这磨盘之地。"

（资料来源：单凤儒. 管理学基础［M］. 北京：高等教育出版社，2012）

任务二　休闲活动计划与流程

一个成功的休闲活动项目一般都要经历这样几个阶段：策划组织建立；确定具体项目目标；项目实施和事后跟踪分析。这是一个从策划到实施再到总结的过程。图7-1展现了整个休闲活动项目的各个阶段的主要工作。

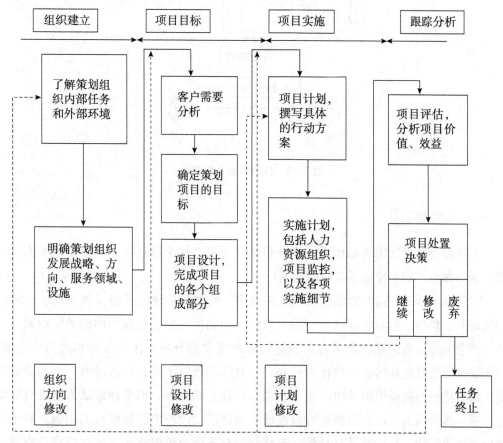

图7-1　休闲活动项目各阶段的工作

休闲活动计划作为休闲活动项目的一个重要组成部分其工作流程大致可以分成以下三个阶段：活动立项、活动落实、活动评估和总结。这三个阶段是活动方案的一个框架，在实际操作中，应大胆想象，小心求证，进行分析比较和优化组合，以实现最佳效益。图7-2分析了休闲活动计划的流程。

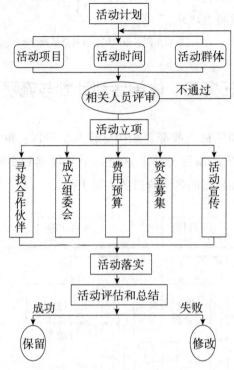

图7-2　休闲活动策划流程

一、活动立项

立项就是要把休闲活动作为一个项目确定下来。这个活动究竟要不要做？为什么做？如何做？一定要保证目标明确清晰。

对于新的活动，这个阶段包括决策的制定，例如，活动的类型（如节庆、旅游）、持续时间、场所、时间安排以及一些可以使活动独树一帜或与众不同的关键因素。当活动理念充分发展之后，就可以对其进行更加细致的分析。在与竞标相关的事项里，首先要确定的是竞标的是一项什么活动。一旦活动确定下来，就可以做一个初步的估定，看看他们与活动组织结构的能力和主办目标是否吻合。如果评估认为值得对活动进行进一步的调查，那么将通过可行性研究对该活动进行更具体细致的审核。对于一些大型休闲活动，往往都是有目的、有计划、有步骤地组织众多人参与的社会协调活动，需要办理审批手续，得到有关单位的审批，因此更应该确定项目，保证目标明确。

通过活动立项可以回答关于项目的各种基本问题：

（1）我们为什么需要某个项目？（决策）

（2）我们需要努力达到的目标是什么？（目标）

（3）我们如何得知我们将在什么时候将它完成？（指示、监控和评估）

（4）我们应当如何达成我们的目标？（项目策略）

（5）想要达成目标我们都需要那些条件？（投资输入）

（6）由谁去具体实施？（人员和责任）

（一）调研和可行性分析

进行可行性研究考虑的因素很多，这些因素（视活动的具体情况）包括：可能的预算需求；管理技能的需要；活动举办地点容量；主办团体和目的地的影响；志愿者、赞助商和辅助性服务（如设备租用公司）的可用性；预计到场人数；基础设施需要；公共与私人财政支援的可能性；该活动所得到的政治支持率；赢利等事项的跟踪记录等。应当注意的是，与这些研究相联系的细节和复杂程度是会变化的。比方说，一个像旅游节这样的休闲活动计划过程比诸如野外钓鱼或小型比赛要更长、更为详细。

1. 确定市场规模和结构

市场规模，尤其是上下限的界定是一个休闲活动策划项目获利能力的基础。市场规模的下限又称门槛人数，是指一个休闲活动策划项目具有获利能力的最低市场规模。

市场规模是对市场进行量的分析，而市场结构则是对市场进行质的分析。休闲活动市场结构往往从以下三个角度进行分析：客源区位、社会人口学特征和消费行为。

另外，国家关于大型活动方面的政策和法规、公众关注的热点、历史上同类个案的资讯、场地状况和时间的选择性，都是调查的内容。

2. 竞争分析

休闲活动策划的目的是维持或建立某项活动在市场中的位置，而市场是存在竞争的，因此必须对市场的竞争环境和自身的优缺点进行分析。

对自身的优势（Strength）、劣势（Weakness）、机会（Opportunity）和威胁（Threat）的全面评估称为 SWOT 分析，又称为态势分析法，是一种能够较客观而准确地分析和研究一个单位现实情况的方法。从整体上看，SWOT 可以分为两部分：第一部分为 SW，主要用来分析内部条件；第二部分为 OT，主要用来分析外部条件。将调查得出的各种因素根据轻重缓急或影响程度等排序方式，构造 SWOT 矩阵。在完成环境因素分析和 SWOT 矩阵的构造后，运用系统分析的综合分析方法，将排列与考虑的各种环境因素相互匹配起来加以组合，得出一系列休闲活动未来发展的可选择对策。如表 7-2 是恩施发展旅游业的 SWOT 因素分析矩阵。

表 7-2   SWOT 因素分析矩阵

内部因素＼外部因素	机遇（O） 两路通，新路建 "鄂西生态文化旅游圈" 建设生态旅游兴起	威胁（T） 环境破坏和污染 民族文化流失 周围景区的竞争
优势（S）	优势机遇策略（SO）	优势威胁策略（ST）
PETS 环境优势 优质自然旅游资源禀赋 地理区位优势 独特的民族风情 发展乡村旅游和生态旅游的先天条件	抓住"鄂西生态文化旅游圈"建设的发展机遇，发展特色旅游 抓住交通改善契机，利用良好地理区位，大力发展暑期旅游	保护民族文化的前提下推广民族风情 环境保护的前提下建设景区 发挥特殊旅游优势，面对周边景区竞争压力
劣势（W）	劣势机遇策略（WO）	劣势威胁策略（WT）
内部交通条件有待改善 旅游设计不完备 宣传不足 资金缺乏 景区分散	利用"旅游圈"建设机遇，大力融资，改善基础设施，增大旅游容量 设计合理的州内旅游路线	加强基础设施建设，增强竞争力 加大宣传力度，变劣势为优势 加强自然环境和民族文化保护

资料来源：http://www.chyxx.com/difang/201305/206863.html。

3. 可行性研究

可行性研究是一个十分重要的工作步骤。研究范围包括休闲活动的社会适应性，包括社会环境和目标公众的适应性。比如策划一次户外活动，由于户外运动需在野外露营，比常规旅游条件更艰苦，体力消耗大，具有一定的风险，是对生存的一次挑战和检验。另一方面，由于徒步穿越你看到了最美丽的、普通人看不到的风景，刺激性和观赏性与常规景点无与伦比。那么公众是否能接受至关重要。同时，保护生态，注意环境卫生，所有杂物和垃圾一定要带出这些地区，也是社会环境保护的要求。

从效益的角度考虑，做这样的活动是否有利于我们在宣传方面节省费用？如果采用投放媒介做广告，比做大型活动更有效，那么大型活动就不一定做了。还有社会物质水平的适应性，大型活动需要动用大量的社会物质，许多创意也需要物质的支持，因而需要考虑效益的可行性。

最后一个是应急能力的适应研究性，需要那些应变措施？如户外活动，包括雪山攀登、攀岩、溯溪、探洞、穿越、纵走等，面对的往往是与日常生活状态完全不同的环境，在增加了户外乐趣的同时，其增加的不可预测性与安全性是必须优先考虑。要考虑天气的情况，野外活动考虑更多的是安全设施问题，这些都是我们要进行可行性研究的范畴。

对已经存在的活动来说，再一次进行可行性研究来决定其存在的价值，这一步骤是必需的。对新活动来说，可行性研究的结果将直接决定活动是否以及将何时继续。

（二）确定策划目标

休闲活动项目发展的目标与战略，是由相关资源与市场共同决定的，而资源与市场的结合点是活动项目，特别是项目的定位与成型以及项目的调整与改造。

在确定休闲活动策划的目标时，应注意以下问题。

1. 层次性

任何时期的策划往往需要实现多重目标，在实现的过程中往往互相冲突，因此必须明确不同目标的轻重缓急以及主次之分，做到有主有次，环环相扣。

2. 可行性

策划的目标实现应该具有相应的人、财、物等资源基础。应该在指定的条件和约束的限度内，从全局出发，量力而行，结合自己现在的条件和潜在的能力，制定出合适的方案。

3. 可量化

将目标进行量化，使目标更加明确，实施起来也更有指导性、规范性。

（三）拟订备选方案

即根据既定的策划目标，制定出可以实现目标的各种方案。策划方案最终体现为详尽的策划书。

在拟订策划方案时，一般应遵循两个基本原则：一是提供两个以上备选方案，并将每一种选择在政治、经济、社会、公共关系等方面可能产生的后果及利弊一并列出，防止越权和代替策划。二是在多方案情况下，坚持各方案间相互排斥的原则，即要么A，要么B，不同原则的方案是不能重合的，鱼和熊掌不可兼得。

这一阶段是在前一阶段的基础上，进行创造性思维，产生创意，然后把创意转化为可实际操作的行动方案。由于创意可能是几个或多个，因而方案也可能是多个，以进行对比选优。

（四）方案的筛选和论证

进一步对休闲活动的内外部情况进行全面、系统地分析。对各种扰动量进行充分的预估，权衡利弊，选择最优。

方案不仅要有论证，而且要有科学的论证，方案论证通常使用定位式优选法，轮转式优选法和优点移植法。

（五）申办、批准

申办的过程包括很多个步骤，具体来说有：

（1）确认可以被调配以支持活动的资源（即场地、政府拨款）；

（2）给活动所有者开发一条准备和陈述竞标文件的关键路径；

（3）准备申办文件；

（4）决定继续或终止。

二、活动方案实施

"万事预则立，不预则废"，必须强调活动前期的准备工作。按照活动目的、活动形式、活动流程三项来紧密准备，必须注意细节的准备，从细从严地要求。各项准备中休闲活动费用预算和资金募集尤其关键。

（一）活动执行方案

1. 活动方式

内容是血肉，形式是框架，二者必定是相互依存而共生。形式的选择是展现活动内涵的基本要求，恰当的形式使得内容表现得更加充分而丰富。这一部分主要阐述活动开展的具体方式。有两个问题要重点考虑：确定伙伴和确定刺激程度。

在活动规模上，在有限的条件下应尽可能提高活动的档次和规模，扩大声势，这样才有利于扩大活动影响面，达到商业运作的目的。同时，策划中需要突出设计出一个艺术活动精彩时段，要有高潮，要把这个环节设计得更有影响和传播性。

比如某俱乐部组织的徒步穿越长白山大峡谷的户外活动，整个穿越将在海拔2500米以上高点进行，上下翻越六座山峰最终到达北坡小天池结束，全程历时10小时左右，行程约30余千米。其中，登顶长白山在中国境内的最高峰——白云峰，观赏常年残雪、高山杜鹃、岳桦林和温泉是活动的高潮，真可谓：更喜长白千年雪，白云峰上尽开颜。

2. 活动时间和地点

不同的季节与天气适合举办不同类型的休闲活动，合理的时间安排是活动成功的关键。活动日期的选择一般较为灵活，策划人员首先要将日期和时间确定下来，以便作具体的时间安排，并将其列入组织计划中去。日期和时间的选择，最好避开重大节日，也不要与人们普遍关注的社会重大活动相重叠。

活动的地点选取，可根据活动的预算、内容性质和规模大小，考虑优质舒适的活动范围。好的场地是活动成功的一半。策划人员在选择活动地点时必须考虑公众分布情况、活动性质、活动经费以及可行性等诸多因素。

3. 活动流程

流程安排指按照日程顺序和人员分工来安排活动的分项目。流程要达到专业、系统、严密，从细节保障成功。细节流程一般可以从任务分工、时间分配、活动对接、物资保证等若干部分去把握。每次活动，都要把活动的基本要素落实到人，明确责任，细化每个环节。而对于整个流程的全程把控也是整个活动执行的精髓所在，它不但能将方案淋漓尽致的表现出来，更能有助于后期跟踪宣传的发挥。策划进度表则包括策划部门创意的时间安排以及活动本身进展的时间安排，时间在制订上要有弹性，具有可操作性。

4. 人员安排

人员包括活动主办、协办（联办）、承办、赞助等方面的相关机构与工作人员。要将具体日程安排通知参加者，包括设计日程计划表，明确起止日期，明确每一天的活动项目。除节目内容和日期的安排外，许多时候还要同时进行公众宣传方面的日程安排。

5. 物资准备

后勤保障条件是活动成功的关键。任何活动的组织者，都把后勤保障工作作为大事来抓，并设专门的机构来保证供给的畅通，它包括饮食、住宿、交通、通信、医疗卫生条件等。

6. 费用预算

无论是举办什么活动，都要考虑成本问题，操作设计必须包括比较准确的财务预算。策划人员应计划如何用有限的资金支付各项费用，估计可能需要的各种支出，准备呈报上级批准。政府拨款，单位自筹，社会赞助，活动获利，商业性集资，每一种来源方式都应当有其特有的程序和步骤。在活动中要把握好经费的四个环节：活动前预计经费；活动前实到经费；活动中实际使用的经费；实到经费与实际使用经费之间的差额和相应的解决办法。经费直接关系到活动的规模和质量，要计算好活动成本和各项费用支出，尽量让有限的资金发挥最大的作用。

7. 广告配合方式

为了达到持续宣传效果，将活动分为前期媒体预热活动和正式活动两部分。前期活动的重点是调动媒体造势，使消费者对即将推出的休闲活动有强烈的期待心理。而正式活动是通过媒体的宣传，使休闲活动成为人们议论的热点话题和争相参与的对象。广告对休闲活动的传播是否到位，取决于：广告表达是否准确；投放量是否足够；活动定位是否深入人心。

我们还应该注意活动本身能否吸引公众与媒介的主动参与。休闲活动具有广泛的社会传播性，其作用像一个大众传播媒介，一旦这个活动开展起来，就能产生良好的传播效果。

8. 方案培训和试验

创意很好，但是由于缺乏操作设计，在操作过程中会出现很多问题，从而违背了原创精神或者没有达到原创水平。所以，在原则方案确定以后，还要进一步进行操作设计，实施操作程序的管理，重要的是设计出操作的规范程序。

在休闲活动中，特别是大型活动，假如参与的工作人员不了解全局的策划意图，他们就不能为大型活动策略实施提供建设性的劳动，因而需要对工作人员进行沟通，进行方案培训，只有知情才能出力。

（二）活动落实

活动落实阶段，也就是活动的实施阶段，在这一阶段所需要注意的问题是活动纪律、执行力和现场控制。

1. 活动纪律

纪律是战斗力的保证，是方案得到完美执行的先决条件，在方案中应对参与活动人员各方面纪律做出细致的规定，发挥团队作战优势，团结一致，齐心协力方能做好工作。

2. 执行力

要有较强的执行能力，所有的活动安排和物质资料准备要紧扣活动主题，总负责人要清楚活动的每个环节，了解各环节的进度，及时发现和解决活动现场出现的新问题；要对参与活动的人员进行详尽的培训，把活动的目的和主旨深入传达到每个人心中，充分调动每位员工的积极性和主人翁责任感。

3. 现场控制

现场控制主要是把各个环节安排清楚，要做到忙而不乱，有条有理。活动没有"彩排"，只有"现场直播"。一旦出现失误就无法弥补了。在休闲活动的策划与实施中应要有严密的操作性，要注意活动实施的细节，注重活动实施过程的安全性，懂得随机应变，预防突发事故的发生。

中期操作主要是要考虑到每一个细节，并对关键细节、关键节点做出特别规定以引起对策划执行的重视。成功策划一个令人难忘的活动的关键就是细节。而活动现场的应变控制和危机处理是活动组织者必须具备的素质。居安思危、防患于未然，是活动策划应有的思想准备。进行活动策划要注意考虑到多变因素对活动的影响，比如天气情况、安全情况等。而活动现场是策划实施的核心地带，必须给予重视。一旦现场出现了问题，往往来不及请示，这就要求活动人员能够根据具体情况，做出及时而准确的反应，迅速解决危机。

危险预防与处理的基本内容主要有：

（1）危机小组编组；

（2）危机处理程序；

（3）医疗机构联系；

（4）人员急救训练与平时演练；

（5）简易医疗器材准备。

三、活动的评估和反馈

每次活动都需进行一番很好的评估总结，才能提升活动的品质和效果。评估总结的目的，就是总结成功之处，借鉴不足教训，为后继活动规避风险，获取更大的成功。

1. 后期延续

延伸性有两个方面的内容：一是单一活动策划的延续宣传性；二是保持整体活动风格上的统一。很多活动在策划时都忽略了活动宣传延伸性的问题，活动宣传随着活动的结束而结束。活动的宣传不同于其他宣传方式，活动的持续时间特别短，而人们的记忆又具有一定的遗忘周期性，如何让活动的宣传效果达到最理想的效果，延伸性是必须考虑的一个重要因素。

2. 活动评估

活动的结束并不代表整体过程的完结，科学的效果检测与数据支持是促使下阶段活动更加完善的重要支持。其中诸如：现场效果的拍摄、客户到访量的统计以及后期媒体跟进的情况等等，在活动过后这些效果的分析将成为活动成效的一个非常有力的检测，同时为下一次活动找出问题点，从而有目的的制造机会点。

活动评估与检讨的内容包括：①活动成效的评估；②参与者满足感的评估；③达到既定目标的评估；④活动质量的评估；⑤领导统御的评估；⑥设备运用评估。

活动结束后，要对整个活动进行评价，看策划是否成功，效果是否理想。评估主要从是否提高了主办者所在地区和企业的知名度，主办者及承办者的投入、支出、利润是多少，对当地经济是否起到了促进作用等方面展开。此外，对环境的影响也要进行相应的评价。

3. 活动善后

作为计划过程的一部分，制定一个结束该活动的计划是有必要的。这一计划主要涉及一个时间表的制定和任务的权责分配。这些任务主要包括拆除和搬运场地建筑，以及收集归还设施设备等。

任务三　计划书编写

一次完整的休闲活动开展是一个系统工程。在实现目标的路径中，主题是整个策划的灵魂，主题是纲，内容是血肉，形式是框架，一份有说服力和操作性强的计划书才能确保活动得到完美的执行，有效达成策划目标。而执行是否成功，则最直接和最根本地放映了策划案的可操作性。

一、休闲活动计划书的概念

所谓休闲活动计划，就是根据掌握的各种信息，对即将举办的活动的有关事宜进行初步规划，设计出休闲活动的基本框架，提出举办休闲活动的初步内容。主要包括：休闲活动名称和地点，举办机构，举办时间，休闲活动规模，休闲活动定位，招展计划，宣传推广和招商计划，休闲活动进度计划，现场管理计划，相关活动计划等。

休闲活动计划书则是为举办一个新休闲活动而提出的一套整体规划、实施策略和实施方法，并且将这些内容根据一定的格式和内容的具体要求，编辑整理而成的书面材料。

一般来说，休闲活动立项计划书主要包括以下内容。

（1）市场环境分析。包括对国家有关法律、政策的分析，对相关休闲活动的情况的分析，对休闲活动举办地的分析等。

（2）提出休闲活动的基本框架。包括休闲活动的名称和举办地点，举办机构的组成，举办时间，举办频率，休闲活动规模和休闲活动定位等。

（3）休闲活动花费及初步预算方案。

（4）休闲活动工作人员分工计划。

（5）休闲活动宣传推广计划。

（6）休闲活动筹备进度计划。

（7）休闲活动现场管理计划。

（8）休闲活动期间举办的相关活动计划。

（9）休闲活动结算计划。

二、活动策划六要素

活动策划指人们对有一定目的的行动，借助一定的科学方法和艺术，为决策、计划而构思、设计、制作策划方案的过程。活动策划是一项整体性、系统性、计划性很强的工作。一个成功的活动策划必须把握以下 6 个基本要素。

（一）活动目标

活动（activity；manoeuvre）是有一定目的的行动。什么样的目的决定什么样的活动。从某种意义上说，目标、目的就是活动策划的"大是大非"问题，必须在确定方案前把握好大方向、树好旗帜，目标明确了做起事来也就变得更加明晰。没有目的的活动是不存在的，活动目的必须明确。可行，可量化，才能使活动策划做到有的放矢。

（二）市场

活动策划在确定主题之前，必须清楚了解市场活动的相关情况及竞争品牌的活动方式，分析竞争对手和目标消费人群，提出自己的准确定位，对市场现状及活动目的进行阐述。活动针对的是目标市场的每一个人还是某一特定群体？活动控制在范围多大内？哪些人是主要目标？哪些人是次要目标？这些选择的正确与否会直接影响到最终效果。

（三）主题

主题包括该次活动的主要目的、中心任务和意义等内容。主题是对活动内容的高度概括，是整个策划的灵魂。要为广大公众接受，就必须选好主题，解决好两个问题：确定活动主题和包装活动主题。主题的确定要体现两个方面：一是和活动的关联度要紧密；二是在风格上保持统一，又要以独特性区别于其他同类活动。在一次活动中，不能宣传完所有的事情，因此只有把当前最值得推广的，而且也只能是唯一的一个主题传达给目标消费群体，正所谓"有所为，有所不为"。

（四）名称

活动名称也至关重要，一定要具有绝对吸引力，避免落入俗套。常言道："兵无常势，水无常形"。"人无我有，人有我新，人新我变"，是创新的表现。而真正的创新，还必须要求具有首创性和独创性。

英特尔前总裁格罗夫曾说过：整个世界将会展开争夺"眼球"的战役，谁能吸引更多的注意力，谁就能成为 21 世纪的主宰。活动策划一定要敢于做别人没有做过的事情，"敢为天下先"，这样才能吸引目标消费者的注意力和兴趣，引起社会反响，达到有效传达之目的。

 小案例

首届中国·阳明山"和"文化旅游节暨杜鹃花会

在 2006 年 4 月举行的"首届中国·阳明山'和'文化旅游节暨杜鹃花会"上，重点推出了以"红杜鹃见证爱情"为主题的活动策划。有 100 对新婚夫妇和 99 对金婚、银婚、铜婚夫妇参加了阳明山婚庆大典，并让这些夫妻们面对"山盟石"进行爱情盟誓，"山盟石"景点首次以精彩的姿势向世人亮相，活动策划即赢得了满堂喝彩。

案例点评：阳明山又称万和山，与"和"文化也有着很深的渊源，活动策划阳明山之"阳"为"丘"与"日"之组合，象征了天地之"和"；阳明山之"明"为"日"与"月"之组合，象征了阴阳之"和"。活动策划更为重要的是阳明山有 10 万亩红杜鹃。每年 4 月底至 5 月初，山下百花凋谢之际，阳明山的杜鹃却开得正艳，国家环保总局副局长、作家潘岳游阳明山后，曾称赞其为"天下第一杜鹃红"。杜鹃在中国民间有许多传说，这些传说大多和爱情有关。活动策划根据阳明山佛教文化、"和"文化与 10 万亩红杜鹃的自然风光相结合的特点，赋予阳明山十万亩红杜鹃以文化内涵，而这个内涵最好的表现方式就是爱情。"阳明山'和'文化旅游节暨杜鹃花会"名称充满独特联想，象征着人们美好的愿望，引人入胜。

（五）活动流程

流程安排指按照日程顺序和人员分工来安排活动的分项目。活动流程是对活动策划方案的直接体现，是活动实施的纲领。流程如何既吸引参与者又有利于主办方承办，关键是具体且有特色，尽量符合参与者的期望值。活动行程是整个流程中参与者最感兴趣也是主办方最关注的部分，要制造亮点，突出重点，语言要简练生动，表述清晰。

（六）文本

文本是活动成功的保障。策划文本必须做到详细周密，以更好地指导活动的有力执行。一般来说完整的策划方案包括活动概述、活动主办方和参与者情况、具体流程、场地布置、项目费用、执行分配和备注事项等几个主要方面，即 5W2H 法。

Why：为何——为什么要如此做？

What：何事——做什么？准备什么？

Where：何处——在何处着手进行最好？

When：何时——什么时候开始？什么时候完成？

Who：何人——谁去做？

How：如何——如何做？

How much：何价——成本如何？达到怎样的效果？

5W2H法包含了活动从战略（Who、Why）到策略（What、When、Where）直至战术（How）的完整运作系统，再加上另一个H——How much（何价）即活动预算，完美实现活动目标。完整的可执行的活动策划方案必须具备What、When、Where、Who及How五大要素。方案的其他内容都应该围绕这五素来写，这样才明确地将活动表达出来。

三、计划书详细条目

（一）休闲活动名称

休闲活动的名称一般包括3个方面的内容：基本部分，限定部分和行业标志。如"2009连云港之夏旅游节庆活动"，如果按上述3个内容对号入座，基本部分则是"活动"，限定部分是"2009"和"连云港之夏"，行业标志是"旅游节庆"。下面将分别对这三个方面的内容进行介绍：

1. 基本部分

用来表明休闲活动的性质和特征，常用词有：大型活动，比赛，和"节"等。

2. 限定部分

用来说明休闲活动举办的时间、地点和休闲活动的性质。休闲活动举办时间的表示方法有3种：一是用"届"来表示，二是用"年"来表示，三是用"季"来表示。如第3届大连国际服装节，2003年广州博览会，法兰克福春季消费品展览等。在这3种表达方法里，用"届"来表示最常见，它强调休闲活动举办的连续性。那些刚举办的大型活动一般用"年"来表示。休闲活动举办的地点在休闲活动的名称里也要有所体现，如第3届大连国际服装节中的"大连"。

3. 休闲活动的主题

用来表明活动的主题。如第10届重庆垫江牡丹节中的"牡丹"表明本休闲活动是牡丹产业的休闲活动。

（二）休闲活动地点

策划选择休闲活动的举办地点，就是策划休闲活动在什么地方举办，即确定休闲活动在哪个省或者是哪个城市里举办。休闲活动的举办地点要结合休闲活动的展览题材和休闲活动的主题定位而定。另外，在具体选择地点时，还要综合考虑使用该地点的成本大小，时间安排是否符合自己的要求以及活动地点的服务如何等因素。

（三）举办机构

休闲活动举办机构就是活动的筹备、组织、策划和实施的委员会。根据各单位在举办休闲活动中的不同作用，一个休闲活动的举办机构一般有以下几种：主办单位，承办单位，协办单位，支持单位等。

主办单位：项目活动的发起单位，拥有休闲活动主办权并对休闲活动承担主要法律责任的举办单位。主办单位在法律上拥有休闲活动的所有权。

承办单位：直接负责休闲活动的策划、组织、操作与管理，并对休闲活动承担主要财务责任的举办单位。

协办单位：协助主办或承办单位负责大型活动的策划、组织、操作与管理，部分地承担大型活动的招商和宣传推广工作的节办单位。

支持单位：对休闲活动主办或承办单位的休闲活动策划、组织、操作与管理，或者是对招商和宣传推广等工作起支持作用的举办单位。

（四）举办时间

举办时间是指休闲活动计划在什么时候举办。举办时间有 3 个方面的含义：一是指举办大型活动的具体开展日期；二是指休闲活动的筹展和撤展日期，三是指休闲活动对观众开放的日期。

（五）举办频率

举办频率是指休闲活动是一年举办几次还是几年举办一次，或者是不定期举行。从目前的实际情况看，一年举办一次的休闲活动最多，约占全部休闲活动数量的80%，一年举办两次和两年举办一次的休闲活动也不少，不定期举办的休闲活动已经是越来越少了。

（六）休闲活动的规模

休闲活动的规模主要是参与休闲活动的观众有多少。在策划举办休闲活动时，休闲活动规模的大小受到观众数量和质量的限制。

（七）休闲活动定位

通俗地讲，休闲活动定位就是要清晰地告诉观众本休闲活动"是什么"和"有什么"。具体地说，休闲活动定位就是举办机构根据本身的资源条件和市场竞争状况，通过建立和发展休闲活动的差异化竞争优势，使自己举办地休闲活动在观众的心目中形成一个鲜明而独特的印象的过程。休闲活动定位要明确休闲活动的目标观众，举办目标，举办活动的主题等。

（八）休闲活动价格和初步预算

休闲活动初步预算是对举办休闲活动所需要的各种费用和举办休闲活动预期获得的收入进行的初步预算。休闲活动中有许多不确定的因素，需要在情况变化时对费用支出作出相应的调整。费用预算主要包括场地租用费、购置器材设施设备的费用、日常行政费用、劳务报酬以及公关活动费用等。

（九）人员分工，招商和宣传推广计划

人员分工计划、招商计划和宣传推广计划是休闲活动的具体实施计划，这三个计划在具体实施时会互相影响。人员分工计划是对休闲活动工作人员的工作进行统筹安排。招商计划主要是为招揽观众参观休闲活动而制订的各种策略、措施和办法。宣传推广计划则是为建立休闲活动品牌和树立休闲活动形象，以及为休闲活动的招商服务的。

（十）休闲活动进度计划，现场管理计划和相关活动计划

休闲活动进度计划是在时间上对休闲活动的招商、宣传推广等工作进行的统筹安排。它明确在休闲活动的筹办过程中，到什么阶段就应该完成哪些工作，直到休闲活动成功举办。休闲活动进度计划安排得好，休闲活动筹备的各项准备工作就能有条不紊地进行。现场管理计划是休闲活动开幕后对休闲活动现场进行有效管理的各种计划安排，它一般包括休闲活动开幕计划，休闲活动观众登记计划等。现场管理计划安排得好，休闲活动现场将井然有序，休闲活动秩序良好。休闲活动相关活动计划是对准备在休闲活动期间同期举办地各种相关活动做出的计划安排。与休闲活动同期举办地有关活动最常见的有技术交流会、研讨会和各种表演等，它们是休闲活动的有益补充。

四、活动计划书的撰写

活动计划文本有一个基本的框架，本策划书提供基本参考方面，小型计划书可以直接填充；大型计划书可以不拘泥于表格，自行设计。一个大计划书，可以有若干子计划书，力求内容详尽。

（一）活动计划书内容

计划文本必须做到详细周密，使主题得到完美体现，以便更好地指导活动的有力

执行。一般来说完整的策划方案包括活动概述、活动主办方和参与者情况、具体流程、场地布置、项目费用、执行分配和备注事项等几个主要方面。

1. 标题

标题即策划书名称，尽可能具体的写出策划名称，如"×年×月××单位××活动策划书"，置于页面中央。更多的时候是以主题口号为正标题，将具体名称作为副标题写在下面。

2. 框架目标

框架目标即活动需要达到的最终目标和最终效果，包括活动背景，活动目的、意义和活动目标等。

（1）活动背景。活动背景主要从以下项目中选取内容进行重点阐述：基本情况简介、主要执行对象、近期状况、组织部门、活动开展原因、社会影响及相关目的动机等。应说明问题的环境特征，将内容重点放在环境分析的各项因素上，主要考虑环境的内在优势、弱点、机会及威胁等因素，对其作好全面的分析（SWOT 分析）。如环境不明，则应该通过调查研究等方式进行分析加以补充。

（2）活动目的、意义和目标。尽量用简洁明了的语言将活动目的的要点表述清楚；活动目标要具体化，讲究重要性、可行性、时效性。在陈述活动目的的要点时，该活动的核心构成或策划的独到之处及由此产生的意义（经济效益、社会利益、媒体效应等）都应该明确写出。

3. 框架元素

框架元素即活动时间、活动地点、活动面向对象、活动主题、活动总体预案、活动总体流程图等，后两项是在作系列化活动的时候必须要书写的。

（1）活动时间、活动地点。不同的季节与天气适合举办不同类型的休闲活动；可根据活动的预算、内容性质和规模大小，考虑优质舒适的活动地点。

（2）活动对象。指向明确的活动应罗列主要的参与者姓名，包括嘉宾等。

（3）活动总体流程或策划进度表。活动总体流程或策划进度表包含活动从开始到结束的每一个环节的内容，包括活动前期准备，活动的主要内容及具体安排，活动的反馈与评估。人员的组织配置、活动对象、相应权责及执行的应变程序也应在这部分加以说明。作为策划的正文部分，表现方式要简洁明了，可适当加入统计图表等方便理解，但表述方面要力求详尽，没有遗漏。其工作分解包括四个部分：

①内容流程图：也就是用直观的图标来解释活动的总体方案和流程对策划的各工作项目，应按照时间的先后顺序排列，绘制实施时间表有助于方案核查。

②分工：列出详细的分工表。各项细化任务的要求以及负责人都要明确。如果条件允许，可以在这里写出各项任务完成的时间安排。并且一定要分出一个应急小组，

由专人负责，专门负责组织协调处理各种紧急突发事件。

③详细预案：详细预案务必要做到清晰明了，每一个小的细节都要考虑在内，最后还要针对可能发生的突发事件构想出后备方案。内外环境的变化，不可避免地会给方案的执行带来一些不确定的因素，因此，应针对环境变化进行预测，并提出相应的应变措施、后备方案。并且估算环境变化时会造成损失的概率是多大，造成的损失是多大。

④时间推进表：详细直观的表格形式的时间推进表，可以直观明了的表达出什么时间之内由什么人完成什么工作，有利于活动保质保量地完成。

4. 活动预算

对市场价格进行周密的调查，确定每一项开支的数目以及方式等，活动的各项费用应根据实际情况进行具体、周密的计算，并用清晰明了的形式列出。详细列出所需人力资源，物力资源，或者可分为已有资源和需要资源两部分，并列出主要的商业赞助项目及赞助单位。

（二）文案写作技巧

策划书必须要做到文字、格式等统一规范。整齐正规的版面使得方案条理清晰，因为专业，所以值得信赖。

文案撰写需要一定技巧。计划书尽量保证文字简明扼要；逻辑性强，顺序合理；主题鲜明；运用图表、照片、模型来增强策划的主体效果；具有可操作性。

策划书可以进行包装，可以专门制作封面。封面一般包括策划组办单位、策划组人员、日期、编号等内容。力求简单、稳重、美观、大方。页面可用设计的徽标做页眉，内容图文并茂。策划书应从纸张的长边进行装订，如有附件可以附于策划书后面，也可单独装订。

（三）活动策划书的执行

策划书编写出来之后，应制定相应的实施细则，来保证策划方案的有效性，并最终确保休闲活动的顺利进行。

（1）监督保证措施。科学的管理应从上到下各个环节环环相扣，责、权、利明确，只有监督才能使各个环节少出错误，保证旅游策划活动的顺利开展。

（2）防范措施。事物在其发展过程中有许多不确定的因素，只有根据经验或成功案例进行全面预测，发现隐患，防患于未然，防微杜渐，把损失控制在最低程度内，从而推动休闲策划活动的开展。

（3）评估措施。休闲活动策划项目的实施必须有一定的评估手段和效果反馈机制，从而及时的发现错误，对原先的策划方案进行相应的改进，以实现策划的最终目标。

 小 贴 士

《老鼠的天堂》——策划与执行的关系

在一座古老的城堡里，生活着一群快乐的老鼠。他们在这里谈情说爱，安居乐业，过着神仙一样无忧无虑的日子。

一只有学问的老鼠曾感叹说，这里简直就是老鼠的天堂。

忽然有一天，尖利的猫叫声打破了老鼠天堂的宁静。原来是一只流浪的黑猫来到了这里，它给老鼠们带来了朝不保夕的恐惧和灾难。

于是，老鼠们聚在一起召开紧急会议，商量怎样对付这只可恶的黑猫。老鼠们纷纷哭诉黑猫的暴行，决定找一个有效的办法来逃避猫的魔爪。那只有学问的老鼠摸了摸胡须，说："我有一个主意，只要在猫的脖子上挂一个铃铛，就万事大吉了。这样，每当猫儿走近，我们就能听到铃铛的响声，及时地逃之夭夭。"

"这个主意太好了！"全体老鼠欢声雷动。

"可是，"另一只老鼠疑惑地问道，"怎样才能将铃铛挂到猫的脖子上去呢？"刹那间，所有的老鼠都闭了嘴。

这个故事给我们很多的思考。什么样的策划才是好的策划？执行力在策划中应该占据什么地位？

复 习 题

一、单项选择题

1. 几乎所有的计划都会经历（　　）、实施、效果评估等生命周期。

A. 主题确定　　　　B. 对象确定　　　　C. 内容设计　　　　D. 目标设计

2. 休闲活动程序是休闲活动开展的全过程，其中包括（　　）和策划。

A. 战略　　　　　　B. 策略　　　　　　C. 计策　　　　　　D. 计划

二、多项选择题

1. 活动计划的原则有（　　）。

A. 目的性　　　　　B. 动态性　　　　　C. 经济性　　　　　D. 职能性

2. 一般认为策划分为（　　）。

A. 活动计划阶段 　　　　　　　　　B. 活动立项阶段

C. 活动落实阶段 　　　　　　　　　D. 活动评估阶段

3. SWOT 分析法主要是指对自身的（　　　　）四个方面进行分析。

A. 劣势 　　　　　B. 机会 　　　　　C. 挑战 　　　　　D. 优势

三、简答题

1. 休闲活动计划书包括哪些内容？

2. 休闲活动的基本要素有哪些？并阐述各要素的重要性和基本要求。

3. 请你谈谈在休闲活动策划中执行力的重要性。

4. 请举例说明书中介绍的休闲活动策划方法的实际运用。

四、实训

【实训名称】

休闲活动策划书的编写。

【实训内容】

潼南县位于四川盆底中部，地处重庆市西北部最前沿。潼南是著名的油菜之乡，种植油菜有着悠久的历史。从陈抟老祖的香油点灯到万家百姓的饮食安康，千百年来，潼南油菜之花都以其磅礴之势、倾国倾城之美与百花争奇斗艳，为大地平添金色之美！自 2008 年以来，潼南县连续举办了七届菜花节，30 万亩油菜花吸引四方眼球，引来八方游客。潼南菜花节以它独特魅力吸引着五湖四海的游客，同时也给当地群众带来了经济效益。请你根据所学内容为下一届潼南菜花节策划一个休闲活动，编写出相应的策划书。

【实训步骤】

可对学生进行分组，每组设置两个策划方案，并且在课堂上向老师和同学介绍本组的策划，老师和同学对其进行点评。

【实训点评】

教师讲解往届的策划方案，并且对学生的策划方案进行点评和总结。

项目八　休闲活动现场管理

任务导入

某高校初次举办导游大赛。活动从开始到最后的决赛一直很顺利，负责本次活动的学生会成员感到很欣慰，只要办完决赛活动本次活动就可以圆满结束了，但是在决赛活动现场却出现了一系列的问题。首先，由于音响设备出现问题无法送音，导致活动到了规定时间却无法开始；接着，邀请的嘉宾和评委由于临时有事无法到场；还有主持人忘记介绍某个嘉宾、评委等。虽然整个决赛活动在错漏百出中总算结束了，但学生会的同学们都感到很沮丧。同学们如果是你将如何对活动现场进行管理呢？

学习目标

1. 知识目标

了解人流的分类与分布及其特征。

理解设施设备的分类。

掌握接待服务、休闲活动场地的布局。

2. 能力目标

学会对休闲活动时间进行管理。

能够对安全事故进行预防。

任务一　接待与时间管理

一、接待管理

接待是整个休闲活动中的一个重要部分。好的接待服务不仅能使参与者感到舒心，还能使整个休闲活动更加完美。并且从长远来看，休闲活动的管理者可以通过向股东、政治家、传媒单位、媒体界名人、赞助商的客户、潜在的客户、合作伙伴和当地舆论主导者等人提供殷勤周到的服务来获得长远的利益。

（一）邀请函和接待核实表

邀请函是客人对活动的第一印象，所以邀请函不仅要良好的传递有关活动主题的信息，还要能激发起客人参与活动的欲望。

接待核实表是涵盖接待服务中所有要素的表格，它可以用来确保接待过程中的相关要素是否核实。通过此表，我们可以在接待服务过程当中了解需要提前准备哪些事项，当然休闲活动不同还存在一定的差异。如表8-1所示。

表8-1   **接待服务项目核实表**

邀请函	邀请函的设计是否具有很高的品质，是否新颖
	递送方式是否留有答复时间？把邀请函送到顾客手中的方式或者使用电子邮件的方式是否合适
	邀请函的内容是否包括了事件、日期、活动名称、答复方式、路线和停车场等
	邀请函中是否应该包括宣传资料
抵达	是否对时间做出了安排，以保证客人在最佳的时刻到达
	有什么样的停车安排
	谁来会见和问候客人？是否有人把客人迎接到活动地点
	是否缩短了等待时间？例如，客人在等待登机进入到接待室时候，是否有相应服务
便利设施	是否为客人设置了单独的区域？包厢（体育活动中）或会所
	提供什么样的食品和饮料？是否需要特殊的菜单和私人服务
	是否有单独的地方，可以清楚地看演出，并有很好的设施
	是否提供了特殊的通信方式，例如指示牌、服务台
礼物	是否对活动中的门票，特别是对客户的门票进行了组织
	有哪些纪念品（节目、饰针、T恤、CD）
	客人是否有机会和"明星"见面
退场	是否对客人的退场做出了安排，以保证客人不会和其他观众同时退场

（二）接待步骤

在对客人提供接待服务时需要采取四个步骤：步骤一是了解客人的期待；步骤二是超过客人的期待，特别是要提供额外的便利措施；步骤三是对活动中客人需求的变化做出迅速的反应；步骤四是对活动的接待服务情况进行评估，以便于在下次做出改进。

公司的赞助商参加活动的原因多种多样，在做出接待计划时必须考虑到这些原因。

格兰哈姆等人（1995年）所建议的原因包括：扩大生意网的机会；带来更高的销售业绩；获得对潜在的客户进行招待的机会；或者仅仅是为了给他们的顾客留下好的印象。

接待服务对于公司活动来说显得尤其重要。在某种意义上说，公司活动就是围绕着接待服务展开的。接待服务合适表中的大多条款，从邀请函到私人服务，都可以应用到公司活动中。对于客人来说，接待服务是活动经历中一个重要的组成部分。

 **小案例**

导游大赛颁奖仪式的步骤

晚6：00：主持人宣布仪式开始，介绍到场嘉宾。

晚6：05：书记致祝贺词。

晚6：15：周艳艳老师讲话。

晚6：20：颁奖（颁奖、合影）。①主持人宣布最佳人气奖获奖名单，获奖人上场领奖，领导颁奖，合影留念；②主持人宣布最佳内容奖获奖名单，获奖人上场领奖，领导颁奖，合影留念；③节目穿插（抽奖环节）；④主持人宣布第三名获奖名单，获奖人上场领奖，领导颁奖，合影留念；⑤主持人宣布第二名获奖名单，获奖人上场领奖，领导颁奖，合影留念；⑥主持人宣布第一名获奖名单，获奖人上场领奖，领导颁奖，合影留念，领奖人讲述获奖感言。

晚6：45：院长讲话（礼仪有请院长）。

晚7：00：颁奖仪式结束。

（三）休闲活动场地的布局

活动场地的布局无疑是活动成功的一个必备组成部分。任何从事过会议和正式宴会工作的人都知道必须提前与客户商订好桌子的摆放方式。由于大型宴会所占用的场地巨大，在厅堂后面就座的观众通常无法清晰地观看到舞台上的活动情况。如果这时音响较低劣再加上客人过量的引用酒精饮料，情绪相对激动，不需多久表演就会被杯子碰撞和闲谈的噪声所淹没。这将是十分尴尬的局面。

在计划一个客人围坐于桌子四周的活动项目时，必须根据实际场地的规模来设计布局。如果不考虑桌椅和客人们所占的空间，在实际场地上就难以有服务人员或客人移动的地方。下图列举了一些室内活动常见的桌椅摆放布局。每一种摆放布局都需要按实际比例测绘出图形，标示出房间的容量和室内摆放的使用。

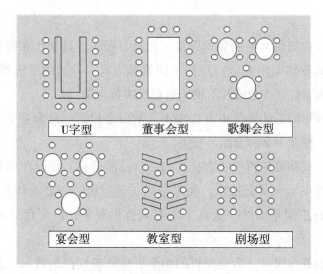

室内活动常见的桌椅摆放布局

（四）休闲活动服务

在大多数休闲活动的举办过程中，水源、电力、燃气、通信网络和交通等是必备的基础设施设备。

1. 必备的基础性服务

必备的基础性服务包括电力、水源和燃气。虽然这类服务听起来比较简单，但在休闲活动的举办过程中对电力的要求和平时相比是完全不同的。因为活动需要，设备一般要求使用三相电而且要有紧急应急措施。向场地的厨房提供燃气也具有挑战性，复杂的场地常给能源供给带来一些困难。

2. 通信

许多活动对通信都有特殊的要求，包括电话和通信网络的安装。由于对通信网络要求的不断提高，必须要考虑频带宽、网速问题，在大量传递数据的情况下更应考虑这一问题。一个运动场通常需要建立自己的移动电话基站来满足本范围内大量移动电话的使用，特别是满足活动结束后的使用需要。

3. 交通和管理

所有与活动有关的交通工具诸如航空、铁路、火车和出租车都应列入考虑范围之内。还应考虑各类交通工具的停泊给当地交通造成的影响。有时会出现为了活动的举行而实行的街道封堵，调整交通线路走向或颁发特殊通行证件等情况，需要采取上述措施应向地方有关部门提交申请，在得到批准后方可实施，并及时通报将会受到交通影响的行业部门。此外还必须考虑到残疾人员的通行问题，人群的管理疏散问题等。

4. 安排餐饮

餐饮承包商负责提供活动的餐饮服务，包括订餐、食品制作和餐饮人员服务。这些承包商（或场地餐饮工作人员）应按不同服务方式、等级的要求提供菜单和价目。以往的餐饮服务和食品服务的图片有助于目前的决策制定。

在休闲活动项目的餐饮服务中有许多不同的服务模式，最为常见的是：套餐加台面服务、自助餐、便于手拿的食品、快餐。

食品制作的方式和服务的模式直接影响着食品的价格。提前在场外制作的食品再在现场加热或油炸可大大降低成本。如果选用技艺高超的一流厨师制作鲜美的宴席，则必须选用接受过正规培训的一流员工向客人提供服务，因而食品的价格也就随之上扬。

在商讨餐饮服务合同时，活动项目的组织者应明确食品的数量、服务的速度和要求提供的食物种类。尽管公众对健康食品十分青睐，但在体育活动项目的举办过程中有迹象表明传统的食品如馅饼和土豆片，仍然十分受欢迎，而水果沙拉和三明治销量却不尽如人意。

在制订一个休闲活动项目时，食品安全计划是另一个关键环节。食品安全包括制定相应的计划防止交叉污染以免顾客食物中毒和其他防止细菌繁殖的措施。例如，食品在从制造厂或市场到商店、厨房和自助餐台上的全部过程中都应保持恰当的温度。食品安全计划审视着食品操作过程中的每一个细节。最佳的厨房设计应有冷冻区域，而且保证蔬菜、肉类、海鲜和其他食物都能根据各自的保鲜温度分别储藏。计划周密的食品生产过程，包括食品装盘冷冻，能进一步减少食品受细菌的侵蚀。最后，食品安全专家还应考虑食品从制作完毕到消费者获得的时间（可能在体育场的另一端）和消费者最终消费的时间。在任何地方的健康机构、卫生机构都有监控食品安全的责任。

为休闲活动项目提供餐饮对于厨房的制作是个极大的挑战。为几百人准备食物绝不是一件人人都能轻松完成的事情。厨师应该掌握准备所有食品所需的时间并在计划的初期得以确定。许多一线的管理人员都会询问厨师应提前多久下达制作主菜的时间，他们根据这一数据来监控活动项目进行的过程，并向厨师提出建议。

休闲活动项目和宴会上的饮料供应常以箱计算，而且根据品质、品牌等差别价格各异。以箱计算的饮料包括葡萄酒、啤酒和软饮料，而通常不含酒精饮料。客人可能会选择一系列的饮料，但价格可能较为昂贵，他们还可能要确定免费饮料供应的时间。

5. 组织入住

对于多数会议、会展、演出和体育活动，住宿是整个活动的一个基本组成部分。应提前确定航空公司和住宿地点以获得折扣机票和吸引人的住房价格。如果折扣价格是活动项目主要考虑的因素，就应该把活动项目安排在淡季举办。然而一旦像墨尔本一级方程式大奖赛这类活动因为达到了一定的规模和影响力，就谈不上什么折扣价了，因为举办城市的宾馆已完全爆满。

6. 卫生设施

卫生设施包括场地专用盒临时搭建的设施。在活动项目中使用的卫生设施的数量和样式，以及分配给男士、女士和残疾人的使用数量等是决策过程中的重要组成部分。活动项目观众的构成——参加活动的男、女性人数及每个人使用的平均数值都应考虑在内！许多的活动项目不能提供达到标准并且满足需求量的卫生设施，这些都会影响整个活动在参与者心目中的形象。

综上所述，在举办一个休闲活动时，组织者要做好充分面对各方面问题的准备。在某些活动项目中，组织者甚至要负责管理一些极为热心的观众。他们可能会提前几天就排队等候入场，目的是占据一个有利的位置。例如，在电影艺术颁奖时，为影迷留出的区域两周之前就被占据了，他们的热切关注度不亚于任何休闲活动项目上的观众，其中的一位甚至被给予主席台上的一个位置。为了迎合他们的需要，各商家竞相推出了产业化的服务，从食品摊到宿营用具，应有尽有。

二、休闲活动时间管理

时间管理是根据休闲活动的组织目标按照时间线索（活动日程安排）对活动组织的各种要素进行合理调度与配置，以保证休闲活动的各项组织活动如期完成。

（一）制定活动日程表

预留充分的准备时间是制定切实可行的活动日程表的基本保障。组织一个成功的活动往往需要几个月甚至几年的时间。休闲活动的组织所需时间因活动类型不同而有较大差异。在活动日程安排上应注意以下几个方面。

1. 分析工作时间确定活动日期

许多休闲活动组织者都是先确定休闲活动的举办日期，然后才意识到有太多筹备工作需要做。这时，他们不得不把每项工作所需时间压缩到最短，制订出一个十分紧张的日程表，这样的日程表一般很难执行。有时候，由于外界因素，预留的时间不够充分，组织者被迫接受一个十分仓促的日程表。在此情况下，只有根据现有时间简化休闲活动的各项内容。

2. 依靠团队合作完成组织工作

第一，应组织若干个由 2～5 人参加的小组，在各小组中开展头脑风暴式讨论会，讨论组织某休闲活动所必须进行的各项工作。第二，把各小组讨论结果进行对比与汇总。第三，将各项工作进一步分解，并确保不使任何环节遗漏，据此确定行动步骤。

第四，将每项工作及其分解内容、行动步骤写在一个单独的工作任务卡上。第五，在进行工作时间分析时，要充分估计各项工作所需时间，将每个时间段内某个环节的负责人一并写在工作任务卡上。须标明各项工作由一人单独还是多人合作承担，比如起草一份邀请函一个人在估计时间内可以单独完成，但要布置一个会场就需要若干人合作才能在规定时间内完成。第六，把所有工作任务卡按照行动顺序张贴到公告栏上。第七，依靠团队合作能力，依次完成工作任务卡上的工作就可以促成本次活动的按时完成。

3. 在时间安排"留有余地"

一般认为应该按估计时间的120%安排工作时间，即预留20%的工作时间。在规定时间内提前完成某项工作，不会给休闲活动组织带来太大的负面影响，但是如果不能在规定时间内完成某项任务，则必然会影响活动的顺利进行。

4. 分清独立工作和关联工作

对于相互关联的工作，必须明确其先后顺序，并使先期工作的组织者了解其对后续工作的影响。比如，展品运输与展品布置、日程安排与新闻发布、名人名单的确定与名人邀请函的寄发等。

5. 公布日程表

将日程表张贴在公告栏，为每一位相关人员提供便于携带的日程表复印件。为了使参与者随时了解活动组织去向和活动的进展，发现的问题，可以利用活动挂图、工作简报或黑板报等形式制作动态日程表。按周（星期）分为若干栏，在各栏内，由上到下列出重要工作，如宣传、印刷、娱乐活动、食品、门票、销售等，应特别注明在本星期内必须开始和必须完成的工作。

6. 预约工作时间

鼓励参与者根据个人的工作计划事先预约工作时间，并为每个工作参与者提供一份日程表的缩小复印件，用特殊颜色标识该工作人员所对应的工作。一旦修改日程表，应为每位工作参与者提供新的复印件，并注明新日程表的印刷时间，从而保证所有参与者按照同一日程表工作。

7. 确定关键工作的最后期限

对于关系到休闲活动组织成败的关键工作，应确定其最后完成期限，如果这些关键工作未能按期完成，必须果断取消休闲活动。但取消一项休闲活动必然会给休闲活动委托方和承办方带来巨大的经济损失和负面的社会影响，比如承担毁约赔偿和信誉降低等。为了避免因关键工作的失败而导致经济和社会影响方面的重大损失，应事先对关键工作做出备选方案，一旦该项工作受阻或未完成，立即启动备选方案。

8. 检查工作进度

防止因工作拖延而使休闲活动的组织陷入被动。首先确定工作的起讫日期，并设定工作期间的阶段性指标。根据既定指标检查各阶段工作进度，发现问题及时解决，以保证该项工作在最后期限以前得以完成。

9. 关键工作专人负责

每一项关键工作都必须指定专人负责，尽量避免把工作的责任给予多人组成的委员会，后一种情况可能会导致众人旁观，无人负责。关键工作的责任人不仅要有履行责任的能力，还应拥有相应的权利，否则责任只是一句空话。

10. 后续工作

在休闲活动组织中功亏一篑的情况并不少见，有时候主要的活动圆满结束后，却忽视了活动结束后的收尾工作导致给社会留下不够良好的整体形象。由于举办活动劳累一天的工作人员需要适当休息，所以一般要提前安排一些后备人员完成后续收尾工作。这些工作包括：清洁场地、清理账目、归还租用物品和设备、给捐助人寄发收据和感谢信、答谢志愿者和支持者、对休闲活动进行评估并写出评估报告等。

11. 设立应急小组

在休闲活动的组织过程中，会不可避免地出现一些疏漏或紧急情况，设立应急小组，并赋予他们处理各种紧急事务的权利，使活动参加者无论何时遇到何事都能通过应急小组得到及时解决。

12. 对提前完成工作和节约开支的人员予以奖励

采用现金的方式进行奖励有助于调动团队的积极性，比如对第一个完成售票任务或对第一个完成散发宣传品的人员给予奖励，将激励其他人员更努力地工作。

（二）活动日程推进

对不同的休闲活动日程的组织协调不同，对大型活动而言，其日程的组织协调，活动的推进如下。

1. 活动开幕前 1 年以上

设立组委会，任命组委会主任和休闲活动总指挥（可由组委会主任兼任）。宣布休闲活动名称、日期和主题。根据主题设计活动标识系统，建立与潜在表演团队和主讲人的联系。对可选场馆与设施进行考察，选择并确认场馆，预付场馆订金和其他需要先支付的费用。表演团体、参展商的申请。根据现有资源制订休闲活动组织计划。

2. 活动开幕前 12 个月

组委会执行每月例会制，根据组织工作的需要设立专门委员会。着手设计活动场馆示意图，设计包含上述图件的宣传资料。开始招募志愿者、表演团体和个体表演艺术家等。与公安机关、交通管理部门等政府机构建立联系。确定定点饭店和住所，确定免费住宿名额和付费住宿标准。

3. 活动开幕前 6 个月

组委会与活动总指挥定期会面。开始起草活动日程表和节目单草案，绘制活动场馆示意图。申请办理举办活动相关的各种许可证、执照等证件。确定正式表演团体、研讨会主讲人名单，并要求表演团体和研讨会主讲人提供简历、照片以及节目单等，或开展研讨会进行相应的更改确定。选择餐饮供应商，谈判并签订餐饮供应合同，设计菜单。与学校等机构联系，寻求翻译支持。定期发布有关活动的新闻消息。

4. 活动开幕前 3 个月

设计座位示意图草案，设计员工工作日程表草案，设计登记区示意图草案。进行国内外宾运输安排，确认住宿安排，确认客运安排。制作活动日程表和节目单，印刷宣传品。再次确认表演团体并签署演出合同或协议，与当地有关单位和公司签订合同，与剧院经理协调并预定化妆室。印刷并邮寄邀请信。确认翻译人员。向志愿者提供舞台和场地示意图，受理志愿者预约工作时间。完成场地和菜单设计，完成住宿和交通计划，分配展览场地和会议室。

5. 活动开幕前两个月

批准预算；列出赞助商和捐助者名单；设计展示橱窗和现场横幅；确定最终活动日程；向表演团体提供有关信息。

6. 活动开幕前 1 个月

组织场地视察团；组织当地主讲人现场演示；制作各种标记和图示；装填、检查礼品袋；印刷并分发内部使用的工作日程表；送印翻译稿件、活动日程表和示意图。

7. 活动开幕前两周

印刷并分发场地和座位示意图；检查住宿设施；确认排练时间。

8. 活动开幕前 1 周

停止接受预定，确定预定名单；设计桌椅安排方案；将最后确定的用餐与住宿人数通知食宿合同单位和相关部门；确定媒体记者名单；为记者提供记者名牌、参考资料和入场券；印刷嘉宾名牌；预订食品，借用或租用厨房设备和餐具；为餐饮供应商提供菜单；准备奖品。

9. 活动开幕前 1 天

根据检查清单核对所需物品，将物品运输到活动场地。购买冷冻食品。再次核实嘉宾人数。对重点场地补充布置；领取钥匙；集合车辆；确认定点加油站。

10. 开幕当天

布置指路标牌；准备找零现金；现场制作食品；向登记处提供发言人名单；落实

为表演者提供的冷饮与小吃；开始受理登记注册。活动正式开始，开始当日活动。问候媒体记者；非正式采访；拍照留念；开放记者室，提供宣传材料和冷饮、小吃。

11. 当日活动结束

登记注册结束。结账并将当日收款存入银行。清洁厨房和其他场地，为第二天活动进行布置。整理、包装各种物品；感谢志愿者；全面清场，检查有无遗留物品；关灯，锁门。

12. 活动结束后 1 天

对全体志愿者、捐助者和提供帮助者表示感谢。清洁并归还所有借用物品。起草评估草案。向餐饮供应商支付费用并表示感谢。去除所有户外标识物和张贴画。

13. 活动结束后 2~4 周

组委会与各专门委员会共同进行评估；完成所有预算工作；计算经营利润或亏损；完成财务工作；完成评估技术工作；撰写活动总结报告；向组委会和有关单位呈交报告。

任务二　人员管理

人流是指休闲活动区域或场所内的参观者，由流向、流量和流速三个要素组成。人流通常是自然形成的，但由于地域、交通、场所内布局的影响也有一定的规律。

一、人流的分类与分布

（一）人流的分类

按人流的形成方式，休闲活动中的人流可分为以下四类。

1. 自然环境形成的人流

在公共场所进行的休闲活动，活动人流通常会分布在公共场所的主要通道及活动区域。如各类公园、景区、体育场馆内的休闲活动，人流就分布在各条固定的道路上；就展会和展馆而言，在出入口、主干道、服务区等处的人流量较集大，在设计有吸引力的、有操作表演的或正在分发纪念品的展台周围人流将更为集中。

2. 自然习惯形成的人流

休闲活动中人群由有目的的和无目的的不同个体组成，在下意识的从众心理的作用下，有目的的人流往往会带动其他人群的流向，形成相对集中的人流；在公共场合中，往往个别人群的围观会在较短时间内聚集为一群人的围观，从而形成集中人流。在参与人群少于预期的休闲活动中，由于活动场所显得较冷清，人们往往避开空旷的地方而纷纷选择边道走，使人流向边道集中。

3. 自然心理形成的人流

在具有参观性质的休闲活动中，出于心理适应的反馈，人们进入参观地后往往先走一段路，感到适应环境后才开始有选择性地进行仔细参观。因此，展馆或展厅的中部人流开始缓慢聚集。

4. 自然本能形成的人流

据研究，在北半球，人们进入一个相对较大的空间以后，大多数人会自然的向左，然后沿顺时针方向进行活动。据称这是地球顺时针方向绕太阳旋转的自然倾向对人类活动产生的影响。因此，在空间相对集中的活动场所中，人流总先形成于左侧。

（二）人流活动的空间分布特性

休闲活动中人流的空间分布有以下四个突出特性。

1. 空间分布的不均衡性

休闲活动中的人流由于受到场所的自然环境、行动的自然习惯及个人偏好等因素的影响，在活动空间内的分布呈现出明显的不均衡性，即某些区域内人群密度高，而另一些区域人群密度则较低。

同济大学的吴娇蓉博士曾在论文中指出：由于受到场馆建筑布局、展品布置的影响，人流在建筑空间内的分布形态主要可分为三种类型：聚块图形、随意图形及扩散图形。聚块图形分布是指人群主要以小群体为特征不规则地分布在活动空间内，如进行参观活动的人流的空间分布主要呈"聚块图形"；随意图形分布是指人群以个体为特征无规律地分散在活动空间内，如在公共休闲区内散步、休憩的人流其空间分布主要呈"随意图形"；扩散图形分布是指人群以个体为特征有规则地分散在活动空间内，如参加朝礼、授课等活动的人流在休闲空间内的分布主要呈"扩散图形"。

2. 空间分布的不稳定性

在参观游览性的休闲活动中，参加者往往处于不断运动的状态，因此由不同原因所形成的人流也不会固定于某一区域，而是处于不断移动的状态中，故人流的空间分布具有一定的不稳定性。

3. 短时聚集性

人类休闲活动中的多数类型，在活动时间上都具有开始和结束的统一性，如各种竞赛活动、节庆类活动、展览活动等对所有参与者而言都有统一的开场及散场时间。特别是活动的开、闭幕环节由于精彩性强，参加者会在相对集中的时间和空间内形成大规模人流。同时，如果活动空间内的某一区域举行即兴表演或抽奖等活动，参观人流也会在该区域周围短时间内积聚。

4. 出口为拥堵人流形成的最主要区域

具有群集性的休闲活动（通常是各类大型社会休闲活动）由于活动在统一的封闭式场所举行，因此活动空间内有明确的进场区域和出场区域。一般情况下，大型活动进场时段人流比较分散，交通流峰值要远比散场时形成的流量高峰小得多；散场时人流量十分集中，人们从活动场所内的各个区域同时涌向出口形成拥堵人流，交通流在此时为最大值。

二、人流组织管理的意义及途径

（一）意义

1. 帮助参与者更好的实现休闲活动目的

通过对人流进行一定的控制和管理，可以减少活动区域内产生人群拥堵的可能性，提高参加者利用时间的效率；同时避免由于从众效应而人为产生的冷热点，保证参加者在正常时间内不至于漏掉活动的精华部分，提高参加者的满意度，从而保证休闲活动目的的实现。

2. 保证公共安全

对人流进行一定的控制和管理，有助于活动空间内正常秩序的维持和监控，将发生意外事故的可能性降到最低。

3. 提高活动区域内资源的合理利用

对人流进行有效的控制和管理，能尽可能地避免某处自然环境的超承载量接待，或某些设施设备的超负荷运作，使休闲活动得以实现可持续发展。

（二）人流组织管理的途径

在休闲活动中对人流的组织管理需要通过一定的方法和途径来实现，现实活动中主要有以下几种有效的方式。

1. 通过活动现场的布局

对有条件进行活动场地重新设计布局的现场，可以根据预期人流规模的大小选择封闭式或开放式设计；对活动空间的内部布局应充分考虑自然地形的有效利用、间隔距离的科学规划以及出入口数量及位置的合理安排，以使参加人流受限于现场布局，从而有利于组织者对人流的控制管理；在指示不明确、人流易盲目活动的地方可布置问询台或咨询中心，人为地疏导人流的流动。

2. 通过活动内容的安排

在休闲活动的内容安排上就尽量考虑人流流动的合理性。如将同一内容的活动现场按一定顺序集中安排，并尽量安排在同一方向，以使人流能有序流动；活动的精彩环节或重点内容均匀分布，避免过于集中，以保持人流分布的相对均衡；在分叉或交叉路口有目的的安排有暗示作用的内容，以引导大部分人流朝组织者希望的方向分流；在进出口区域少设置活动内容且尽量不设置精彩内容，以避免人流在该区域停滞造成堵塞。

3. 通过指示工具的运用

运用有指示作用的工具对人流的流向加以指导，是现代休闲活动现场管理最常用的方式之一。在活动现场作为指示标志的有场地示意图、路标、彩道及绳索等，这些标志的运用可帮助组织者对人流进行有效的引导，使人流的空间分布更合理。特别是在现代展会活动中，指示标志的重要性已为企业界普遍重视，优秀的标识设计对提高展会的服务水准及整体展会气氛的营造都有相当重要的辅助作用。

在休闲活动中，实现对人流的有效控制及管理要有一个重要的前提条件，即必须实现对活动现场人流的总量控制。只有先保证活动场所的合理承载力，才可能保证现场人流活动的安全性和舒适性。

（三）大型活动交通运输设计

大型活动交通组织的主要任务是为大量临时聚集的人流提供多种模式的交通方式，以有效解决大型活动期间交通拥堵和停车难问题，提高大型活动交通运输的安全性和效率，最终确保大型活动的顺利进行。大型活动交通运输的组织，要求活动机构与有关政府部门、公共运输部门和私营运输部门密切协作，制订周密的交通运输计划，包括大型活动期间交通安全计划、临时公共交通计划、临时班车计划和临时停车场计划。

提高大型活动交通运输安全性和效率的设计方法主要有：鼓励使用公共交通方式，以减少大型活动主要交通线路的交通量和主要活动场馆的停车量；选择适当的交通运输时间，以避开当地的交通高峰时段；选择适当的路线，以避开当地的大流通量拥堵路段；选择与居留地距离较近、较为集中的活动场馆，以减少总体交通客运量；鼓励步行和骑自行车，以减少对机动车交通工具的需求量；通过各种管理手段，减少大型活动期间的货物运输量，如选择设备齐全的活动场馆，在活动正式开始之前提前运输和安排夜间运输等。

在大型活动交通运输设计中，主要活动场馆的可进入性是一个容易被忽略但又十分重要的环节。许多大型活动由于重要嘉宾或大量观众不能准时入场而被迫推迟开幕式时间，或由于大型设施无法运进场馆而影响文艺表演的效果，最终导致大型活动主题目标难以实现，组织机构在公众心目中的形象严重受损。一般场馆的建筑设计标准很难适应大型活动交通运输组织的要求，这主要表现在缺少或没有大型设施装卸场地和观众停车场地。此外，许多城市还限制或禁止货运车辆在某些繁华街区和主要道路上行驶。因此，大型活动举办机构必须与公共交通行政管理部门、运输企业和相关场馆负责部门密切协商，设计周密的交通运输方案，包括运输线路和时间安排、大型设施装卸方案、场馆周边临时停车场地租用或划界，以及相应的安全保障措施等。

2012 年 8 月 4 日讯，北京，韩国当红组合 big bang 3 日晚从首尔飞北京参加北京演唱会。粉丝接到消息后，一早就直奔首都机场等待偶像，韩流来袭北京。在苦等一天后，才确认 big bang 成员是分乘两个航班一同前来，其中四位成员落地 T2 航站楼，另一位成员李胜利落地 T3，到北京的时间都是晚上八点钟。粉丝迅速分拨前往两个航站楼，粉丝十分有秩序两边排开，挂起海报条幅，应援物，组织有序。在飞机落地后，粉丝们激动难耐，一直齐喊：big bang！擦浪嘿！还整齐的唱着歌，里里外外被粉丝围得水泄不通，场面十分壮观，引起众多接机乘客围观，有的还站上休息椅想一睹巨星风采。与 big bang 乘坐同一班次的乘客陆陆续续走出关闸，使得粉丝情绪更为高涨，个个扯着脖子高八度喊，无奈一直不见偶像身影。在机长和空乘人员走出来后，粉丝纷纷围住问 big bang 是否出来，一位空姐十分好心的回答：在后面在后面。粉丝们又精力旺盛的群情激昂，之后的几位乘客告诉粉丝，他们走了 VIP 通道。此时，粉丝个个变身博尔特向 VIP 出口涌去。如果不了解情况的人，肯定以为机场出了什么动乱，场面十分的混乱。几百名粉丝堵住 VIP 出口，车子寸步难行，使得保镖大变脸发飙狂叫完全不管不顾是男是女，上来就十分野蛮的推粉丝，僵持了十几分钟，四辆车子才慢慢挪出人墙离开了机场。

（资料来源：www. sohu.com）

任务三 设施设备管理

社会性休闲活动的开展过程中通常会使用到不少公共设施或设备，这些设施或设备涉及的种类非常广泛，其管理方式也多种多样。有学者将城市公共设施设备分为了两大类，一类是社会性公共设施，如风景区、各类公园、城市绿化区、步行休闲区等；另一类是技术性公共设施，如供水系统、供电系统、采暖系统、制冷系统、消防系统、垃圾处理系统等。

一、设施、设备管理的意义

休闲活动设施设备管理是指以最佳服务质量和经济效益为最终目标，以最经济的设施设备寿命周期费用和最高设施设备综合效能为直接目标，应用现代科技和管理方法，通过计划、组织、指挥、协调、控制等环节，对设施设备系统进行综合管理的行为。

做好休闲活动设施设备管理工作具有重要意义，主要表现为以下几方面。

1. 有助于提高休闲活动的产品质量

休闲活动产品的质量离不开高质量的设施设备。通过对设施设备管理，能够使设施和设备得到合理的配置，并通过及时的更新改造、维修保养，保持设施设备的正常运行，使客人能够在愉快舒适的环境中顺利的游览观光，获得高质量的休闲体验。

2. 有助于降低休闲活动的运营成本

在休闲活动的成本构成中，设施设备占有较大的比重。加强设施设备管理，根据设施的特点，采用科学的使用方法，制订设施设备的保养计划、维修制度，可以起到减轻设备磨损、促进资产保值、降低成本的作用，对休闲活动获得长期、良好的经济效益具有十分重要的意义。

3. 有助于保证活动参与人安全

在休闲活动的安全因素中，设施设备安全是重要的构成因素之一。设施设备始终处于良好的状态，才能确保在休闲活动中生命、财产的安全，这对维护休闲活动形象良好形象具有重要的意义。

二、休闲设施设备的分类

（一）根据休闲活动开展的频率

根据休闲活动开展的频率可以把休闲活动分为日常性休闲活动和特殊性休闲活动。日常性休闲活动是指以常设性社会公共设施为依托，人们经常开展的休闲活动；特殊性休闲活动则是指不经常举办的，通常间隔较长周期甚至是一次性的大型社会休闲活动。与之相对应的休闲活动设施设备也可分为两类。

1. 固定性设施设备

这类设施设备通常安装在固定位置，为人们的日常休闲活动所使用，属于常设性设施、设备。包括风景区、各类公园、城市绿化区、步行休闲区等社会性公共设施，以及与这些设施相配套的供水、供电、消防等等技术性公共设施或设备。

2. 临时性设施设备

这类设施设备通常是为特殊的休闲活动提供服务的，并非常设的社会公共设施。这类设施设备根据特殊休闲活动的临时需要而安装使用，特殊性休闲活动结束之后通常会将这些设施设备撤出活动现场。如举办运动会及开幕式使用的设施设备、举办演唱会或歌舞晚会使用的设施设备、展会的展台、临时性游乐设施等。

（二）根据休闲活动设施的用途

根据休闲活动设施的用途，可分为基础设施、服务设施、游乐设施三大主类。每个主类还可以划分为不同的亚类，如表8-2所示。

表8-2　　　　　　　　　　　　休闲活动设施分类

主类	亚类
基础设施	交通道路设施、给排水及排污设施、电力及通信设施、绿化设施、建筑设施、安全防范设施
服务设施	接待服务设施：餐饮设施、住宿设施、商业服务设施 导游服务设施：各种导引标志、解说设施
游乐设施	散布于休闲活动区内的游乐设施：索道、过山车、漂流设施等 附属于接待设施的游乐设施：健身房、保龄球馆、游泳馆等

1. 基础设施

休闲活动的基础设施主要有交通道路设施、给排水及排污设施、电力及通信设施、绿化设施、建筑设施、安全防范设施等。

（1）交通道路设施。交通道路是休闲活动组织的重要组成部分，它将活动的各个区域连接起来，引导参与者活动。安全、快捷的交通工具是参与者在休闲活动观光过程中普遍关注的一个问题，它包括水路交通、轨道交通、机动运输及其他特殊的交通工具如缆车、索道等。

（2）给排水及排污设施。在休闲活动区内必须有足够的水源或蓄水工程设施，有完善的供排水系统设施。同时，为保证对环境的影响降至最低，还必须有污水处理设施及污物处理排放的工程设施。

（3）电力及通信设施。在休闲活动区内，要有一个能保证质量、安全可靠的供电、输电网络，以及方便、快捷的通信设施，才能保证整个休闲活动区正常地为参与者提供服务。

（4）绿化设施。休闲活动区内绿化设施不仅具有功能的要求，还具有风景效应以及兼有风景效应的作用。这些既可以观赏也可以掩蔽或遮掩影响美观的建筑，还可以服务于休闲活动区的绿化，如道路两旁的绿化、休闲活动区内的草坪、花坛、亭、台、楼等。

（5）建筑设施。建筑设施主要是指休闲活动区内一些公用、服务建筑设施，观赏建筑设施。如宾馆饭店、游客中心、商业服务中心、公共厕所、停车场、园林建筑、民俗建筑等。

（6）安全防范设施。主要包括闭路监控设备、消防监控设备、消防器材等。

2. 服务设施

（1）住宿设施，包括各种宾馆酒店、疗养院、野营地、度假村、民居等一类设施。

（2）商业服务设施，在一个风景旅游区内除分散的一些饮食服务和购买食品及旅游商品的网点外，一般还应有一个商业服务设施较为集中、完善及标准较高的商业服务中心，以满足游客的需要。

3. 游乐设施

（1）水上娱乐、游憩设备，包括浴场、游泳池、游船、游艇、垂钓、水上游乐园等设施。

（2）陆上娱乐、游憩设施，包括植物园、展望台、索道、儿童乐园等设施。

三、休闲设施设备的管理

（一）管理要求

1. 保证所有设备正常运转

设施设备管理的重要内容之一，就是要通过建立科学的管理体系，聘用技术过硬的人才，保证所有设备在营业的时间内能正常运转，对出现的故障要及时清除，因为任何的设备故障或运转不正常都会直接引起旅游景区形象的损坏，甚至营业收入的减少。

2. 制订科学的设备保养计划和维修制度

设施设备的维修和保养关系到设施设备的使用寿命，设施设备管理人员必须了解所有设施设备的性能和使用要求，制定科学的设备使用方法、操作规程、各级保养计划和及时维修制度，尽量延长设施设备的使用寿命，从而降低企业的经营成本，提高经营效益。

3. 对设施设备进行更新改造

为了保证休闲活动对目标市场的吸引力，活动组织者必须不断地追求设施设备的先进性。因此，活动举办方应根据市场竞争状况，对设施设备进行更新改造。

4. 对设施设备进行安全管理

设施设备正常、良好、安全地运转是参与者生命财产安全的重要前提。活动举办方必须高度重视设施设备的安全运转状况，时刻注意活动场地内设施设备的使用、维修状况，确保设施设备良好的运行条件，保证设施设备运转正常，确保安全，保障游客生命财产的安全。

（二）固定性设施设备的日常管理

固定性休闲设施设备的日常管理应遵循社会公共设施管理的一般原则和方法。

（1）按属地原则确定社会公共设施设备的行政归属。由公共设施设备所在地的相关行政部门负责对设施设备管理工作进行监督，实行统一领导、分级管理，且谁主管谁负责，把社会公共设施管理和维护的相关工作落到实处。

（2）在确定具体管理责任时，可依照"谁建设、谁管理、谁受益"的原则。通过这种方式使对社会公共设施的权利和责任统一到同一主体上，责权一致，更有利于激发管理者的积极性和主动性，对社会公共设施的管理也更加有效。

（3）在管理方法上强调"多维护、少维修"。固定性设施设备的使用频率高，使用群体复杂，使用者的专业技术性不强，诸多因素都使得设施设备的日常损耗增大，甚至可能缩短设施设备的使用期限。但社会公共设施设备的正常使用是人们休闲活动得以健康开展的重要保障。因此，管理者应加强对设施设备的日常维护保养，确保设施设备的正常安全使用，尽可能避免因对设施设备的重大维修而给人们的休闲活动带来的严重影响。同时，通过日常维护保养工作的开展，延长设施设备的使用寿命，降低社会活动成本。

（三）临时性设施设备的现场管理

临时性设施设备通常是为较大型社会休闲活动的举办而专门安装的，且设施设备的正常运转对确保活动的成功举办有极其重要的作用。因此，保证临时性设施设备在活动进行中的正常使用是其管理的核心和重点。

1. 专人专管

对重要的临时性设施或设备要实行"一对一"的专人负责制，即在活动进行期间，该设施设备一切使用都由责任人负责，设施设备的一切问题都由责任人承担。

2. 安全第一

不对设施设备进行破坏性使用，确保设施设备运行期间的安全性，坚决杜绝因设施设备的不恰当使用而给人群带来人身或财产损失。

3. 第二手准备

对于对活动效果影响巨大的设施或设备，如有条件应准备备用设备，在不能预测的意外致使原设施设备不能正常工作时，以备用设施代替，确保活动的正常进行。

任务四　安全管理

休闲活动的安全管理，就是对休闲活动进行过程中的不安全因素进行有效的管理，以降低休闲活动中安全事故的发生频率。许多旅游与休闲活动存在安全风险，无论是参与一些活动，还是拥挤的观众人群，或者是在提供食品和饮料时都可能发生危险。但在某些情况下正因为这些风险，反而增加了活动的乐趣，使活动更具吸引力。例如，某些主题公园或户外消遣活动因产生运动刺激而成为一种吸引力，当然顾客对安全感的预期仍然存在。近年来，在白色链式座椅、滑水道和滑水、太阳床、户外消遣和足球场馆等领域，设计过程更注重安保的细节和程序，让体验者在感受刺激的同时保证安全。

一、安全危机类型

安全危机分为传统危机和非传统危机。

（一）传统危机

传统危机除具备危机的一般特征——突发性和紧急性、影响广泛性、周期性和阶段性等以外，还具有以下特点：

1. 危机主要是由系统外部的因素引起的

安全危机除了影响休闲活动的有序开展之外，还会影响其他诸如工业、农业等产业的发展以及经济、社会的正常运行。

2. 具有一定的可预测性

安全危机与自然、人为因素密切联系，人们在认识自然与人的主观能动性的过程中，对如何预测及预防此类危机积累了一定程度的知识。

3. 恢复周期长甚至不可恢复

危机产生的原因多为自然与社会等宏观因素有关，因此此类危机大多会直接影响整个旅游业的发展，还可能对目的地旅游系统的关键因素造成不可恢复的毁灭性破坏。传统危机其主要类型如表8-3所示。

（二）非传统危机

非传统危机是近年来伴随着科技的发展与社会的进步所引起的消费者需求多样化与市场竞争的加剧等因素所引发的新的危机类型。非传统危机的发生缺乏周期性且人们对其认识的时间较短，因而对其发生规律与特性缺乏较为系统的认知。非传统危机主要包含媒体危机与客体危机，具体类型如表8-4所示。

表 8 - 3　　　　　　　　　　　　　　　　　　**传统危机种类**

类型	细分
自然灾害	地震、海啸、火山爆发、洪水、泥石流等
社会灾难	国内动乱和暴力冲突
	突发性公共卫生事件
	战争和恐怖主义活动
流行疫病	动物流行病
	人类流行病
政治事件	国内政治局势动荡、外交危机、国际关系动荡等
经济事件	经济秩序动荡、经济形势恶化、经济危机、汇率变动等
意外事故	重大事故
	旅游事故
旅游犯罪	旅游盗窃、旅游欺诈、旅游暴力犯罪等

表 8 - 4　　　　　　　　　　　　　　　　　　**非传统危机种类**

类型	细分	具体类型
媒体危机	宏观环境危机	政治危机、法制危机、经济危机、社会危机等
	竞争环境危机	供应商的背离、替代品的压力、潜在竞争者的挑战、同行竞争的威胁等
	内部环境危机	产品与价格危机、信誉危机、财务危机、突发事故危机、管理危机、营销危机、运营危机、研发危机、人力资源危机、战略危机、形象危机、市场危机等
客体危机	资源危机	旅游资源破坏、过度开发或保护不力导致的景区生态破坏与景观破坏、自然灾害或人为因素引起的突发性事件等
	经营危机	战略危机、产品危机、服务质量危机、形象和品牌危机、财务危机、人才危机、客源地危机、目的地危机等
其他		媒介误导、谣言传播、新科技对旅游媒体与客体的挑战等

二、引发安全事故的原因与防范

(一) 引发安全事故的原因

群体性休闲活动通常参加人数较多、空间分布也较为集中，如果对活动中所涉及的安全要素重视不足，很可能引发可怕的安全事故。引发拥挤踩踏事故的主要原因有：

1. 建筑设计隐患

休闲活动场所的防灾设计和抗灾建筑标准必须严格按照安全规定执行，这对防范人群拥挤事故十分重要。设计和建造如果不科学、不合理就会造成建筑物的先天残缺，为突发事故埋下安全隐患。

2. 承载力超限

从上述统计资料可以看出，有近五成的拥挤事故是由于活动场馆超负荷的承载，超出活动场馆、交通系统或组织方的管理能力，致使组织者对人流的控制、引导、疏散能力不足，导致意外发生时过度聚集的人流无法被快速有效的疏散，引起人群拥挤、踩踏惨剧的发生。

3. 缺乏监控预警系统

大量的人聚集在一起，一旦发生任何危险，其后果都是难以想象的。除了自然灾害本身带来的破坏，灾害来临时会给聚集人群造成心理恐慌，导致活动场面失控，加重自然灾害发生时的伤亡程度。同时，人群过为集中也极易引起各类人为灾害，例如火灾、暴乱等。从统计资料看，过去由于缺乏相应的火灾监控措施，导致在大量人群集中时由于各种原因引发的火灾得不到及时的控制，从而引起大规模的人群恐慌，最终造成人群拥挤踩踏事故发生，灾害面迅速扩大。

4. 缺乏人员疏散和应急救援措施

在突发事故发生时，如果缺乏相应的应急疏散和救援措施，就不能有效防止灾害的扩大，无法缓解人群的恐慌情绪，及时地疏散人群，最终导致灾害程度在现场迅速扩大，造成非常严重的伤亡后果。

 小案例

上海外滩踩踏事件

2014年12月31日23时35分许，正值跨年夜活动，因很多游客市民聚集在上海外滩迎接新年，黄浦区外滩陈毅广场进入和退出的人流对冲，致使有人摔倒，发生踩踏事件。

截至2015年1月13日11点，事件造成36人死亡，49人受伤，已有41名伤员经诊治后出院，8人继续在院治疗，其中重伤员2人。

2015年1月21日，上海市公布"12·31"外滩拥挤踩踏事件调查报告，认定这是一起对群众性活动预防准备不足、现场管理不力、应对处置不当而引发的拥挤踩踏并

造成重大伤亡和严重后果的公共安全责任事件。

（资料来源：www.sina.com）

（二）安全事故的防范

为了避免安全事故的发生，以及安全事故发生后灾害的扩大，在活动开展的不同阶段分重点的采取防范措施，可有效地控制安全事故的发生及可能的灾害性影响。

1. 事前阶段的工作

休闲活动举办前应就相关安全环节进行必要的检查和准备，主要包括：①对活动场所内的所有建筑进行安全评估，对存在疏漏或缺陷的地方及时地进行改进以消除安全隐患；②制定人群分流引导预案，包括预测人流集中度、规划人群分流路径、确定及发布对人群行为具有引导性的信息等；③制定人群疏散救援预案，包括疏散人群范围的确定、作为疏散目的地的安全场所的选择；疏散路线的选择等。

2. 事中阶段的监督预警

在活动进行过程中必须时刻保持对人流和各类自然或人为灾害的预测、监督与控制，以做到"将安全隐患扼杀在摇篮中"。对人群集中的时间和地点做好实时的预警监督，以便于对人群集中地区及早做好分流和加强相关的管理工作；对各类突发灾害和事故做到及早发现、及时处理，防止事故危害面的扩大和蔓延。其主要预警系统包括人流分布实时预警系统和突发事故实时监控系统。

3. 事后阶段的应急管理

发生突发事件后，应急管理工作主要集中在两个方面：疏散人群和控制灾害。疏散人群是防止突发事件转化为拥挤踩踏事故的关键所在，面对慌乱的人群，必须快速启动事前阶段制定的人群疏散救援预案，并按照事前的部署有条不紊地进行，尽可能地确保所有人的人身、财产安全；在有灾害如火灾等发生的情况下，除了疏散人群外，控制灾害面同等重要，必须在最短时间内建立一个统一的应急指挥系统，把相关部门如公安、消防、环保、卫生等部门组织起来协同作战，迅速有效的对灾害实施紧急救援。

休闲活动的安全管理是一项庞大的系统性工程，要求活动的各方要有严密的安全管理体系、先进的安全管理理念、科学的安全管理手段、专业的安全管理人才及精良的安全保障装备，并且各部门紧密配合，才能保证活动进行期间人们的人身和财产安全。坚持"安全第一"的原则，把安全放在首位，只有这样才能保证休闲活动健康快速发展。

 小案例

德国踩踏事件谁之过

2010 年，当地时间 7 月 24 日，当杜伊斯堡的音乐节发生踩踏事件时，乐迷们奋力向小山上攀爬。娱乐生者的劲歌、狂舞变成了哀悼死者的鲜花、蜡烛。德国西部鲁尔区杜伊斯堡市 24 日在举行"爱的大游行"电子音乐狂欢节时发生踩踏事件，造成 19 人遇难，340 多人不同程度受伤。

惨剧发生的第二天，一些哀悼者打出的悼念牌上提出疑问："为什么？"德国媒体报道说，安全问题可能首先出在对到活动主会场参加狂欢者人数的误判。杜伊斯堡所在北威州工会负责人雷廷豪斯对德国电视二台说，据他所知，杜伊斯堡市只批准在该市废弃货运火车站举行 25 万人参加的活动。而实际涌到现场人数估计有 100 万～140 万。再一个颇受诟病的安排是，这是"爱的大游行"首次在一个封闭的场所内进行，而且只有一个入口，到达入口前还必须通过地下通道。因人们不堪拥堵而引发的踩踏事件正是在这个瓶颈附近发生。

据当地应急部门负责人说，事发时狂欢场地内并没有站满人。当地媒体还报道说，警方和消防部门在杜伊斯堡主办"爱的大游行"之前就对这次活动场所的安排提出了保留意见。一些专家还曾提出诸如在地下通道内安装监视摄像头等安全保障建议，但这些最终都没有被采纳。

还有专家指出，考察此类大型集会活动出入口安全时，既要考虑众人在正常情况下的行为，又需要预先设想在发生恐慌等极端情况下的疏散解决方案。

（资料来源：www.qq.com）

复 习 题

一、单项选择题

1. 人流是指休闲活动区域或场所内的参观者，由流向、流量和（　　　）三个要素组成。

A. 时间 　　　　　　　　　　　　B. 大小

C. 频率 　　　　　　　　　　　　D. 流速

2. 以下属于非传统危机的是（　　　）。

A. 意外危机 　　　　　　　　　　B. 媒体危机

C. 流行疫病　　　　　　　　　　　D. 经济事件

二、多项选择题

1. 引发安全事故的原因有（　　　）。

A. 建筑设计存在安全隐患　　　　　B. 活动场所承载力超限

C. 缺乏有效的人员疏散和应急救援措施　　D. 缺乏灾害预警系统

2. 危机的一般特征有（　　　）。

A. 可预测性　　　　　　　　　　　B. 紧急性

C. 周期性　　　　　　　　　　　　D. 阶段性

3. 人流的空间分布特征有（　　　）。

A. 不均衡性　　　　　　　　　　　B. 不稳定性

C. 短时聚集性　　　　　　　　　　D. 从众性

三、简答题

1. 为了确保接待服务，邀请函应该有哪些要素？请自己选定一个休闲活动，为此活动编写一个邀请函。

2. 接待服务四个步骤包括什么内容？根据接待服务四个步骤设计一项休闲活动步骤安排。

3. 请为某城市艺术节日一个舞台演出绘制出舞台平面图，列出责任人名单、制作时间表以及相关的任务单。

4. 休闲设施设备是如何分类的？休闲设施设备的管理要求是什么？

四、实训

【实训名称】

邀请函的设计。

【实训内容】

学生根据结合上一章所学的内容，针对本小组对潼南菜花节休闲活动的策划设计编写制作出相关的邀请函。

【实训步骤】

可要求每位学生设计 1~2 个邀请函，然后各小组成员评比出本小组最好的 2~3 个设计方案，利用课堂时间向老师和同学介绍自己的设计，同学们投票选出每组最好的设计和全班最好的设计。

【实训点评】

教师对学生的设计进行点评和总结。

项目九　休闲活动的评估

任务导入

湖南省凤凰古镇是沈从文笔下不染纤尘的净土，每年游客如织。2013 年 4 月 10 日，古镇结束了免费时代，门票 148 元。

一个星期之后的数据显示，收取门票后的游客人数仅为去年同期的 38%；古城内部客栈的预订率比去年同期相比下降了 30%；景区内的商铺收入也大幅下降。如果你是该项目的策划人，你将如何补救？

学习目标

1. 知识目标

描述休闲活动评估的定义、目的、参与评估的主体及评估过程。

叙述休闲活动的具体评估内容，媒体监控和评估以及活动赞助评估。

2. 能力目标

掌握较常用的休闲活动评估方法。

掌握如何撰写休闲活动评估报告及评估的后续工作。

任务一　休闲活动评估概述

休闲活动评估对休闲活动管理过程非常重要，通过对休闲活动客观地、严格地进行评估，可以使休闲活动的管理不断地改善，所以，所有休闲活动的管理者当对其进行正确的评估，并把评估的结果提供给利益相关群体。

一、活动评估的概念

据澳大利亚的学者约翰·艾伦等在《大型活动项目管理》一书中的观点，活动评估就是严格观察、衡量和监控一个活动的执行，以便精确评定其成果的过程。它使得创建活动成为可能，活动概述描述了一个活动的基本特征和重要统计数字。它也使得给项目干系人提供反馈成为可能，并提供了一种分析和改善的工具，在活动管理过程中发挥了重要作用。

活动管理过程是一个循环：从活动计划到计划的执行，然后评估，评估以后回到第一步，即活动计划。其中，活动计划的制订以目的和研究为基础，活动的评估以观察、反馈和调查为基础。在这个循环中输入和分析一个活动的数据，可以进行更为广识的决策，作出更为高效的计划，提高活动成果。这适用于单个重复活动，从一次活动中学到的经验可以用于下一次活动的计划。这也适用于活动知识的总体，从单个活动学到的经验有助于活动行业总体知识和效力。

休闲活动评估的目的如下：

（一）评估

通过活动项目的实践进行总结与评估，检查活动的预期目标是否达到，策划与管理是否有效，以提高活动组织者的能力和水平。

（二）衡量效果

通过调查和分析有效的反馈信息，确定观众是否满意，活动的主要效益指标是否达到，以增强活动项目利益相关者的投资信心。

（三）总结

通过对活动项目的目的、实施过程、效益、作用和影响进行的全面系统的分析，从正反两方面总结各种经验和教训，找出成败原因，为下届活动或新活动项目的策划和管理提供决策和管理依据。

（四）反馈

通过评估为编写活动的总结报告提供数据依据和翔实资料，作为重要信息反馈给利益相关者，提高活动的形象，为塑造品牌节事活动提供支持。

二、谁来评估

活动评估的主体可以有多个，主要有以下五种。

（一）活动的主办者

活动的主办方是活动的主要投入者，他们非常重视活动的评估。通常情况下，若主办者为企业，其首要关注的是活动所带来的经济利益；若主办者为政府部门，其关注的重心可能偏向活动所带来的社会、文化、环境影响等。

（二）活动项目组及其成员

活动项目组及其成员参加了整个活动的全过程，亲身经历了从策划到管理，对活动的工作最有发言权，他们的自我工作总结本身就是评估的重要组成部分。注意，这其中的成员包括策划人员、管理人员、一线的员工，也包括所招募的志愿者。

（三）专业评估机构

专业评估可避免成见或偏见，可以更好地保证评估的客观性和科学性，且专业化程度高，评估结果准确度高，其评估结果大多能对决策机构起到借鉴作用。这种专业评估机构往往由资深的专家组成，凭借丰富的阅历和广泛的知识对活动进行专业的评价。不过，这种专业评估所花费的费用也较高。

（四）观众

观众是活动评价的重要对象，可通过访谈、问卷等方式对活动现场的观众调查其亲身的感受等，以获取有利于我们制定产品策略、营销策略、改进经营管理的一手资料。

（五）赞助商

赞助商通过对观众的调查，可以了解此次赞助后，其公司名字的认知度在目标顾客群中有无提高，提高了多少；企业的形象有无提升，提升了多少。通过相关数据的收集，还可了解产品的销售量有无增加，增加了多少。

三、何时评估

评估是发生在整个活动管理循环中的过程。评估有三个重要阶段。

（一）事前评估

对一个活动的控制因素的某些评估通常发生在研究和计划阶段。这有时被称为灵活性研究，用于确定活动可能需要的资源水平，确定是否继续进行这一活动。这种研究涉及对观众可能做出的反应进行市场研究，对出席人数、费用和利益进行研究和预测。它通常会把这一活动和以前相似活动的概述和成果进行比较。这些研究的结果就是建立目标或基准，根据它来衡量计划是否成功。

（二）监控评估

活动监控就是跟踪某一活动在不同执行阶段进展的过程，这就可以调整活动的控制因素。例如，在活动的准备阶段可能会感觉到售票很慢，这就会导致广告增加，或付出更大的宣传努力。监控预算就可以减少花费，或把节省下来的资金用在其他花费上。在活动过程中进行观察可能会引起变化，改善活动的传递，例如调整合理的体积或修改安全配置、清理员工以配合变化的人群模式。这种监控过程对质量控制非常重要，也将为最终评估和未来计划提供宝贵的信息。

（三）事后评估

评估的最常用形式是事后评估，涉及搜集活动的统计数据，并分析数据与活动任务和目标的关系。有时会使用关键性能指示器，把活动目标转换成衡量标准，它可以测量活动成功与否。一个重要的方面通常是把主要参与者与项目干系人的反馈放到一起，讨论活动的强项与弱点，把观察记录下来。事后评估也可能涉及对活动参与者或观众进行某种形式的问卷或调查。这些调查是为了探索参与者的体验意见，衡量他们对活动的满意程度。调查经常涉及搜集有关参与者经济消费的数据，以便把这些花费与活动产生的收入相比较。评估的性质在很大程度上取决于活动的目的及其面向的观众。

评估的时间，除了注意阶段性、全面性以外，还需注意活动评估的时机、时效性。

四、如何评估

通常，休闲活动评估的原理与其他评估的原理是一致的，即按照一定的标准，执行制定的计划，比较有关数据或信息，分析其中的原因、规律和问题，然后通过计算或判断得出评估结果。具体过程，我们可以从英国体育赛事的经济影响评价过程中得到启发。

阅读材料

英国体育赛事经济影响评价过程

所有活动项目经理都将熟悉如何构造活动项目收支的财务平衡。直到近期，这种形式的报告才被认为是充分的，过去大多数体育赛事活动的评估都基于其固有的社会、文化和喜好运动给当地所带来的价值。然而，随着政府、旅游和艺术实体、公司和赞助者越来越多地加入，人们认为越来越需要考虑体育赛事所带来的更广泛的影响。

体育赛事对经济的影响主要基于来自主办地区以外的到访者的支出。《英国体育》对"经济影响"下了定义："举办城市内所产生的额外支出总和，当直接归功于本次体育赛事。"他们发表了简单的纲要来衡量体育赛事对经济的影响，这纲要可以适用于其他活动。他们概括了一个基本的体系，其中还包括了对到访者的调查问卷。其调查分为 5 个阶段，如下图所示。

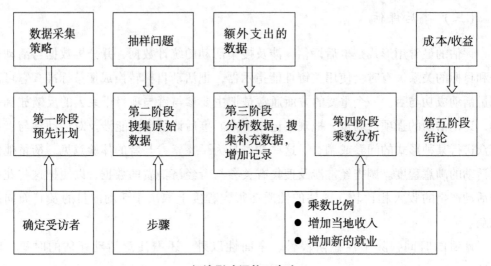

经济影响评估五步法

第 1 阶段：预先计划

这涉及计划数据搜集策略，包括可能的受访者。需考虑的几点如下：

(1) 每个受访人群将有多少人？

(2) 他们将何时抵达？

(3) 他们将会在何处停留？

(4) 何时进行调查？

(5) 有否出现任何特殊情况，如是否涉及儿童？

第 2 阶段：收集原始数据

这一阶段涉及使用调查问卷收集数据的问题，《英国体育》突出了以下事实：每个活动都是独一无二的，因此，调查问卷的设计需要适应活动的目的并取得有意义的数据。调查方式的目标和阶段如下：

(1) 确定来主办城市过夜的外来人口数量，其中有多少人选择提供的商业性住宿。

（2）确定主办城市里使用商业住宿的天数以及商业住宿每晚的消费金额。

（3）确定留宿和不留宿来访者的人数以及每天在六个消费类别花费的总数（吃、住、行、游、购、娱乐）。

（4）确定人们在主办城市的预算总支出以及有多少其他的人愿意花费这么多钱。

（5）确定在调查研究中主要为本次赛事而来主办城市的人群比例。

（6）确定是否有受访者将本次来访与度假相结合，如此一来，消费必然与度假和花费的地点有关，这可用来评估因体育赛事的举办而导致对其他城市或地区的更广泛的经济影响。

第3阶段：分析数据，搜集补充数据，增加记录

通过调查问卷所搜集的数据应采用统计分析软件（如 SPSS），或电子表格软件（如 Microsoft Excel）进行处理。这些数据的分析将经过三次筛选，首先，受访者是本地人或是一个访客？其次，他们属于那个团队？最后，他们是否过夜？

除了调查问卷分析，还需要使用其他有用的补充方法。可能采取的形式有观察赛事或采访活动的组织者和其他利益相关者，包括当地的旅馆，餐馆和商店，最后一个数据收集的领域，有时被称为"组织支出"，是组办方直接投资在赛事活动上、却没有被囊括到调查问卷里的。

第4阶段：乘数分析

所搜集的数据可以根据主办单位或其他利益相关者的需要作进一步的分析，乘数分析涉及计算保留在主办城市内的额外收入金额，当然，得允许当地经济的"漏损"，如来自外地的供应商和员工在本次活动中所获的经济利益。乘数分析法被很多的学者讨论过，其中包括 Hall（1997）和盖茨（2005），他们提醒在计算乘数时，可能会导致影响被夸大。

访客调查表

我们需要您的帮助，我们正在研究本次活动的经济影响。如果您能完成下面的调查问卷，我们将不胜感激。

1. 国籍	仅限官员填写
2. 您住在哪里？（具体的城镇或城市）	
3. 您是？	日期
运动员　1□　　　　　教练　2□　　　　　官员　3□	□6月27日
记者/媒体　4□　　　　观众　5□	□6月28日
如果你是本市居民，就不需要再回答问题了，非常感谢您的合作，请将表返还给调查员。	□6月29日
4. 您是否单独参加节事活动？	
是 1□　　　　　否 2□	性别
如果"是"，请回答问题5a。	□1 男士
如果"否"，有多少其他成年人（16岁以上）参与您的团队？	□2 女士
如果"否"，有多少小孩（15岁以下）参与您的团队。	
5a. 您住在哪个城镇？	1. □1 英国
5b. 这是在：	□2 其他欧洲地区
待在家？　　　　　　　　1□	□3 北美
与亲友一块儿？　　　　　2□	□4 南美
在客栈式旅馆？　　　　　3□	□5 非洲
在酒店？　　　　　　　　4□	□6 亚洲
在露营地？　　　　　　　5□	□7 其他
其他？　　　　　　　　　6□	
如果是其他，请详细填写：	2. □0 雪菲尔
6. 您将在主办城市待多少天？	□1 约克郡
如果您不在城市过夜请跳到问题8。	□2 北部
7. 如果您在主办城市过夜，那么你在商业性住宿方面每晚花费多少？	□3 米德兰
8. 在下列事项中，您大概花多少钱？	□4 南部
食物和饮料：	□5 英国其他地区
娱乐：	□6 西欧
旅游：	□7 中欧
活动/商品：	□8 东欧
购物/纪念品：	□9 北美
其他（停车、汽油等）：	□10 南美
9a. 您今天在主办城市预算的消费额是多少？	□11 非洲
9b. 这是否包括其他开支？	□12 澳大利亚
是 1□　　　　　不是 2□	□13 其他
如果"是"，本次消费的其他项目有多少？	
10. 本次体育赛事是否是您访问本城市的主要理由？	5a. □1 雪菲尔
是 1□　　　　　不是 2□	□2 约克郡
11. 您是否借此这次活动来本市度假？	□3 北部
是 1□　　　　　不是 2□	□4 米德兰
如果"是"：您将去哪儿？_____；去多长时间？_____	□5 南部
您能否为我们提供这一部分旅行大概的预算？_____	□6 英国其他地区
感谢您抽出宝贵时间来完成这项调查，请将此表返回调查人员。	□7 其他

第 5 阶段：结论

最后阶段涉及对该次活动的成本的估计，将之与收入相比较，然而，必须记得活动的举办或许造成了当时的直接支出，可从长远来看，收益大于支出。

该方法考虑到了估计外地来访者人数的复杂性，它致力于分清来主办城市的人里面，哪些是为了这次体育赛事活动或哪些是为了这次赛事而延长了访问。举办期不止一天的活动或包含多重项目的活动也需要确认天数或参与的项目数量，并权衡这些对计算调查结果的影响。

调查需区分当地居民和来访者，这很重要，因为人们普遍认为，在活动举办期间当地居民的开支通常不会导致地方收入的增加，因为不管活动举办与否，当地居民都会花钱。

计算活动的经济影响是一个复杂的任务，涉及许多因素。然而，通过使用经济影响评估五步法和调查问卷可以方便地获得有关活动经济影响的有用的初步印象。

任务二　休闲活动评估方法与评价体系

一、休闲活动评估方法

（一）观察法

1. 概念

观察法是很容易忽视的技术手段，事实上，在大多数正式的或非正式的研究中，观察都扮演着一个至关重要的角色。

观察分参与观察和非参与观察，观察这种研究形式是指研究人员好像部分地（非参与者）或完全地（参与者）参与了活动一样去参与研究的体验。非参与的观察员可能是被安排去系统地记录其在活动中观察所得和活动的工作人员或志愿者。二者择其一，参与观察员可能被吸收进来去扮演活动顾客的角色并被指导以日记评论的形式记录其在某个活动中所有的感想。

观察法能记录下顾客们在不同活动节目或不同时间内期待、鼓舞、积极参与或体验烦恼的程度。这将有助于活动的管理人员组织好一个会场和节日并创造维持好会场的庆祝气氛和顾客积极参与的氛围。

2. 参与和非参与观察的优缺点

参与和非参与观察的主要优点有：

（1）它是自愿的不会影响其他顾客的快乐；

（2）它准确地模仿并记录了顾客参与活动的真实体验；

（3）观察员的多样化能保证对活动多种观点的记录；

（4）观察员经过培训能够评估重要的内容和因素；

（5）观察员们能记录下组织者由于太忙而看不到或忽视的问题；

（6）观察评论能丰富其他顾客调查的内容，并形成多方资料的综合。

参与和非参与观察的主要缺点有：

（1）观察员必须保持公正客观原则；

（2）观察员的价值观会影响到观察评论结果；

（3）越复杂的活动就需要越多的观察员；

（4）有些活动只能从单个点进行观察（如就座）；

（5）预先就要求掌握活动节目、进度表、管理系统、背景等方面的知识。

3. 参与观察需记录的要素

参与观察是有效记录某个活动体验关键要素的一种方法，这些要素包括：

（1）对活动的第一印象——对到达、通道、停车、排队、进场、信息和指南等方面的看法；

（2）观看活动和表演——视线、座位、音响及视听效果；

（3）气氛和激情——参与性、鼓舞性、积极性或活跃性等；

（4）设施及舒适性——厕所、垃圾箱、儿童和残疾人的专用设施；

（5）用餐——食品质量与服务水平，就餐场所的干净程度及容纳量，食品及饮料的味道及温度；

（6）商品交易——商品质量及供应；

（7）人群拥挤和交通阻塞——人群拥挤和交通阻塞发生的时间、地点及由此引起的不适和冲突；

（8）退场——退场时的问题，行人和车辆的交通流量。

总之，参与和非参与观察提供了一种从顾客的角度对活动进行评估的有益形式，它能使活动组织者注意到活动体验中的积极和消极因素，并提供了一种从活动中吸取教训的方法。这对于定期举办的活动特别有用，因为这种活动所期待的目标是不断改善顾客的体验。

观察评论提供了制订活动服务流程表的基础，在这个过程中，工作人员的互动活动、物质情况、隐形管理活动等都在该表中得到规划，而这个表是以一种易于理解的纲要形式描绘了从开始到结束的整个活动体验。这种形式的评估，特别是在综合了对顾客的调查和财务资料后，极大地促进了人们对活动体验的理解，因而也使活动从定性和管理的意义上获得成功。

 小案例

一件冲浪活动的参与观察评论

1. 会场的通道

停车场的指示牌和通道能满足要求，但人车共用一个狭窄的停车场通道不仅耽搁了车辆的时间，且对行人也存在着潜在威胁。另外，每天上午8：30经过的重型洒水车也会耽误一些时间。

2. 停车场

停车场虽然没有标明各种停车位，但有工作人员在那里指导停车，同时工作人员全天都在停车场，这确保了车辆的安全，对有些人来说，停车场至会场的一条路太陡太难走了。

3. 进场

在会场主要人口，顾客感觉不到已抵达会场或受到欢迎，这让人失望。如果沿道路及入口处布置一些旗帜和指示牌，再加上传单和现场解说就好了。

4. 信息研究

现场缺少通往主看场、海滩区和贵宾区的指示牌。在贵宾区有节目单，在贵宾区外的一个布告栏上显示了最新冲浪预赛选手名单及活动进展。虽然没有专门的信息中心，但只要观众能听得见每场预赛的实况解说，他们就能够充分地了解冲浪的进展情况了。

5. 就座/舒适性

观看区的座位不足，观众很难找到并保留其座位。只要有人一起身，座位马上就会被占去。当顾客想重新坐下就餐时，这就成了一个问题。由于有些人站在大帐篷前挡住了后面就座观众的视线，就座的观众很难看到全部活动，大看台使观众们能充分地观赏冲浪，但座位坐着不舒服，且当它坐满观众时就很难进入。大看台还会使观众受到日晒雨淋之苦，因此它不应当是露天的。

6. 食品和饮料

活动中食品能够满足需求，并且质量也能够得到认可。食品的定价是合理的，但有迹象表明赞助商的商品（如可乐产品、爱慕牌苦啤、南逸牌汽水）定价太高。它们的价格几乎是普通商店的2倍，这破坏了欢乐气氛并影响了人们对饮料的消费。同时饮料的品种仅限于赞助商提供的产品而缺乏其他的产品如风味牛奶等。这是事件中对音量供应采取的一种垄断行为。

7. 观看比赛

实况解说提高了观赏效果，尽管解说员常常不知道谁在比赛，有时候他们会夸大

脱口而出的评论。但是有一个主要问题就是贵宾区缺乏一个有线广播系统（PA）而其他区又没有足够的实况解说。这是引起人们沮丧和烦恼的原因所在。因为在这些区的观众无法去了解预赛的进展情况。其他如停车场、海滩区等地方有很好的有线广播系统。双筒望远镜无疑能改善人们的观赏视野，贵宾区应当有双筒望远镜或者至少应当将它推荐给每位顾客。站在大帐篷前的人们挡住了在贵宾区的人们观看活动的视线。

8. 去洗手间

大部分时候，洗手间能够满足需求，尽管在周日下午贵宾区的洗手间又湿又臭，可能是因为整个周末都没有打扫的缘故。

9. 特别环境

贵宾区的设施已经作了描述。此外还有为赞助商安排的重要贵宾区，它的设施比之还要好两倍。那里同样有一个为冲浪管理人员专门安排的一个临时贵宾区，这个区是用一些塑料障碍物隔离而成的。这种隔离看上去并不需要，因为它使贵宾区看上去感觉无关紧要。

10. 离场

有停车场工作人员和警察的指挥，离开会场和停车场驶上盖伍斯（Caves）公路并不难。盖伍斯（Caves）公路沿线的交通比平时要更加繁忙，加上卡车和地方交通车辆使得在这条公路上驾驶充满了危险。

（二）小组调查法

下列各个步骤可用来有效地开展重点调查小组调查。

1. 分组

挑选 9 ~ 12 名具有一两个相同特点的人组成重点调查小组。比如，重点调查小组的成员可以由男性或女性组成，但他们的一个共同特点是，都取得了大学学位。其他的特点是，他们都是中层经理人，年龄为 35 ~ 50 岁。

2. 审核

用调查工具或采访的方式来确认他们是否具备加入重点调查小组的资格。

3. 资格认定

发给每名获得参加重点调查小组资格的人一封资格认定信，信中列明参加小组活动的日期、时间、地点和调查题目。

4. 礼品

为重点调查参加人员颁发奖状或赠送书籍等礼品。

5. 后备人选

重点小组的招聘人数要比实际参加人员的人数多出 15% ~ 25%，多出的人员作为后备人员。

6. 领导者

任命一位受过培训的人作为重点调查小组的主持人。优秀的重点调查小组主持人应具备在重点小组调查会中保持中立立场的能力，而且能够谆谆诱导小组成员提出远见卓识的意见。

7. 确定与会

在重点调查小组举行会议之前，要给每位小组成员打电话提醒他们注意开会的时间并再次确认他们是否出席小组会议。

8. 召开会议

在重点调查小组会议召开时，主持人宣布会议的议事日程和会议举行的方式，并鼓励那些希望相互交换意见的人畅所欲言。

9. 记录

对重点调查小组的发言或小组活动进行录音或录像。

10. 整理记录

对重点调查小组会议的文字记录和录音资料进行整理。对整理材料进行分析，找出小组成员达成共识的部分以及意见分歧的方面。

11. 提交报告

报告中应包括在重点小组发言内容的基础上提出的建议。

（三）问卷调查法

1. 调查问卷

调查问卷的使用范围从面向活动合作者和利益相关者的简单反馈表到专业人员所做的面向观众或到访者的复杂的调查。

问卷的等级取决于活动的需要和所拥有的资源。简单的反馈表可以自行设计并使用活动自身的内部资源。它们可能致力于记录并取得量化的基本数据，例如活动合作者的支出、利益相关者的观察，以及对活动管理和成果的评价。有学者（Thomas 和 Wood）发现，60% 以上的权威机构喜欢使用到访者的回馈和调查这种方式。

调查用来确定可靠的统计信息，这些信息关乎观众概况和反应、到访者的访问方式和消费。这种调查可以直接访问参加者或让参加者填写表格，可以是面对面的，也可以通过电话或电子邮件。面对面的调查通常会产生较高的回应率，一些技巧，如采用有奖竞争，也可以刺激参与，以提高邮件调查的回应率。

进行有效的调查要求有专门的技能和可观的组织资源。对于内部经验和专业技能有限的组织者，可以委托专业人士和部门来完成，委托范围可从调查问卷的设计到调查过程的全面执行。

对于重复性的活动，单独一个设计完好的调查就可以满足活动的基本研究需要。一些活动组织者可能希望每年重复同样的调查，以便连续地比较各届活动并预测其发展趋势，或者他们希望从事难度更高的研究计划，以便分析活动的其他方面。不论采用哪种调查等级和方法，Getz（1997）和 VeaI（1997）等专家以及《英国体育》（1997）的出版物达成共识，他们认为，就调查的某些基本方面，应该牢记如下几点。

（1）目的：清楚地识别调查的目的。目的明确且陈述清楚才可能引导有效的目标清晰的调查。

（2）调查设计：使其简单化。如果调查的项目太多，就会有跑题和有效性降低的危险。问题应该清楚，毫不含糊，在实际调查之前应进行测试。

（3）样本数量：参加者的数量必须足够大，才能提供一个有代表性的参与者样本。样本数量取决于调查的详细程度，要求的精确程度及可用的预算。如果有疑问，可以寻求有关样本数量的专业咨询。

（4）随机性：选择参加者的方法要避免年龄、性别和种族偏见。采用一定的方式，如每次选择过验票闸门的第十个人，有助于随机性。

（5）支持数据：一些成果的计算依赖于支持数据的收集。例如，计算总的到访者消费就要求参加活动人数的精确数据和他们的平均消费额。然后把两者相乘，就可以估算出总的活动到访者消费额。

2. 意向性调查的范例

在计划测评工作时，应首先关注并找出你所要求得到的信息。例如，报名参加一场自行车比赛的选手应提供他们的年龄和地址，根据这些情况我们就能针对他们人口构成进行分析。如果我们不了解他们已经参加过比赛，不了解他们是如何听到关于比赛的情况，以及他们何时决定参加比赛，这将成为憾事。以上这些情况大大有助于下一个活动项目组织者的工作。

上述信息可通过活动项目举办前、过程中或结束后的意向调查中得到，也可以通过个人的采访面谈而获得。有时，一小组的参与者能够通过有针对性的小组讲座提供出有价值的情况信息。

以下的范例问题可包含于客户意向调查之中，并可作为一个非正式的活动项目后的情况报告。然而，为获得更为可靠的报告，意向调查需要经过一个市场调研公司的设计和分析。

（1）你是如何发现这个活动项目的？

（2）你为什么决定参加这个活动项目？

（3）你是何时决定来参加这个活动项目的？

（4）你是否与其他人员来参加这个活动项目？

（5）谁是主要决策者？

（6）这个活动项目如何能满足你的期望？

（7）交通/泊车是否恰当？

（8）你是否感到物有所值？

（9）食品和酒水是否恰当？

（10）席位、音响和视觉效果是否恰当？

（11）你是否还会参加这个活动项目？

（12）你为什么把这个活动项目推荐给他人？

（13）你认为应如何改善此活动项目？

（四）主要信息人的采访

下列步骤可以帮助你寻找到能为活动提供高质量信息的主要信息人。

（1）鉴别具备高专业水准的人员。

（2）要求进行时间不超过 15 分钟的采访。

（3）准备 10 个请主要信息人回答的问题。

（4）一些问题可以用定量调查的形式提出。例如："你如何用级差等级 1～5 来评测活动举行地点？等级 1 表示可以接受的地点；等级 5 表示最理想的地点。"

（5）提出诸如"你如何评价活动的总体质量"等直截了当的问题。

（6）用诸如"请详细谈一下这一点"或"你为什么会这样认为"等提问从主要信息人口中获取更多的信息。

（7）把采访时现场记录的问题改编成一份简短的书面报告，用大写字母代表主要信息人的答复，如用字母"Q"代表你提出的问题。

（8）对报告进行总结和分析，列出主要信息人提出的各个建议要点并提出如何运用这些建议来解决活动组织中出现的问题或者提高活动的总体成效。

（五）人种学研究法

人种学方法不是一门单一的技术手段，而是综合利用了多种技术方法。一般来讲，在应用到休闲业研究上时，它意图通过被研究者的眼睛看世界，允许被研究者为自己所花，这通过调查报告中广泛使用直接引语的做法就可以看出来。在休闲研究中，这种方法也大有用武之地，如格里芬及其同事（Griffin，等，1982）关于女人与休闲的论述。

尤其当需要深入了解活动环境时，人种学研究则是一件锐利的调研工具。调研者应加入到与活动关联的利益关系人的队伍中并对他们进行观察，以便汇报那些差别极其细微和不为人注意的问题。此时，人种学研究法调研的目的是识别活动行为产生的各种意义。下列步骤可以帮助你有效地进行活动组织的人种学研究。

（1）制订人种学研究的纲要和时间线路表。

（2）请求利益关系人同意开展人种学研究。

（3）聘用受过专门培训的现场调研人。

（4）根据利益关系人群体的特点，制订出不同的采访问题。

（5）列出调研者为了观察利益关系人各种重要行为而需要参加的活动、节目和会议。

（6）在现场记录中不仅要记录利益关系人的语言答复，而且要记录他们的身体表现。

（7）对现场记录进行分析，以辨别在利益关系人答复和表现中体现的趋向、方式和意义。

（8）根据调研结果编制一份简短的报告。报告中应列出调研结果，并提出如何运用这些信息对活动进行战略规划的建议。

（六）其他

1. 员工情况询问

通过举行活动项目员工和各相关机构的会议能获得测评所需要的有价值的信息。在此类会议外常提出的问题有：

（1）有哪些成功之处及为什么？

（2）有哪些失败情况及为什么？

（3）应如何改善运营？

（4）有无任何我们未预测到的重大危险因素？

（5）在汇报的意外事故中有无规律性的模式？

（6）有无悬而未决的法律事项，如受伤或意外事件？

（7）是否有计划周密的员工招聘和培训活动？

（8）你如何描述活动项目的组织和管理——尤其在计划和运营阶段？

（9）我们能从这个活动项目中学到什么？

2. 财务记录

根据一系列的计划和其他相关的书面文本对财务记录进行审计是活动项目之后分析和汇报中的基本构成层面。包括：

（1）审计财务报表；

（2）预算；

（3）营业额，银行和账目的详情；

（4）结账终端机调节表；

（5）工资情况；

（6）风险管理计划；

（7）意外事故报告；

（8）会议记录；

（9）保险；

（10）与其他机构和行业组织的合同，如租赁公司和保洁公司；

（11）资产注册；

（12）促销材料；

（13）运营计划；

（14）政策与规则；

（15）培训材料；

（16）观众参赛者的数据（如可能）；

（17）竞争结果的记录；

（18）活动项目测评和数据（包括参加人员的数字）；

（19）活动项目或赞助商汇报。

需要注意的是：虽然你成功地举办了一个活动项目，但要明确它的成功之处完全是另一回事。活动项目的管理者需要的不仅仅是来自非正式渠道的活动之后的评价，还应当根据具体的目的和目标对活动项目进行测评的总结报告。

调查问卷示范

国际特殊活动组织协会（ISES）对教育活动开展的调查

1. 请选择一门能突出代表你公司产品和服务（或服务）的学科。

□活动的策划和协调　　　　　　　　□食品服务和产品

□设计、装饰和绘图　　　　　　　　□旅行和运输服务

□技术服务和产品　　　　　　　　　□活动组织公共关系和市场营销

□娱乐活动　　　　　　　　　　　　□其他（请列明）

2. 你在特殊活动组织行业中干了多少年头？

□不到 1 年　　　　□1～4 年　　　　□5～10 年　　　　□10 年或 10 年以上

3. 你的最高学历是什么？（只选择一项）

□高中教育 □大学教育

□获得硕士学位 □高中毕业

□获得学士学位

4. 你以前参加过 ISESDC 分会举行的研讨会吗？

□参加过 □没有参加过

如果参加过，那你是什么时候参加的？研讨会讨论的题目是什么？

如果没有参加过，那么请你指出一个不参加的理由，然后直接回答第 6 个问题。

5. 你对研讨会的总体质量是否满意？

□非常满意 □不太满意

□比较满意 □很不满意

6. 请把你今后准备参加的研讨会类型全部标出来。

□战略策划 □基金筹措

□创立自己的经营事业 □公司赞助

□法律、伦理道德（职业道德）和风险管理 □预算编制和财务策划

□志愿者招募、鼓动和协调 □编制完善的建议书

□交叉文化活动组织管理 □用印刷材料开展的市场营销

□策略性娱乐活动 □技术

□其他（请列出） □通过因特网开展市场营销

□设计和构思创意性理念

7. 你认为下面哪个时间段最适合你参加教育研讨会？

□早上 □下午 □晚上

8. 在每月例行的研讨会上，你最愿意听哪位演讲者的发言？

9. 你认为，今后研讨会应在什么地方举行？（提出具体的地点）

如果办得到的话，请你列出研讨会举办地联系人的姓名和电话号码。

10. 你是否愿意作为本专业的演讲者自告奋勇地在 ISES 会议上发表演讲？

□愿意 □不愿意

演讲的主题是什么？

如果选择"愿意"，能否留下你的姓名和联系电话

11. 你目前是 ISES 的会员吗？

□是 □不是

感谢你的合作！我们将派专人收取你的调查表。

二、休闲活动评估体系

对休闲项目的评价一定要与国情、项目落地区域的情况相适应。我国的休闲项目规划尚处于起步阶段，但是发展的速度非常快，前景广阔。

合理、科学的休闲活动评估体系为休闲项目从筹备到后期评估都有积极作用。它由几个部分组成。

（一）休闲项目所在地发展实力

一个区域中所包含的各种因素共同组成了当地的实力。

1. 经济实力

一个区域的实力主要是以该城市经济规模为依靠的，没有坚实的经济基础做支撑，城市休闲只是空中楼阁。

（1）GDP。GDP 即国内生产总值，是指在一定时期内（一个季度或一年），一个国家或地区的经济中所生产出的全部最终产品和劳务的价值，常被公认为衡量国家经济状况的最佳指标。它不但可反映一个国家的经济表现，还可以反映一国的国力与财富（如下图所示）。

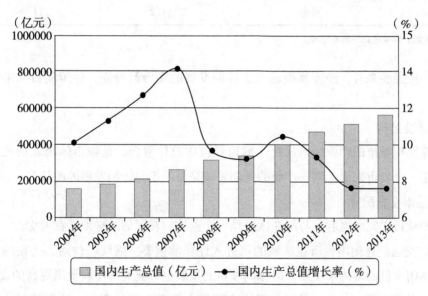

2004—2013 年度 GDP

资料来源：国家统计局数据。

从上图中，我们可以看出从 2004—2013 年这 10 年里，我国的 GDP 节节攀升，但是由于多种因素的影响，GDP 的增长率趋于平缓，这也利于我国经济的可持续发展。

（2）人均 GDP。将一个国家核算期内（通常是一年）实现的国内生产总值与这个国家的常住人口（或户籍人口）相比进行计算，得到人均国内生产总值。它是衡量各国人民生活水平的一个标准，为了更加客观的衡量，经常与购买力平价结合。世界银行数据显示，2012 年中国大陆人均 GDP 为 6093 美元。按省份排序，如表 9 - 1 所示。

表 9 - 1　　　　　　　　　　　　2012 年度人均 GDP 排名

名次	地区	2012 年 GDP（亿元）	2012 年 GDP 增速（%）
1	广东	57067. 92	8. 20
2	江苏	54058. 22	10. 10
3	山东	50013. 24	9. 80
4	浙江	34606. 3	8. 0
5	河南	29810. 14	10. 1
6	河北	26575. 01	9. 60
7	辽宁	24801. 3	9. 50
8	四川	23849. 8	12. 60
9	湖北	22250. 16	11. 30
10	湖南	22154. 2	11. 30

资料来源：国家统计局数据整理。

从一般经验来看，经济规模越大，休闲发展的实力就越强，休闲项目未来的收益也越大。

2. 产业结构

产业结构城市的产业结构反映了城市经济的总体取向，是城市休闲发展的内在支撑。对于一个城市来说，第三产业的蓬勃发展是最终走向休闲发展的前提。

3. 基础设施配置

休闲项目在完成之后，与所在区域是一个整体。在评估时必须通盘考虑。

（1）交通。休闲项目所在区域的可进入性非常重要。航线、铁路、公路的完备可以促进休闲项目的可持续发展，而休闲项目的发展也对交通的便利提出更高的要求。

（2）住宿和餐饮。食和住是旅游六个要素中非常重要的部分。休闲项目再好，如果脱离了这两个方面，愉悦感也将大打折扣。

（二）休闲项目所在地休闲资源

休闲资源主要是指项目所在趋于中拥有的自然和人文资源。其中国家历史文化名城、国家重点风景名胜区和城市旅游景点个数等是最典型的城市休闲资源。

(三) 休闲活动评估体系构建

综上所述，评估一个休闲项目的好坏，最基本的指标如表9-2所示。

表9-2　　　　　　　　　　　休闲活动评估体系表

一级指标	二级指标	三级指标
1　休闲项目所在地发展实力	1.1　经济实力	1.1.1　GDP
		1.1.2　人均GDP
	1.2　产业结构	1.2.1　第三产业占GDP比重
		1.2.2　现代服务业占第三产业比重
	1.3　基础设施配置	1.3.1　交通
		1.3.2　住宿条件
		1.3.3　餐厅个数和档次
2　休闲项目所在地休闲资源	2.1　人文旅游资源	2.1.1　国家历史文化名城
		2.1.2　人文旅游景点
	2.2　自然旅游资源	2.2.1　国家重点风景名胜区
		2.2.2　自然旅游景点

当然，评价一个休闲项目的标准和指标有非常多，这里构建的是一个最简单的休闲活动评估体系表。在对休闲项目进行实际评估的过程中，我们应该尽可能多地考虑各方面的影响因素，将评估体系进一步充实。

任务三　休闲活动评估的内容

一、活动赞助评估

英国的伊恩·约曼等在《节庆活动的组织管理与营销》一书中，对活动赞助的评估进行了较为详细的阐述，他们的观点如下：为了不断发展同赞助商的关系，就必须不断地全面评估这种关系，以便适应各种需求变化，同时对于那些与既定目标相悖的赞助也要进行评估，利用既定的方法、活动可以改进决策并获得最大的投资回报。

评估要对三个问题进行说明：

(1) 能见度：赞助有多么明确？

(2) 观看者：谁关注到了？

（3）客观性：它是否实现了既定目标？

说明这些问题的评估方法有很多种，这些方法包括媒体评估法，因为该方法计算品牌能见度的多少取决于它购买等价值的广告时间花费的多少。由于缺乏证据来证明公众是否留意到了该品牌，故缺乏可信性。我们知道，利用品牌或产品标志会比打广告要便宜得多，但它们在交流的效果上是不能互换的（Lainson，1997），故这种方法不常用。

其他利用媒体观众评估的方法包括计算观众或听众人数数量。另外一种方法是通过顾客和所针对的团体以及调查、采访等方式来评估认知的水平。赞助认知是很难进行准确评估的，对其进行有效的评估需要昂贵的费用，这可能也从一定程度上解释了为什么很少有赞助商进行这方面的评估，然而如果将不同的方法结合起来实施就会得到更准确的信息。表9－3详细地列出了一系列赞助评估的手段。

表9－3 赞助评估的手段

与媒体相关的手段	与顾客相关的手段
• 媒体的评估及等价的广告费 • 观众的水平——印刷媒体的计算结果，电视收视率，电台收听率，上网访问率 • 效果评估——媒体类别及报道的水平评估的转换 • 媒体报道的频率 • 观看的机会——报道的统计	• 销售额及咨询量 • 观众的数量 • 商品的销售额 • 认知评估的转换——品牌的转换及形象 • 认知研究的水平 • 长期的追踪认知 • 市场份额的扩大及其速度 • 促销反馈的数量—样品及补偿券的分配

现在，赞助已经被人们认为是用来实现其销售目标的有效方法，因此对销售结果的评估也就显得十分的重要。对活动前后及追踪阶段的销售额进行比较也变得更加普遍。

二、休闲活动评估报告

活动评估报告分口头报告和书面报告，可能因评估的具体内容和报告的对象、场所而有所分别，但一般来说都应该包含以下几个部分。

（一）评估的背景和目的

在评估背景中，调研人员要对评估的由来或受委托进行该项评估的具体原因加以说明。说明时，最好引用有关的背景资料为依据，分析活动方面存在的问题。

（二）评估方法

主要包括：

（1）评估对象。说明从什么样的对象中抽取样本进行评估。

（2）样本容量。抽取多少观众作为样本，或选取多少实验单位。

（3）样本的结构。根据什么样的抽样方法抽取样本？抽取样本后的结构如何？是否具有代表性？

（4）资料采集方法。

（5）实施过程及问题处理。

（6）资料处理方法及工具。指出用什么工具、什么方法对资料进行简化和统计处理。

（7）访问完成情况。说明访问完成率及部分未完成或访问无效的原因。

（三）评估结果

评估结果是将评估所得资料整理出来，除了用若干统计表和统计图来呈现以外，报告中还必须对图表中的数据资料隐含的趋势、关系和规律加以客观描述，也就是说要对评估结果加以说明、讨论和推论。评估结果所包含的内容应该反映出评估目的，并根据评估标准的主次来突出所要反映的重点内容。

（四）结论和建议

要用简洁明晰的语言作出结论。如阐述评估结果说明了什么问题，有什么实际意义。必要时可引用相关背景资料加以解释、论证。建议是针对评估结论提出有针对性的行动方案。

三、媒体监控与评估

媒体报道是活动的一个重要方面，正面报道或负面报道，依赖于活动的结果、对社会的影响，以及与媒体所建立的关系类型。

重要的是要把报道作为活动文件的一部分加以监控和记录。如果活动是在本地的，就可以通过保留一些报纸文章、收听和寻找广播电视访谈和新闻报道的办法做到。对于较大型的活动，有必要去聘请专业的媒体监控组织，他们能够从各种来源跟踪媒体报道。它们通常会提供一些印刷媒体新闻的复印件以及广播访谈和新闻报道的抄本。额外还可以得到电子报道的录音磁带和录像带。一种报道极好地记录了活动，并且还可以被有效地用于向潜在资助者和伙伴简要描述活动。

进一步的问题是媒体报道的内容分析，因为这并不总是正面的。负面的媒体报道会影响活动的声誉，并含蓄地影响项目的利益相关者，如组织者和资助者。

某些媒体监控者试图去赋予媒体报道一个金钱价值，他们认为社论可能更加容易使客户相信，因此也就值更多的钱，基于这样一个基础，通常把媒体报道的价值评估为等价广告空间费用的三倍左右。这种评估只能被认为是近似的，但是却可以给出有用的媒体报道的比较估价。

 小案例

春季竞赛狂欢节对经济来讲价值2.4亿美元

竞赛部长 Rob Hulls 说，维多利亚春季竞赛狂欢节再一次证明了它作为维多利亚最重要的春季活动的地位，曾创造了2.382亿美元的价值。

维多利亚竞赛发布的经济影响研究证明了整个澳大利亚及海外旅游者对狂欢节的喜爱，它吸引了本地、州际以及国际的参观者。

"从对维多利亚经济的价值来说，它是今年最大的旅游盛事，" Hulls 先生说，"它又一次取得了巨大的成功。"

在议会大楼的特殊午宴上，Hulls 先生说道，狂欢节吸引的旅游者比这个州任何其他体育赛事都多，它的经济利益是维多利亚经济的重要组成部分。

狂欢节出席总人数几乎达到60万。

经济影响分析的重要发现是：

（1）记录经济影响为2.382亿美元；

（2）记录直接花费为1.401亿美元，包括住宿、旅游、购物、纪念品、食品和饮料、娱乐、赌博和时装；

（3）记录春季竞赛狂欢节的出席人数为593629；

（4）春季竞赛狂欢节创造的工作机会以千万计。

四、评估的其他后续工作

（一）感谢相关利益者

主办单位对相关利益者给予及时的感谢将有助于他们继续支持活动项目。这里的相关利益者既包括政府部门领导、演讲嘉宾、演员，也包括支持单位、协办单位、主要赞助商、媒体、员工等。在许多时候，感谢上述这些相关利益主体的成本并不高，也许一份公开的感谢致辞或一封真诚的感谢信就能达到效果，但切记不要遗漏任何人。

（二）召开任务报告会

为所有的利益相关者提供反馈机会。应让所有的项目干系人在一开始就意识到将会给他们提供反馈的机会，而且这是活动管理过程中很重要的一部分。应鼓励他们贡献出他们的专业观察和评估。这一点可以在单个的"任务报告"会或一系列会议中做到，有赖于活动的复杂程度。

在这个过程中，所有的成员都应该提早知道会议的日期和日程，这样如果他们不能在筹备活动期间交流所做的观察，他们也知道在活动完成期间还会有一个合适的论坛。会议应该保证不论是表扬还是批评都能如实的呈现。而且将这些从实践中汲取的重要经验纳入到未来的计划。要听取所有成员的意见，要在将来计划活动时把所有成员的评论考虑进去。

除此以外，还有文档归类、结清账目、完成所有的合同及法定义务（如交税）等后续工作。

 小案例

墨尔市喜剧节

墨尔本国际喜剧节始于 1987 年。这是一种大众性的组织，源自澳大利亚丰富的喜剧才能（特别在墨尔本），公众都要求接触到澳大利亚和国际喜剧的杰作，当地的喜剧社区致力于为活动做出努力。

所有的酒吧、俱乐部、卡巴，莱餐厅和城市里的所有小酒吧都为前来取乐的人们提供了尽兴的场所。甚至连墨尔本这个曾经是统治阶层管理井然有序的要塞如今也开始迎接前来参加节日庆典的人们，而且每年的四月都会成为热闹非凡的喜剧中心。墨尔本人喜爱喜剧，而来自世界各地的喜剧家们也都喜欢墨尔本，因为我们这个城市慷慨大方地支持并欣赏他们的艺术成果。墨尔本国际喜剧节是这一动感的庆典之地。与蒙特利尔和爱丁堡一起成为世界上规模最大的三个喜剧节。

每一年，墨尔本喜剧节都要请到近两千名艺术家，举办 200 个左右的演出（活动），超过 2000 个节目，吸引了 40 万名观众；另外为没有机会到达现场的观众奉献了 20 小时的激动人心的电视转播，收看的观众多达 1 千多万人。

加上墨尔本时尚流行展、蒙巴节、墨尔本酒食节、墨尔本国际花展、墨尔本国际电影节、墨尔本文艺节、11 月墨尔本艺术节等贯穿全年的各项活动，使墨尔本作为澳大利亚艺术之都的强有力优势，扩展了墨尔本的旅游事业。

表 9 – 4　　　　　　　　　　**2010 年墨尔本喜剧节市场调查结果**

参加 人员	受教育程度	90% 的人成功地完成了 12 年的教育，33% 的人继续接受大学的教育，另有 26% 的人已完成研究生的学位学习
	年龄区间	75% 的人年龄段在 18～39 岁
	男女比例	3：7
	婚姻状况	51% 的人为单身；41% 的人已婚
	就业层次	61% 的回应者是全日制工作，16% 的人半日制工作，13% 的人在全日制学校学习
	职业	44% 的人就任管理专业职位，10% 的人从事于广告或市场工作，12% 的人从事于医务工作，7% 的人在财务部门工作
	喜好运动	行走（61%）、游泳（27%）、体操（25%）、骑车（17%）、英式橄榄球赛（40%）、澳大利亚公开赛（25%）
	参加喜剧节的次数	在前一年参加了喜剧艺术节（63%），参加了两到四次（71%）多数人计划参加多项活动（83%）而使节日的声誉大增
	网络化程度	经常（85%）；较年轻的回应者上网机会和年龄段为（95%，18～24 岁）
评价	优秀/有趣	23%
	滑稽/幽默	23%
一次盛会	20%	

在休闲活动结束后，评估是常常被忽视的一个环节。通过对活动项目的评估可以得到许多的益处。从质量观点来看，评估能使所有参与的人员从自我的经历中吸取知识并提高今后的运营策划能力。对于为参加该休闲活动的人员，这是一次绝好的信息了解和学习的机会，为未来的休闲活动计划奠定了基础。

对休闲活动管理者而言，休闲活动评估在活动管理过程的核心就是增长见识，吸取教训，使活动更完美。活动评估如果能够得到正确的利用和运用，它就会是不断改善活动，以及保持活动行业的身份和名誉的关键。因此，所有活动管理者都应首先对活动进行正确的评估，并把这一评估分给利益相关者。如果做得出色，这就不仅能增加休闲活动的良好口碑，而且能提高他们自己作为真正专业人员的声誉。

复 习 题

一、单项选择题

1. 休闲评估方法中的观察法，可分别为参与观察和（   ）。

A. 非参与观察   B. 近距离观察

C. 全程观察   D. 跟踪观察

2. （   ）就是跟踪某一活动在不同执行阶段进展的过程，这样做可以调整活动的控制因素。

A. 事前评估   B. 监控评估

C. 事后评估   D. 分段评估

二、多项选择题

1. 参与观察法需要记录的要素包括（   ）。

A. 对活动的第一印象   B. 活动的表演

C. 气氛   D. 设施

E. 餐饮

2. 评估主要是为了说明（   ）三个问题。

A. 好评度   B. 能见度

C. 观看者   D. 客观性

3. 采用小组调查法时，具有（   ）的人可以编为一组。

A. 类似的学习经历   B. 同一年龄段

C. 事业阶段大致相同   D. 同一人种

三、简答题

1. 为何需要对休闲活动进行评估？

2. 对一个你熟悉的休闲活动，设计一个评估计划。

3. 假设你是某项休闲活动的管理者，为弄清它的目标市场情况，请设计一调查问卷。

四、实训

【实训名称】

评价休闲活动项目。

【实训内容】

请参加当地某项休闲活动，以观察员的身份好好体验活动的每一个环节，收集尽可能多的相关数据，做出该休闲活动的书面评估报告。

【实训步骤】

1. 参加当地某项休闲活动。

2. 收集尽可能多的相关数据。

3. 撰写休闲活动的书面评估报告。

4. 起草新闻软稿。

【实训点评】

教师对学生的书面评估报告进行点评和总结。

参考文献

［1］马克思. 马克思恩格斯全集（第26卷）［M］. 北京：人民出版社，1975.

［2］于光远. 论普遍有闲的社会［M］. 北京：中国经济出版社，2005.

［3］马惠娣. 休闲问题的理论探究［J］. 清华大学学报，2001，16（6）：71–75.

［4］张广瑞，宋瑞. 关于休闲的研究［J］. 社会科学家，2001，16（5）：17–20.

［5］楼嘉军. 休闲初探［J］. 桂林旅游高等专科学校学报，2000，11（2）：5–9.

［6］栗燕梅. 运动休闲概念、分类及应用的研究［J］. 广州体育学院学报，2008，28（6）：57–59.

［7］郑国霞. 关于我国中产阶层的思考［J］. 统计与决策，1998（9）.

［8］楼嘉军. 论休闲与休闲时代［M］. 上海：上海交通大学出版社，2013.

［9］乔治·托可尔岑. 休闲与游憩管理［M］. 田里，董建新，曾萍，等，译. 重庆：重庆大学出版社，2009.

［10］马勇，周青. 休闲学概论［M］. 重庆：重庆大学出版社，2008.

［11］新华社. 德国人均工作时间减少，"生产力"却提高［N/OL］. 世界报道，2012–05–02.

［12］人民网. 中国法定节假日总量超美英［N/OL］. 凤凰咨讯，2013–12–12.

［13］牟红，杨梅. 休闲活动策划与管理［M］. 北京：中国物资出版社，2010.

［14］克里斯多弗·R埃廷顿. 休闲与生活满意度［M］. 杜永明，译. 北京：中国经济出版社，2009.

［15］弗兰克·G戈布尔. 第三思潮——马斯洛心理学［M］. 上海：上海译文出版社，2001.

［16］王玉波. 生活方式研究［M］. 黑龙江社会科学院社会问题中心，1985.

［17］马惠娣，张景安. 中国公众休闲状况调查［M］. 北京：中国经济出版社，2004.

［18］约翰·凯莉. 走向自由——休闲社会学新论［M］. 赵冉，季斌，译. 昆明：云南人民出版社，2000.

［19］杰弗瑞·戈比. 21世纪的休闲与休闲服务［M］. 张春波，等，译. 沈阳：辽宁科学技术出版社，2005.

［20］罗秋菊. 事件旅游研究初探［J］. 江西社会科学，2002（9）：28–31.

［21］保继刚．城市旅游的理论与实践［M］．北京：科学出版社，2001．

［22］黄进．论儿童游戏中游戏精神的衰落［J］．中国教育学刊，2003（9）：218－219．

［23］李仲广，卢昌崇．基础休闲学［M］．北京：社会科学文献出版社，2004．

［24］MIHALYI CSIKSZENTMIHALYI. Flow：The Psychology of Optimal Experience［M］．New York：Harper Perennial，1990．

［25］约翰·艾伦，等．大型活动项目管理［M］．王增东，杨磊，译．北京：机械工业出版社，2002．

［26］杨俊华，如何策划好一个大型活动［J］．中国广告，2006（7）．

［27］苑丹．大型活动的策划与实施［J］．中国传媒科技，2013（22）．

［28］徐舟．旅游节庆活动的策划规划方法初探［J］．平原大学学报，2005（1）．

［29］王雅林．城市休闲——上海、天津、哈尔滨城市居民时间分配的考察［M］．北京：社会科学文献出版社，2003．

［30］李跃军，孙虎．休闲项目对城市休闲适宜性的价值评价［J］．社会科学家，2007（3）：119－121．

［31］刘嘉龙．休闲活动策划与管理［M］．上海：格致出版社，2011．

［32］粟路军．城市居民近郊运动休闲项目偏好研究——以长沙市为例［J］．湖南财政经济学院学报，2012（2）：70－77．

［33］郑胜华，刘嘉龙．城市休闲发展评估指标体系研究［J］．自然辩证法研究，2006（3）：96－101．

［34］金倩，楼嘉军．武汉市居民休闲方式选择倾向及特征研究［J］．旅游学刊，2006（1）：40－43．

［35］菲利普·科特勒．营销管理［M］．梅清豪，译．上海：上海人民出版社，2006．

［36］程玮．黑暗中的晚餐［J］．读者，2009（14）：4．

［37］魏小安．中国休闲经济［M］．北京：社会科学文献出版社，2005．

［38］唐湘辉．论休闲产品及其分层营销策略［J］．安徽大学学报：哲学社会科学版，2007，31（3）．

［39］刘炳献，王艳平．以生活世界为基点的休闲产品设计［J］．江苏商论，2010（10）．

［40］黄梅．中国近代休闲方式解读［J］．社会，2000．

［41］苏庆军，孙革，左艳华．森林旅游休闲产品设计体系浅论［J］．内蒙古林业调查设计，2011，34（4）．

［42］菲利普·科特勒．旅游市场营销［M］．谢彦君，译．大连：东北财经大学出版社，2006．

［43］王维克．旅游产品营销渠道策略探析［J］．新疆教育学院学报，2003，19（4）．

［44］邱招义．奥林匹克营销［M］．北京：人民体育出版社，2005．

［45］李仲广．基础休闲学［M］．北京：社会科学文献出版社，2009．

［46］杰弗瑞，马惠娣．21 世纪的休闲与休闲服务［M］．昆明：云南人民出版社，2004．

［47］魏卫．旅游人力资源开发与管理［M］．北京：高等教育出版社，2004．

［48］彭剑锋．以 KPI 为核心的绩效管理［M］．北京：中国人民大学出版社，2003．

［49］亚瑟·W 小舍曼，乔治·W 勃兰德，斯科特·A 斯奈尔．人力资源管理［M］．大连：东北财经大学出版社，2010．

［50］张孝远．现代人力资源开发与管理［M］．西安：陕西师范大学出版社，2008．

［51］赵西萍．旅游企业人力资源管理［M］．天津：南开大学出版社，2013．

［52］马惠娣．休闲问题的理论探究［D］．北京：清华大学，2011．

［53］余滨．青少年之休闲活动状况调研报告［J］．理论探讨，2009（4）：23 - 24．

［54］DRIVER B L, BROWN PERRY J, PETERSON GEORGE L. Benefit of Leisure［M］. Venture Publishing, Inc, 2008.

［55］ERIKSON E. Childhood And Society［M］. NY：W. W. Norton, 2009.

［56］卢晓．节事活动策划与管理［M］．2 版．上海：上海人民出版社，2009．

［57］单凤儒．管理学基础［M］．北京：高等教育出版社，2012．

［58］张来顺．管理学基础［M］．长沙：湖南师范大学出版社，2014．

［59］章海荣，方起东．休闲学概论［M］．昆明：云南大学出版社，2005．

［60］张健康，任国岩．会展概论［M］．北京：高等教育出版社，2004．

［61］镇剑红，吴信菊．会展策划与实务［M］．上海：上海交通大学出版社，2005．

［62］卢晓．节事活动策划与管理［M］．上海：上海人民出版社，2006．

［63］GLENN BOWDIN, JOHNNY ALLEN, WILLIAM O TOOLE, et al. Events Management［M］. Amsterdam：Elsevier Ltd., 2006.

［64］伊恩·约曼．节庆活动的组织管理与营销［M］．吴恒，译．沈阳：辽宁科学技术出版社，2005．

［65］乔·戈德布拉特．国际性大型活动管理［M］．陈加丰，王新，译．北京：机械工业出版社，2003．

［66］郭旭，郭恩章，吕飞．营造高质量的城市休闲空间环境——以邯郸市休闲空间环境设计为例［J］．哈尔滨建筑大学学报，2002（3）：84 - 91．

［67］国家统计局．www. stats. gov. cn.

［68］郑胜华，刘嘉龙．基于整合理论的城市休闲发展研究［J］．经济地理，2005

（2）：228 - 231.

［69］ 马惠娣 . 21 世纪与休闲经济、休闲产业、休闲文化 ［J］ . 自然辩证法研究，
2001（1）：48 - 52.

［70］ LYNN VAN DER WAGEN. 活动项目策划与管理 ［M］ . 宿荣江，译 . 北京：旅游
教育出版社，2004.

［71］ 郭旭，郭恩章，吕飞 . 营造高质量的城市休闲空间环境 ［J］ . 哈尔滨建筑大学
学报，2002（6）：84 - 91.